전도자
에센스

전도자
에센스

지은이: 이규학
펴낸이: 원성삼
책임편집: 홍순원
표지 및 본문 디자인: 변현정
펴낸곳: 예영커뮤니케이션
초판 1쇄 발행: 2017년 9월 8일
출판신고 1992년 3월 1일 제2-1349호
04018 서울시 마포구 동교로 55 2층 (망원동, 남양빌딩)
Tel (02)766-8931 Fax (02)766-8934

ISBN 978-89-8350-972-7(03230)

이 도서의 국립중앙도서관 출판예정도서목록(CIP)은 서지정보유통지원시스템 홈페이
지(http://seoji.nl.go.kr)와 국가자료공동목록시스템(http://www.nl.go.kr/kolisnet)에
서 이용하실 수 있습니다.(CIP제어번호: CIP2017021450)

모든 인간은 하나님의 형상을 닮은 존엄한 존재입니다. 전 세계의 모든 사람들은
인종, 민족, 피부색, 문화, 언어에 관계없이 존귀합니다. 예영커뮤니케이션은 이러한
정신에 근거해 모든 인간이 존귀한 삶을 사는 데 필요한 지식과 문화를 예수 그리
스도의 사랑으로 보급함으로써 우리가 속한 사회에 기여하고자 합니다.

전도자
에센스

이규학 지음

예영커뮤니케이션

머리말

　우리나라 인구의 80% 이상이 불신자라고 말하지만, 1990년에 1,200만 명이던 기독교인이 2004년에 1,000만 명, 그리고 2015년에는 900만 명으로 지속적으로 감소하고 있다. 그럼에도 여전히 건강하게 자라는 교회가 있다. 바로 전도하는 교회다. 성도들이 감소하는 여러 가지 요인이 있겠지만, 가장 큰 원인은 전도하지 않고 있음이다. 건강하게 자라는 교회는 사회적 환경도 중요하지만 그보다 더 중요한 것은 전도다. 전도하는 교회는 반드시 건강하게 자란다.

　필자가 섬기는 교회는 지역적 여건상 사람들이 물려들기에 적합한 곳이 아니다. 지금은 주변에 인천시청을 비롯한 공공건물이 제법 많이 들어왔으나 15년 전만 해도 황량한 들판이었다. 따라서 필자가 섬기는 인천제일교회는 오직 전도에 의존했다. 지금도 우리 교회는 지속적인 전도 활동을 통해 꾸준히 찾아오는 새신자들로 건강하게 자라고 있다. 필자는 지난 30년 동안의 인천제일교회를 통한 전도 경험을 지역 교회들과 나누고 싶은 충정으로 이 책을 쓰게 되었다.

이 책은 전도의 이론과 실제를 함께 다룬 책이다. 그동안 학계에서 전도를 위한 논문에 두드러지게 인용되었으며, 교회에서도 전도의 모범적 교본으로 장기간 활용되고 있다. 1부는 전도에 관한 성경적, 신학적 이론이다. 성도의 모든 행위는 성경을 근거로 한다. 따라서 전도도 성경의 가르침을 통해 방법을 찾아야 한다. 20세기 우리나라 교회의 현실을 보건데 과거 '예수천당'식의 전도가 효과적이지 않다. 기초가 튼튼한 건물이 오래가는 것처럼 성경적 근거가 분명한 전도가 영혼을 구원하는데 능력을 발휘한다. 그래서 1부에서는 복음전도란 무엇인가에 대한 성경의 교훈을 살핀다. 그리고 전도를 삼위일체적 관점과 성도의 사명이라는 관점에서 살핀다. 성경과 오늘의 현실을 통해 전도의 긴급성을 배우며, 영혼 구원과 전도의 관계, 전도의 장애 요인을 어떻게 극복할 것인가를 성경적 관점에서 배운다.

2부는 전도의 역사다. 최초의 전도자는 하나님이시다. 예수님은 우리를 구원하시려고 하늘에서 땅으로 오신 하나님이시다. 하나님이 인간이 되셔서 세상에 오심이 전도의 알파이고 오메가이다. 초대교회 전도자들은 예수님을 본받아 전도했다. 예수님의 제자들을 비롯하여, 바울과 그 일행들은 모두 뛰어난 전도자들이었다. 중세에 들어와 하나님의 말씀이 약화되고 교황권이 강화되면서 전도가 주춤했으나, 개혁자들이 말씀을 바로 세우면서 이후 전도 열기가 새롭게 시작되었고, 근현대의 위대한 세계 전도의 시대를 열었다. 전도의 역사를 통해 21세기의 전도자가 나아갈 길을 배운다.

3부는 전도자다. 전도의 주체는 전도자다. 한 사람의 준비된 전도자가 천만인을 전도한다. 그런 면에서 전도자의 자기 인식이 무엇보다 중요하다. 전도자는 누구인가? 전도자의 자세는 어떠해야 하는가? 전도자는 전도를 위해 무엇을 준비해야 하는가? 언제 어디서 누구에게 전도해야 하는가? 이 모두가 전문 전도자들의 자질이다. 전도자로서 준비된 만큼 전도할 수 있다.

4부는 전도의 실제다. 모든 그리스도인은 전도에 대한 의무감이 있고 전도하려는 마음도 있다. 그러나 전도를 못하는 성도가 태반이다. 왜 그럴까? 전도가 어렵다는 생각과 전도 방법에 대해 무지하기 때문이라고 여겨진다. 그래서 필자는 전도하기를 원하는 성도라면 4부 전도의 실제 부분을 주의 깊게 읽는 것만으로도 전도자가 될 수 있도록 이 책을 썼다. 물론 이 책의 순서와 상관없이 전도자가 필요한 부분을 골라 읽어도 된다.

부록 1, 2에 필자가 섬기는 교회의 전도 프로그램을 간단히 소개했다. 제일교회는 30년을 한결같이 전도에 집중해 왔다. 그 동안 필자의 교회에서 사용한 전도프로그램이 지역 교회의 복음 전도 활동에 도움이 되기를 바란다.

부록 3은 한국 교회에 만연한 이단과 사이비 종교에 대한 내용이다. 이단과 사이비 종교는 기독교의 탈을 쓰고, 성도들을 노략질하고, 가정을 파괴하며, 사회를 병들게 하는 집단이다. 주님의 재림이 가까울수록 이단과 사이비 종교의 활동과 그로 인한 피해는 심각해질 것이다.

책 내용 중 전도자의 긍정적 자화상은 전도를 위해서만 아니라 성도의 영적 성숙에도 유익할 것이며, 전도자의 구원의 확신은 성도의 일상적인 삶에도 중요하다. 전도 대상자를 찾거나 만드는 법과 전도 대상자를 위해 기도하기를 읽노라면 전도 뿐 아니라 인간관계를 맺는 방법에 대해서도 배우게 될 것이다. 한국 교회에 널리 알려진 전도 방법과 성경에 나타난 쉽고 흥미 있는 전도 방법을 읽어 가면서 전도자는 자신의 형편과 전도 대상자의 상황을 고려한 복음 전도 방법을 알게 되고, "이렇게 하면 되겠다."라는 확신을 갖게 될 것이다. 비로소 전도자는 이 책이 제안하는 순서에 따라 기쁨과 확신으로 복음을 전할 수 있을 것이다. 전도한 사람을 장성한 그리스도인으로 세워 주는 일도 전도 못지않게 중요한 부분인데 이에 대해서도 좋은 정보를 얻을 수 있을 것이다.

2017년 아름다운 날에

이규학 감독

제3부 전도자

제4부 전도의 실제

부록

제 1 부

전도 신학

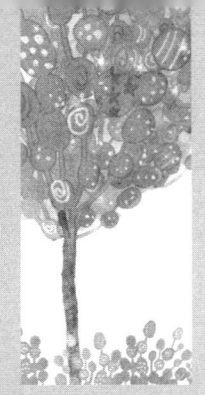

1. 복음 전도

전도한다는 것은
주님이 우리를 위해 하신 일을
사람들에게 전하기 위한
성도들의 모든 언행이다.

암행어사 출두요!

우리나라 기독교 초창기에 최권능(본명 봉석) 목사님이 오지 중의 오지 평안북도 산골 화전민 마을로 전도하러 갔습니다. 작은 농토를 가지고 겨우겨우 살아가는 화전민들이 불쌍해서 그곳까지 찾아간 것입니다. 다른 사람에 대한 전도도 그렇지만 화전민을 전도하기는 더 어려웠습니다. 그래서 목사님은 궁리하여 한 가지 꾀를 냈습니다. 밭에서 일하는 사람들에게 소리가 들릴 듯 말 듯한 곳에서 "사람 죽는다. 사람 죽는다." 라고 소리를 질렀습니다. 이 소리를 들은 화전민들은 깜짝 놀랐습니다. 그들은 밭을 매던 호미를 집어 던지고 황급히 달려왔습니다. 아프다고 소리 지르며 데굴데굴 구르면서 슬그머니 눈을 떠 보니 어림잡아도 50여 명이나 되는 사람이 빙 둘러 서 있었습니다.

최권능 목사님은 '때는 이때다!' 싶어 큰 소리로 "여러분, 예수 믿으시오! 예수 믿으면 천당이요, 안 믿으면 사람 죽소, 예수 믿으시오!" 하고 외쳤습니다. 지켜보던 화전민들은 화가 나서 "이 영감쟁이가 돌았군." 하며 그를 두들겨 패려고 했습니다. 목사님은 황급히 일어나 도망치기 시작했습니다. 그러면서 가슴에서 뭔가를 꺼내 "암행어사 출두요!"라고 외쳤습니다. 화전민들은 깜짝 놀랐습니다. 그때까지만 해도 '암행어사'라고 하면 산천초목도 벌벌 떨던 시절이었습니다. 순진한 화전민들은 진짜 암행어사가 온 줄 알고 너무 놀라 전부 땅바닥에 엎드렸습니다. 그런데 최권능 목사님이 손에 든 것은 노회에서 전도를 잘한다고 준 기념패였습니다. 그것을 품에 넣고 다니다가 때마침 꺼내 흔든 것입니다. 목사님은 화전민들이 엎드려 있는 곳으로 가서 이렇게 말했습니다.

"나는 사람이 보낸 암행어사가 아니라 하나님이 보낸 암행어사요. 하나님을 섬기지 않으면 여러분은 살아남지 못할 것이오. 그리 아시오."

1. 복음(福音)

"만세! 만세! 대한민국 만세! 국민 여러분 기뻐하십시오. 해방입니다. 연합군이 일본을 이겼습니다. 일본이 항복했습니다." 기뻐 어찌할 줄 모르는 아나운서의 한껏 고조된 목소리에 온 나라 온 겨레는 해방의 기쁨에 목이 터져라 대한민국 만세를 외치고 또 외쳤다(이호성, "8.15 그날의 감격" 중에서).

복음은 본래 전쟁에서 승리한 기쁘고 좋은 소식(삼상 31:9)이라는 말에서 나왔으며, 적국의 포로가 되었다가 해방된다는 기쁜 소식(사 40:9)의 의미로, 또한 아름다운 소식(왕상 1:42)이란 의미로 사용된다.

신약성경에서는 예수 그리스도와 관련한 모든 것을 복음이라고 정의한다(롬 1:2). 예수 그리스도가 사람의 몸을 입고 이 땅에 오셨다는 것이 복음의 시작이며(막 1:1), 죄인을 구원하시기 위해 가르치시고 일하시고 죄인을 대신해 십자가에서 죽으셨다가 3일 만에 다시 사신 것이 복음이다(행 8:35). 즉 성경이 가르치는 복음은 예수 그리스도에 대한 모든 것이다. 왜냐하면 예수 그리스도만이 죄로 인해 영원한 저주와 심판에 처할 수밖에 없던 인간들에게 영원한 생명과 천국을 선물로 주시는 분이기 때문이다.

2. 전도(傳導)

전도한다는 것은 복음의 기쁜 소식인 예수 그리스도의 구원을 널리 알리는 것이다. 기쁜 소식이란 예수 그리스도가 성경대로 우리를 위하여 죽으셨다가 다시 살아나셨다는 것이다. 예수 그리스도는 세상을 다스리시는 주로서 지금도 회개하고 믿는 모든 자에게 사죄와 성령의 은사를 공급하신다. 전도는 역사적, 성서적 그리스도를 구세주와 개인의 주로 선포하여 사람들이 개인적으로 그에게 와서 하나님과 화목하도록 설득하는 일이다. 복음으로 초대받아 응답하는 사람들은 마땅히 제자가 된 값을 치러야 한다. 예수님은 오늘도 당신을 따르는 모든 사람이 자기를 부인하고, 자기 십자가를 지고, 그의 새 공동체인 교회에 속하였음을 고백하도록 부르신다. 전도의 결과 그리스도의 제자가 된 사람은 그리스도께 순종, 교회를 섬김, 세상 안에서의 책임 있는 봉사를 수행한다.

3. 복음 전도(福音傳導)

복음 전도의 정의를 종합해 보면, 먼저 복음은 인간이 만든 것이 아니라 하나님에게서 주어진 것이다. 복음의 핵심 내용은 '예수는 그리스도시며 하나님의 아들이시다.'라는 것이다. 복음 전도는 하나님의 아들 예수 그리스도에 의해 이루어진 구원의 기쁜 소식을 길을 잃고 방황하는 사람들에게 전해 그들이 구원을 얻도록 교회로 인도하는 성도들의 모든 행위다. 복음 전도는 인간이 하는 일이며 또한 하나님의 일이다. 즉 복음 전도는 사람을 통해서 하시는 하나님의 일이다. 복음 전도는 주님의 지상명령을 실천하는 일이요, 그리스도의 교훈과 사역을 전하는 일이며, 버림받은 영혼을 구원하기 위한 노력이다. 또한 세상 끝 날에 오실 하나님의 아들 예수 그리스도에 대한 기쁜 소식을 온 세상에 전하는 일이다.

정리하기

1. 복음이란 무엇인가? 간단히 말해 보자.

2. 복음은 누구에게 전하는 것인가?

2. 전도의 정의

전도는
말과 혀로만
하는 것이 아니라
행함과 진실함으로 하는 것이다.

전도자

노병일은 인천 최초의 한국인 전도자입니다. 서산 출신으로 서울에서 예수를 믿은 그를 1887년 즈음 아펜젤러가 인천에 파송했습니다. 필묵행상(筆墨行商)으로 변장하여 글방이나 객줏집을 전전하며 먹이나 붓을 파는 체하며 전도했습니다. 미친놈 취급을 받아 관가에 고발당하기 일쑤였고 급기야 경찰서장은 그에게 "전도를 금할 것과 이에 불응할 경우 타지로 퇴거하라."는 명령을 내렸습니다.

그런데도 그는 "전도는 나의 본분인 고로 그만둘 수 없다."고 버티며 개항장에서 30리쯤 떨어진 뱀내장터(지금의 소래면 신천리)에 모인 사람들에게 성경을 팔며 계속 전도했습니다. 그러다가 병졸들에게 구타당하여 거반 죽게 되었습니다. 이렇게 그는 주변의 질시와 관청의 탄압에도 불구하고 5, 6년 동안 전도를 계속했고 한국 최초로 목사가 된 김기범을 첫 열매로 얻었습니다.

1890년에 그는 한국인의 손으로 건축된 최초의 예배당을 지었습니다. 그는 비록 피 흘려 죽은 순교자는 아니었지만 매 순간 주를 위해 죽을 각오로 눈물과 땀을 아낌없이 쏟은 순교자였던 것입니다.

1. 유앙겔리조(ευαγγελιξω): 기쁜 소식을 전하다

예수께서 온 갈릴리에 두루 다니사 그들의 회당에서 가르치시며 천국 복음을
전파하시며 백성 중의 모든 병과 모든 약한 것을 고치시니(마 4:23).

이 단어를 우리말로 번역하면 '복음(Gospel)'이다. 이 말은 헬라어
ευ(좋은)와 αγγελια(소식)라는 말에서 왔다.[1] 앵글로 색슨어에서 이와
매우 유사한 단어로 good(좋은)과 spell(이야기, 말)이 있는데 이 두 단
어가 결합되어 복음이 되었다. 이것은 신약성경 안에서 자주 사용되
었는데 선전(propaganda)과 같은 뜻이다. 예수께서 "회개하고 복음을
믿으라(막1:15)."고 말씀했을 때 이 낱말을 사용하셨다. 이 단어의 뜻
은 '기쁜 소식'이다. 신약성경적 관념에 있어서 복음 전도자는 왕국
의 기쁜 소식을 퍼뜨리며 전파하는 자였다.

성경에 "소경이 보며 앉은뱅이가 걸으며 문둥이가 깨끗함을 받으
며 귀머거리가 들으며 죽은 자가 살아나며 가난한 자에게 복음이 전
파된다(마 11:5, 눅 7:22)."고 하였다. 성경 기록자는 '복음이 전파된
다'는 것을 강조하고 있는데 이것은 단순한 연설이나 교훈에 그치지
않고 권위와 능력으로 선포함을 의미하는 것이다(행 16:17). 예수님의

---

[1] '유앙겔리온(ευαγγελιον)': 오늘날 기독교 신학에 가장 중요한 단어로 자리매김하게 된 이
용어는 좋은, 기쁜, 반가움을 의미하는 ευ와 소식, 기별을 뜻하는 αγγελιον의 합성어로서
기쁜 소식 혹은 좋은 소식을 의미한다.

선포는 좋은 소식이었으며, 동시에 그분은 좋은 소식을 선포하시는 분이었음을 알 수 있다. 바울 서신에서는 이것을 더 명확하게 사용하고 있다. 사도 바울의 관심이 오직 '예수'인 것은 그가 예수 그리스도 이외에는 관심이 없었다고 고백한 말에 비추어 충분히 알 수 있다(고전 2:2).

2. 케룻소(κηρυσσω): 전령자

> 이 천국 복음이 모든 민족에게 증언되기 위하여 온 세상에 전파되리니 그제
> 야 끝이 오리라(마 24:14).

이 말은 예수님과 요한 그리고 초대 복음 전도자들과 관련하여 사용되었다. 예수님이 모든 "성과 촌에 두루 다니사 저희 회당에서 가르치시며 천국 복음을 전파하시며 모든 병과 모든 약한 것을 고치시니라(마 4:23, 9:35)."라는 말씀에서 케룻소가 사용되었다.[2] 이 단어의 뜻은 '예고하다(to herald)'이다. 이것은 임금의 명령을 알리기 위하여 이 지방 저 지방으로 돌아다니는 전령자를 묘사하는 말이다. 전령자는 통치자의 말을 대신 선포하는 임무를 맡은 자다. 그러므로 전령자는 통치자의 뜻을 백성에게 바로 전해야 할 책임이 있다.

---

2   김형천, 『효과적인 복음 전도』, 아가페문화사, 1993, 43-44.

이 단어는 '예고하다'는 뜻 외에도 '크게 외치다, 이르다, 제외하다, 금하다, 명령하다, 흥정을 벌이다'라는 의미로 사용될 수도 있다. 신약과 구약에서 이 단어를 사용한 예를 중심으로 의미를 종합해 보면 회개를 촉구하는 설교자의 영역, 하나님의 날에 대한 고지, 통치자의 선포와 성취를 가리킬 때 사용되었다.[3] 이 단어로 추정해 볼 때 설교는 하나님 나라의 본질에 대한 일종의 강의가 아니라 선포, 즉 사건의 선포인 것이다. 따라서 "예수님이 설교하셨다."라는 말은 다른 뜻이 아니라 하나님 나라를 알렸다는 것이다.

3. 디다스코이(διδασκωι): 가르치다

> 예수께서 모든 도시와 마을에 두루 다니사 그들의 회당에서 가르치시며 천국 복음을 전파하시며 모든 병과 모든 약한 것을 고치시니라(마 9:35).

이 말은 예수님의 복음 전도를 설명하면서 가장 많이 사용된 단어로, '가르친다'는 의미다. 가르친다는 것은 하나님의 나라를 제대로 이해하지 못하는 우매한 대중을 깨우친다는 뜻이다. "예수께서 모든 성과 촌에 두루 다니사 저희 회당에서 가르치시며(마 9:35)." 예수님은 대화의 방식을 통해 위대한 영적 진리를 설명하고 해명했다. 주님

---

3   Ibid.

은 진리를 알릴 뿐 아니라 그것을 분명하게 설명하고 또 예증함으로써 완벽한 가르침을 행한 유능한 교사였다. 복음 전도자들은 예수님의 본을 따라 가르쳐야 한다.

예수님의 공생애 중 가장 중요한 행위의 하나가 바로 이 디다스코이였다. 공관복음서의 기록자들은 예수님에 대한 이러한 가르침을 여러 영역에서 찾고 있다. 요한 서신에서도 같은 차원의 증언이 많이 등장한다. 요한이 주로 사용한 특징적인 용법을 분석해 보면 그가 사용한 가르침은 직접적인 영감 혹은 계시를 말한다는 것을 알게 된다.[4] 이것은 바로 성경과 직접 관계되는 언급이다. 이러한 진술 방식을 통해 사도들의 관심이 예수의 구원하심을 가르치는 데로 쏠리고 있음을 확인할 수 있다. 이 가르침의 극치는 예수를 선포하는 데서 추구되는 회개에서 찾을 수 있다. 주님에 대한 이러한 가르침을 점차 전도적 역동성을 띠고 이해하기 시작한 것이다.

4. 마르투스(μαρτυς): 증인

> 오직 성령이 너희에게 임하시면 너희가 권능을 받고 예루살렘과 온 유대와 사마리아와 땅끝까지 이르러 내 증인이 되리라 하시니라(행 1:8).

---

4   Ibid.

"내 증인이 되리라(행 1:8)." 이 구절에서 사용한 증인이라는 단어는 엄밀한 의미로 '증명, 증언'이다. 증인이라는 단어에 순교자라는 의미가 내재하여 있음을 알 수 있다. 순교자는 자신의 피로 자신의 증거를 뒷받침하는 사람이다. 신약성경에서 말하는 진정한 증인은 복음을 전파하고 또 그를 위하여 죽을 것이다. 그는 복음을 위하여 기꺼이 죽을 뿐 아니라 진리에 대한 모든 주장을 위하여 죽을 것이다. 그는 한 목표에 바쳐진 몸이다. 그 목표는 그리스도를 위하여 모든 것을 내걸고 증인이 되는 것이다.[5]

마르투스의 기본적인 의미는 '기억하다, 주의를 기울이다, 마음에 새기다' 등이다. 이 말의 동사 마르투레인(μαρτυρειν)은 '증언하다, 증언하기 위해 나선다'는 의미로 전용되고 있다. 여기에서 알 수 있듯이 이 단어가 명사로 사용되기 이전에는 일반적으로 법률적인 속성을 내포하고 있음을 알 수 있다. 누군가의 신상에 무슨 일이 일어났는지를 증언하며 인격적인 관계를 맺는다는 것이다. 이 말은 기본적으로 일정한 역동성을 함축하고 있다. 기독교인들은 대부분 자기에게 새로운 삶을 가능하게 했던 하나의 사실을 증언할 수 있으며, 그 배후에는 당위성이 자리 잡은 깊은 만남의 체험이 있었다.

---

5 Ibid. 37

5. 마데테스(Μαθητης): 제자

> 그러므로 너희는 가서 모든 민족을 제자로 삼아 아버지와 아들과 성령의 이
> 름으로 세례를 베풀고(마 28:19).

"제자로 삼으라(마 28:19)."는 헬라어는 우리말로 정확하게 번역할 수 없다. 마데투사테(μαθητεύσατε)는 동사형이다. 이것은 제자를 훈련하는 것은 물론 그러한 과정을 통해 모든 것을 다 이룬다는 뜻이다.

지금까지 설명한 5개의 단어는 하나의 단어로 집약할 수 있는데, 그것이 곧 '선전'이다. 초대 제자들은 복음 전도라는 단어를 사용하지 않았다. 선전은 초대교회가 세워지기 수 세기 전부터 이미 사용되고 있었다. 복음 전도와 선전은 원래 같은 맥락에서 이해된다. 제자들의 시대에서 선전은 많은 노력과 위대한 신념으로 공포된 어떤 좋은 것을 의미했다.

이상의 내용을 요약하면, 전도의 궁극적인 정의는 구원의 기쁜 소식을 전하는 행위다. 예수 그리스도가 우리의 죄를 위해 죽으심으로 모든 죄에 대한 용서와 자유롭게 하는 성령의 은사를 회개하는 모두에게 주고 계신다는 좋은 소식을 알지 못하는 자들에게 전하는 일이다.

정리하기

1. 증인이 하는 일은 무엇인가?

2. 제자 삼는다는 것의 의미는 무엇인가?

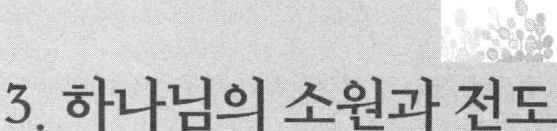

3. 하나님의 소원과 전도

하나님의 소원은
모든 사람이 예수를
하나님의 아들과 구세주로 믿어
천국 백성이 되는 것이다.

믿을 때까지 하는 전도

전도에 특별히 열심이었던 하루키라는 성도가 있었습니다. 어느 날 그는 큰 회사의 사장을 전도하기로 결심하고 찾아갔습니다. 처음에는 반갑게 맞아주었습니다. 그러나 사장은 그다음부터 바쁘다는 핑계로 잘 만나주지 않았습니다. 그래서 그는 엽서에 성경 구절을 적어 보내며 계속 전도했습니다. 사장은 엽서를 받자마자 읽어보지도 않고 빈 서랍에 넣어두곤 했습니다. 10장, 20장, 50장, 99장이 되도록 끈질기게 보냈는데도 아무런 응답이 없었습니다. 낙심하여 그만두려 하다가 100장은 채우겠다고 또 한 장의 엽서를 보냈습니다.

그즈음 사장은 회사 일로 큰 위기를 맞았고, 일생 최대의 고통을 겪고 있었습니다. 자신의 삶을 정리하려고 마음먹고 서랍을 뒤적거리다가 수북이 쌓여있는 엽서에 시선이 갔습니다. 사장은 그 엽서 한 장을 꺼내 읽었습니다. "수고하고 무거운 짐 진 자들아 다 내게로 오라 내가 너희를 쉬게 하리라(마 11:28)." 성령의 역사하심으로 이 말씀을 읽은 그는 큰 은혜를 받고 일어나 눈물을 흘렸습니다. 100장의 엽서를 차례로 모두 읽은 사장은 자신을 전도하려 한 그 사람을 불러서 예배를 드렸습니다. 그 후 예배당까지 지은 사장은 많은 회사 직원들을 전도하여 구원의 길로 인도했습니다.

1. 전도는 하나님 아버지의 간절한 소원이다

> 하나님은 모든 사람이 구원을 받으며 진리를 아는 데에 이르기를 원하시느니라(딤전 2:4).

하나님은 모든 사람이 구원받으며 진리를 아는 데 이르기를 소원하신다(딤전 2:4). 사랑하는 자녀를 거리에서 잃어버린 부모나 유괴범에게 자녀를 빼앗긴 부모의 소원은 무엇이겠는가? 잃은 자녀를 다시 찾는 것이다. 성경은 하나님을 떠난 자녀를 찾으시는 하나님의 행적을 기록한 책이기도 하다. 아담을 찾아 부르신다. 아브라함을 부르신다. 이스라엘을 부르신다. 그리고 인류 각 사람을 개인적으로 애타게 부르신다. 선지자들을 통해 부르시고 예수 그리스도를 통해 부르시며 먼저 부름을 받은 성도들을 통해 부르신다. 전도는 하나님이 자신을 부르신다는 사실을 아직 모르는 사람들에게 하나님이 지금 당신을 부르신다는 사실을 알리는 일이다.

2. 복음 전도는 하나님의 명령이다

> 길과 산울타리 가로 나가서 사람을 강권하여 데려다가 내 집을 채우라(눅 14:23).
> 그러므로 너희는 가서 모든 민족을 제자로 삼아 아버지와 아들과 성령의 이

름으로 세례를 베풀고 내가 너희에게 분부한 모든 것을 가르쳐 지키게 하
라 볼지어다 내가 세상 끝날까지 너희와 항상 함께 있으리라 하시니라(마
28:19-20).
땅끝까지 이르러 내 증인이 되리라(행 1:8).

이 말씀들은 모든 그리스도인이 영혼 구원자가 되어야 한다는 하
나님의 분명한 명령이다. 그러므로 영혼 구원자가 되지 못한다는 것
은 하나님의 명령에 불순종하는 죄를 범하는 일이다.

3. 전도는 하나님의 영광을 위해 하는 일이다

그런즉 너희가 먹든지 마시든지 무엇을 하든지 다 하나님의 영광을 위하여
하라(고전 10:31).

사람이 사는 첫 번째 되는 목적은 하나님을 영화롭게 하는 것과 영
원토록 하나님을 즐거워하는 것이다(고전 10:31, 롬 11:36, 시 73: 25-
28). 신자의 모든 삶이 매우 중요하지만, 그 삶이 하나님의 영광과 상
관이 없다면 전혀 의미 없는 것이 되고 만다. 주님은 인간의 구원을
하나님께 영광을 돌리는 가장 중요한 방법으로 간주하셨다(요 17:4).
그리스도인이 하나님께 영광을 돌리는 가장 소중한 방편 중 하나가
구도자에게 복음을 전함으로 예수 그리스도를 만유의 주, 만왕의 왕

으로 알려 영혼을 구원하는 것이다(빌 2:11). 그래서 그가 복음을 듣고 하나님께 돌아와 하나님 아버지께 영광을 돌리게 하는 일이다.

4. 전도는 하나님의 사랑에 대한 가장 적절한 반응이다

> 하나님이 세상을 이처럼 사랑하사 독생자를 주셨으니 이는 저를 믿는 자마다 멸망하지 않고 영생을 얻게 하려 하심이라(요 3:16).

하나님은 세상을 지극히 사랑하셔서 그의 하나뿐인 아들 예수 그리스도를 우리에게 주셨다. 하나님의 아들은 실로 우리를 위해 성육신하신 천국에서 온 선교사셨다. 하나님이 우리를 사랑하사 우리를 위해 주신 그리스도의 사랑이 우리를 강권한다(고후 5:14). 그리스도의 사랑이 우리를 선택의 여지가 없게 만드는 것이다. 하나님의 아들이신 예수 그리스도가 십자가에서 베푸신 사랑을 알지 못하고 방황하는 사람이 우리 주변에 많다. 주님이 영혼을 사랑하신 것같이 우리도 영혼에 대한 사랑이 간절해야 복음을 전할 수 있다.

5. 전도는 하나님 나라를 실현하는 일이다

> 회개하라 천국이 가까이 왔느니라 하였으니(마 3:2).

구약의 마지막 선지자인 세례 요한이 전한 전도 메시지의 핵심은 천국이 임박했다는 것이었다. 예수 그리스도가 전한 메시지도 천국 복음이었다. 예수님이 이 땅에 오시기 전에 그렇게도 기다리고 있던 하나님 나라는 예수 그리스도의 오심으로 이 땅에 그 실체를 드러내었다(눅 17:20). 주님이 오심으로 실체화된 하나님 나라는 예수 그리스도의 재림 때에 완성된다. 그러나 그 때에 관해서는 우리가 알지 못한다. 주님의 재림이야말로 하나님 나라의 비밀이다. 단지 우리는 하나님 나라가 오기를 위해 기도하라는 권면과 깨어 있으라는 주님의 당부를 들을 따름이며, 깨어 있지 못한 자들에게 임할 경고가 엄숙하게 주어지고 있다(막 13:33-37). 오늘날 수많은 이단이 주님의 재림을 자의적으로 해석하여 많은 물의를 빚고 있는 것도 모두가 주님의 경고를 무시한 것이다. 그러면 주님은 자신의 재림과 관련한 징후를 전혀 남기지 않으셨는가? 결코 그렇지 않다. 주님은 복음 전도와 관련하여 자신의 오심을 아주 분명하게 선언하고 계신다. 주님은 재림의 때를 천국 복음이 모든 백성에게 전파될 때로 말씀하고 계신다(마 24:14). 주님의 다시 오심은 아무도 막을 수 없다. 그러나 주님의 다시 오심에 앞서 세상 끝까지 반드시 복음이 전해져야 한다. 그러므로 복음 전도는 그리스도의 재림을 재촉하는 것이다.

정리하기

1. 하나님은 영혼을 어떻게 구원하시는가?

2. 하나님 나라 완성과 전도가 밀접한 관계를 맺고 있는 이유는
   무엇인가?

4. 주님이 오신 목적과 전도

주님이
하늘 영광을 버리시고
이 땅에 오신 목적은
전도하여 영혼을 구원하려 하심이다.

누군가 듣고 있습니다

어느 목사님이 비행기를 타고 보니 전에 같이 앉은 적이 있는 젊은이가 다시 옆에 앉아 있었습니다. 서로 구면인 것을 확인하자 그 목사님은 자신을 소개했습니다. 그런 다음, 젊은이에게 그리스도가 자신의 삶 속에서 행하신 일은 무엇인지, 또 그리스도가 청년의 삶을 앞으로 어떻게 인도해 주실 것인지에 대해 이야기했습니다. 그러나 젊은이는 아무런 반응도 보이지 않았습니다.

그날 밤, 목사님은 그 청년 아버지의 전화를 받았습니다. 그는 낮에 아들의 뒷좌석에 앉아 있었는데 앞에서 얘기하는 내용을 듣고 그리스도에 대해서 더 알고 싶어졌다고 말했습니다.

우리가 뿌린 복음의 씨앗은 당장 열매를 맺지 못할 수도 있습니다. 그러나 씨앗은 미처 생각지도 못한 곳에 뿌리를 내릴 수도 있습니다. 우리가 할 일은 단지 그 씨앗을 언제 어디서나 뿌리는 일입니다.

1. 주님이 세상에 오신 목적은 전도다

하나님이 세상을 이처럼 사랑하사 독생자를 주셨으니 이는 저를 믿는 자마다 멸망하지 않고 영생을 얻게 하려 하심이라(요 3:16).

주님이 하늘 보좌를 버리고 이 땅에 오신 목적은 전도다. 누구도 현재 자기가 누리고 있는 좋은 자리를 버리고 싶지 않을 것이다. 그러나 주님은 하나님 나라의 모든 영광을 다 버리고 오셨다. 그것도 천하고 가난한 인간의 모습으로 오셨다. 아무리 가난하고 어려워도 말구유에서 태어나는 아기는 없을 것이다. 그러나 주님은 말구유에서 탄생하셨다. 주님이 낮은 인간의 모습으로 오신 것은 하나님이 사람이 되어 인간을 구원하시기 위함이다.

2. 전도는 그리스도의 재림을 앞당긴다

이방인의 충만한 수가 들어오기까지 이스라엘의 더러는 우둔하게 된 것이라 (롬 11:25).

하나님은 이 세상에서 그 아들 우리 주 예수 그리스도의 신부가 될 사람들을 부르고 계신다. 이에 응답하여 그리스도께 나온 사람들을 우리는 교회라 부른다(계 21:9). 그리스도의 신부인 교회는 그리스도가 재림하실 때까지 거듭난 모든 성도로 이루어진다. 이 교회에 속할 마지막 영혼이 구원받아 주님의 우주적 교회가 완성될 때에 예수님이 재림하여 교회를 자신의 신부로 영접하신다. 우리가 열심히 영혼 구원을 위해 일하면 신부인 교회가 완성됨으로 결과적으로 예수님의 재림을 재촉하게 되는 것이다.

3. 그리스도의 사랑은 우리를 전도자가 되도록 강권한다

> 그리스도의 사랑이 우리를 강권하시는도다(고후 5:14).

그리스도는 구원받은, 그분을 주인으로 모시고 사는 사람에게 잃어버린 영혼을 찾도록 강권하신다. 따라서 진정 구원받은 자라면 다른 사람들도 구원받기를 열망한다. 우리 속에 거하시는 그리스도의 성령이 우리를 강권하시기 때문이다. 이런 성령의 역사가 바울의 심령 속에서 강력하게 역사함으로 그는 로마서 9장 3절에서 "나의 형제 곧 골육의 친척을 위하여 내 자신이 저주를 받아 그리스도에게서 끊어질지라도 원하는 바로다."라고 했다. 또한 그에게 있어 이 강권하는 힘이 너무나 크기 때문에 사도행전 20장 31절에서 "그러므로 여러분이 일깨어 내가 삼 년이나 밤낮 쉬지 않고 눈물로 각 사람을 훈계하던 것을 기억하라."고 하였다.

4. 전도는 그리스도의 증인 사명을 다하는 일이다

> 또 그의 이름으로 죄 사함을 받게 하는 회개가 예루살렘에서 시작하여 모

든 족속에게 전파될 것이 기록되었으니 너희는 이 모든 일의 증인이라(눅 24:47-48).

증인은 자기가 알고 있는 것을 말해야 할 의무가 있다. 우리가 죄인들을 위해 예수 그리스도가 죽으신 사실을 알고, 또 우리 생애에서 그리스도를 체험했으면 이런 일을 다른 사람에게 증거해야 할 책임이 있다. 우리는 그리스도를 대표하고 있기 때문이다. 그러므로 구령 사역(救靈使役)을 하지 않고 있는 것은 이 신성한 사명에 대한 불성실의 죄를 범하는 것이다.

5. 전도는 그리스도의 몸인 교회 성장의 원동력이다

그리하여 온 유대와 갈릴리와 사마리아 교회가 평안하여 든든히 서 가고 주를 경외함과 성령의 위로로 진행하여 수가 더 많아지니라(행 9:31).

교회의 주인은 예수 그리스도시다. 부활하신 주님은 성령으로 교회에 충만하게 거하신다. 교회는 주님이 사시는 곳이기에 이 지상에 존재하는 어느 기관보다 귀중하다. 그리스도가 세상의 소망인 것처럼, 교회는 세상의 소망이다. 주님은 그의 백성의 전도를 통하여 그분의 몸인 교회를 성장시켜 나가신다(행 2:47). 주님의 몸에 붙어 있는 성도들은 복음 전도를 통하여 구원받을 사람들을 교회에 연결해야 한다. 교회의 성장은 교회의 머리가 되시며 주인이신 예수 그리스도의 영광을 높이 드러낸다. 실로 주님은 몸인 교회를 통하여 그의 몸이 점점 완성되어 가기를 소망하신다.

정리하기

1. 주님이 이 땅에 오신 목적은 무엇인가?

2. 주님의 재림과 전도는 어떤 관련이 있는가?

5. 지상명령과 전도

초대교회 성도들이
전도에 생명을 바친 까닭은
전도가 주님의 지상명령이기 때문이다.

영혼에 대한 사랑

19세기 미국의 위대한 전도자 무디는 하루에 꼭 한 사람은 전도한다는 원칙을 세웠습니다. 어느 날 그는 그 누구도 전도하지 못했습니다. 잠자리에 누웠지만, 책임을 다하지 못한 자책감으로 잠이 오지 않았습니다. 그는 다시 옷을 입고 거리로 나갔습니다. 한밤중이라 다니는 사람이 별로 없었습니다. 무디는 이 골목, 저 골목을 돌아다니며 전도 대상을 찾다가 드디어 한 술주정뱅이를 만났습니다, 그는 다짜고짜 그 주정뱅이에게 "예수님을 아십니까?"라고 말을 걸었습니다, 그러자 주정뱅이는 벌컥 화를 내며 그에게 달려들었습니다. 무디는 쫓겨오다시피 하며 집으로 돌아왔습니다.

그 후 3개월이 지난 어느 날, 무디의 집으로 한 사람이 찾아왔습니다. 바로 그 술주정뱅이였습니다. 그는 무디에게 이렇게 고백했습니다.

"그날 밤 저는 '예수님을 아십니까?'라는 말을 듣고 화를 냈습니다. 그런데 그 후로 그 말이 내내 제 귓전에서 떠나지 않았습니다. 그래서 저는 이제 예수님을 믿기로 했습니다."

하나님의 일을 완수하지 못한 것에 대한 근심이 한 심령을 돌이켜 구원시켰던 것입니다.

1. 전도는 주 예수 그리스도의 지상명령이다

예수께서 나아와 말씀하여 이르시되 하늘과 땅의 모든 권세를 내게 주셨으니 그러므로 너희는 가서 모든 민족을 제자로 삼아 아버지와 아들과 성령의 이름으로 세례를 베풀고 내가 너희에게 분부한 모든 것을 가르쳐 지키게 하라 볼지어다 내가 세상 끝날까지 너희와 항상 함께 있으리라 하시니라(마 28:18-20).

부활하신 주님은 제자들과 40일간 계시다가 승천하실 때 고별사로 자신이 하늘과 땅의 모든 권세를 가졌음을 제자들에게 확신시키신다. 그리고 세상 끝날까지 그들과 함께 있겠다고 약속하신다. 그런 다음 주님은 제자들에게 마지막으로 작별의 명령을 내리신다. 그것은 온 세상에 가서 모든 민족에게 복음을 전하여 그들을 제자 삼으라는 것이었다. 단지 제자들은 주님의 마지막 명령에 순종하기만 하면 주님의 임재와 권능을 힘입을 수 있었다.

우리는 사랑하는 이의 유언을 매우 신중하게 처리하는 관습을 가지고 있다. 초대교회의 그리스도인들도 주님의 마지막 명령을 매우 소중하게 여겼다. 그리고 이것이 주님의 간절한 마지막 부탁이기도 했다. 이것이 초대교회 그리스도인들과 복음 전도에 열심을 보였던 전도자들이 전도에 헌신했던 진정한 이유일 것이다.

2. 지상명령과 주권

> 그러므로 너희는 가서 모든 민족을 제자로 삼아 아버지와 아들과 성령의 이
> 름으로 세례를 베풀고(마 28:19).

하나님의 주권은 하나님의 절대적 권위와 그 명령으로 잘 나타난다. 하나님의 명령 앞에 선 인간은 오직 순종할 뿐이다. 하나님은 주권적으로 명령하시고 그런 이유로 복종을 원하신다. 신실한 성도는 하나님께 자신의 주권을 위임한다. 사람의 제일되는 목적이 하나님을 영화롭게 하는 것과 영원토록 그를 즐거워하는 것이기 때문임을 잘 알기 때문이다. 그러므로 건전한 논리 법칙에 따라 하나님의 주권을 강력하게 주장하는 사람은 당연히 인간의 책임도 강력하게 주장해야 한다. 하나님의 주권은 전도 명령에도 당연히 강하게 나타나 있는데 지상명령도 이러한 맥락에서 보아야 바르게 이해할 수 있다.

3. 지상명령의 지속성과 전도

> 오직 성령이 너희에게 임하시면 너희가 권능을 받고 예루살렘과 온 유대와
> 사마리아와 땅끝까지 이르러 내 증인이 되리라 하시니라(행 1:8).

주님은 감람산에서 하늘로 승천하시기 직전 "오직 성령이 너희에

게 임하시면 너희가 권능을 받고 예루살렘과 온 유대와 사마리아와 땅끝까지 이르러 내 증인이 되리라(행 1:8)."고 하셨다. 성령이 임한 후 신약 교회는 지상명령의 필요성을 절감하게 되었다. 성령을 받음으로 교회는 자발적으로 그리스도를 증거하게 되었다. 새 시대 신자에게 복음 전도는 숨 쉬는 것과 같이 자연스러운 것이 된 것이다. 오순절 성령의 임하심이 교회를 지상명령을 수행하는 교회로 만들었다는 사실은 쉽게 생각할 일이 아니다.

오순절에 강림하신 성령은 하나님의 아들이신 예수의 영이자 부활하신 그리스도의 영이다. 주님의 지상명령이 성령의 강림과 연속성을 가지는 이유는 성령 강림이 주님에 의해 이루어졌고 성령이 임한 교회에 지상명령을 주권적으로 주신 분이 예수 그리스도 자신이기 때문이다. 주님이 주신 "너희는 가서 모든 민족을 제자로 삼아 아버지와 아들과 성령의 이름으로 세례를 베풀고 내가 너희에게 분부한 모든 것을 가르쳐 지키게 하라(마 28:19-20)."는 지상명령은 "오직 성령이 너희에게 임하시면 너희가 권능을 받고 예루살렘과 온 유대와 사마리아와 땅 끝까지 이르러 내 증인이 되리라(행 1:8)."는 약속과 그 성취로 실체화되었다.

정리하기

1. 주님의 지상명령은 무엇인가?

2. 주님의 지상명령은 누가 수행해야 하는가?

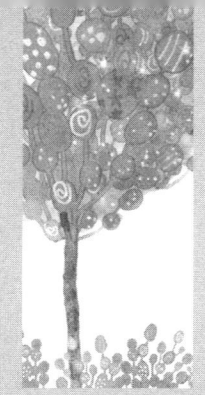

6. 성령의 역사와 전도

복음 전도는
성령의 인도를 따르는 것이다.
사도행전은
성령의 인도하심을 따른 전도 역사다.

쉰들러처럼

제2차 세계대전이 한창이던 당시에, 오스카 쉰들러(Oskar Schindler)는 히틀러가 유대인들을 아우슈비츠로 끌고 가는 만행 앞에서 그들을 구출할 계획을 세웁니다. 그는 자신이 건져내야 할 유대인들의 목록을 만들고, 자신의 모든 재산을 바쳐서 그들을 구합니다.

그는 마지막 돈까지 다 털어 유대인들을 기차에 태워 보내고, 선로에 앉아 하염없이 하늘을 쳐다보고 있었습니다. 그러고 나서 선로를 터벅터벅 걸어오다가 무심코 자기 손가락에 낀 금반지를 보았습니다.

"내가 이것을 왜 끼고 있지? 이 금반지를 팔았더라면 한 사람의 생명을 더 구할 수 있었을 텐데. 내게 돈이 조금 더 있었다면 한 사람은 더 구할 수 있었을 텐데."

그는 자신이 구하지 못한 유태인들이 끌려가는 모습을 보면서 눈물을 흘리며 통곡했습니다.

영화 "쉰들러 리스트"의 마지막 메시지는 이렇습니다. "한 영혼을 구한 것은 우주를 구한 것이다."

예수님은 한 생명이 천하보다 귀하다고 말씀하셨습니다. 그것은 한 영혼을 구원하는 것은 우주를 건진 것과 같다는 의미입니다. 쉰들러 한 사람의 고귀한 노력이 죽어 가는 수많은 유대인들의 목숨을 구한 것입니다. 오늘 우리는 죄가 죄인 줄도 모르고 멸망의 길로 달려가는 사람들을 위하여 무엇을 하고 있습니까? 쉰들러는 유태인과 아무런 이해관계가 없었지만 그들을 살리려고 자신의 재물을 다 털었습니다. 자신이 게을러서, 좀 더 돈이 있었더라면 더 많은 생명을 건질 수 있었는데 그렇게 하지 못한 자신을 향해 통곡하며 몸부림을 쳤습니다.

그런데 천국과 지옥이 있다는 것을 믿고 있는 우리는 지금도 세상에서 방황하는 영혼들, 죽어 가는 영혼들을 위해 어떤 노력을 하고 있습니까?

1. 영혼 구원에서 하나님의 책임과 사람의 책임

우리는 하나님의 동역자들이요 너희는 하나님의 밭이요 하나님의 집이니라 (고전 3:9).

사람이 할 수 있는 일 중 하나님과 동역하는 일보다 가치 있는 일이 또 있겠는가! 하나님은 그의 잃어버린 양을 찾기 위해 사람들과 동역하신다. 하나님은 사람들이 하지 못하는 일들을 하시는데 농장에 비를 내려주시는 일, 새로운 돌들을 석재로 쓸 수 있도록 다듬는 일, 병사들을 옷 입히는 일, 양들을 부르는 일, 포도들이 무르익게 하는 일을 하신다. 하나님의 성령은 복음 전도에서 우리가 맡은 사명을 수행하기까지는 죄인이 자신의 죄를 깨닫고 감동하여, 새로운 탄생을 이루는 역사를 하지 않으신다. 우리는 영혼 구원 사역에서 하나님의 동역자(同役者)들이다.

2. 복음 전도에서 성령이 하시는 일

> 내 말과 내 전도함이 설득력 있는 지혜의 말로 하지 아니하고 다만 성령의 나타나심과 능력으로 하여(고전 2:4).

성령은 죄인으로 자신의 죄를 깨닫고 자신의 잃어버린 상태를 알게 하신다. 성령은 죄인을 감동하게 하여 그리스도께 오도록 하신다. 성령은 그들의 심령에 그리스도를 자신의 구세주로 알게 하신다. 성령은 죄인이 하나님에 대한 불신앙의 죄를 고백하고 믿음으로 구원에 이르게 하신다.

3. 복음 전도에서 사람이 하는 일

> 헬라인이나 야만인이나 지혜 있는 자나 어리석은 자에게 다 내가 빚진 자라 그러므로 나는 할 수 있는 대로 로마에 있는 너희에게도 복음 전하기를 원하노라(롬 1:14-15).

우리는 복음을 전해 들은 사람들이다. 그렇게 받은 복음으로 구원에 이른 사람들이다. 복음을 받은 사랑에는 복음을 전할 의무가 따른다. 이제 우리는 우리가 전해 받은 그 복음을 전달하는 자들이다. 우리는 하나님이 그분의 목적을 따라 쓰시는 그릇이다. 우리는 그리스도의 사신(使臣)이다.

4. 복음 전도에서 사람이 하는 일과 성령이 하시는 일

우리가 하는 일 / 성령이 하시는 일

· 우리는 씨를 뿌린다. / 성령은 마음을 감동하게 한다.
· 우리는 씨에 물을 준다. / 성령은 씨에 생명을 주신다.
· 우리는 씨에 거름을 준다. / 성령은 자라게 하신다.
· 우리는 그 주위를 판다. / 성령은 가지를 치신다.
· 우리는 그 가지를 늘어뜨린다. / 성령은 영글게 하신다.
· 우리는 간다. / 성령은 동행하신다.
· 우리는 말씀을 전한다. / 성령은 죄를 깨닫게 하신다.
· 우리는 예수님을 높인다. / 성령은 예수님을 알리신다.
· 우리는 복음을 선포한다. / 성령은 마음을 여신다.
· 우리는 기도한다. / 성령은 능력을 주신다.

5. 전도 방법은 성령을 따르는 것이다

오순절 날이 이미 이르매 그들이 다같이 한 곳에 모였더니 홀연히 하늘로부터 급하고 강한 바람 같은 소리가 있어 그들이 앉은 온 집에 가득하며 마치 불의 혀처럼 갈라지는 것들이 그들에게 보여 각 사람 위에 하나씩 임하여 있더니 그들이 다 성령의 충만함을 받고 성령이 말하게 하심을 따라 다른 언어들로 말하기를 시작하니라(행 2:1-4).

오순절에 성령을 받은 초대교회 성도들은 성령이 말하게 하심을 따라 방언을 했다. 그리고 그 결과 많은 전도의 열매를 거두었다. 오순절 성령 강림 이후 계속되는 전도의 주체는 성령이셨다. 사도들이 성령의 인도하심을 따른 전도가 사도행전의 전도다. 전도는 성령의 인도하심을 따르는 것이다.

6. 전도의 주체는 성령이시다

· 오순절 성령이 전도하셨다(행 2:4, 5-13).
· 성령의 역사로 남자만 약 오천 명이 믿었다(행 4:4).
· 성령이 루디아에게 증거를 보이셨다(행 16:13).
· 성령이 간수에게 전도하셨다(행 16:19-32).
· 성령은 온 세상에 전도하신다(행 1:8).

7. 우리는 전도하기 위해 성령의 인도를 받아야 한다

· 내 안에 계신 성령의 소원을 따라가라(빌 2:3).
· 성령은 빌립을 내시에게 보내셨다(행 8:26-40).
· 스데반이 성령으로 전도했다(행 6:10).
· 스데반은 돌에 맞으며 성령으로 전했다(행 7:1-60).
· 성령이 전도하러 가게 하셨다(행 13:1-4).
· 성령이 인도해 가신다(행 16:6-10).

8. 성령이 예루살렘으로부터 땅끝까지 전도하셨다

· 성령의 권능으로 전도를 시작했다(행 2:1-4).
· 성령이 16개 나라에 전도하게 하셨다(행 2:5-13).
· 성령이 삼천 명의 제자들을 부르셨다(행 2:41).
· 성령이 남자만 약 오천 명을 믿게 하셨다(행 4:4).
· 성령이 예루살렘 교회를 부흥시켰다(행 6:7).
· 성령이 빌립이 사마리아에 전도하게 하셨다(행 8:29).
· 성령이 유대와 갈릴리와 사마리아 교회를 든든히 세워 가셨다
  (행 9:31).
· 성령이 고넬료에게 복음을 전하셨다(행 10:19).
· 성령이 바울과 바나바를 선교사로 파송하셨다(행 13:2).

· 성령이 바울 일행을 아시아에서 유럽으로 보내셨다(행 16:16).

· 성령이 에베소 교회를 세우셨다(행 20:28).

· 성령이 바울로 로마까지 가서 전도하게 하셨다(행 28:31).

· 성령이 한국을 복음화시키셨다.

· 성령이 옛 사회주의 나라를 복음화하셨다.

· 성령이 이슬람권에 복음을 전하고 계신다.

· 성령이 지금도 땅끝까지 복음을 전하고 계신다.

정리하기

1. 전도의 주체는 누구신가?

2. 전도하기 위해 어떻게 인도를 받아야 하는가?

7. 성도의 사명과 전도

주님은 모든 성도에게
죄인을 하나님과 화목하게 하는 직분을 주셨다.
따라서 성도의 사명은
죄인을 이끌어 하나님께 가는 것이다.

왜 사느냐 묻거든

"전도는 눈물과 고난 없이는 할 수 없는 일입니다. 그리고 하나님의 축복을 받기 위해서는 전도를 해야 합니다."

감리교 전도 왕이 된 임마누엘교회 한선희 집사님의 말입니다. 한 집사님은 교회 총동원 주일에 100명 전도를 목표로 기도했습니다. 먼저 초청 대상자 명단을 작성하고 서울 시내에 있는 친인척부터 찾아 전도하기 시작했습니다. 그리고 밤낮없이 발 닿는 곳이면 어디든 방문했습니다. 구멍가게, 복덕방, 노인정, 주차장 등도 예외일 수는 없었습니다.

100여 장의 초청장은 며칠 만에 동이 났습니다. 한 집사님은 매일 30여 장의 초청장을 더 보냈습니다. 새벽 기도회에도 매일 참석하여 초청장을 받은 사람들과 자신이 전도하고자 결심한 사람들의 영혼을 구원해 달라고 기도했습니다. 병원장 부부가 간호사들과 함께 교회를 방문하고, 카센터 주인과 직원들이 작업복을 입은 채 예배에 참석했으며, 대학 교수와 학생들이 무더기로 초청에 응했습니다. 1990년 한 해 동안 867명을 전도했습니다.

전도의 기쁨을 가져다준 총동원 주일 이후 한 집사님의 생활은 곧 전도였습니다. "축복을 받기 위해서라도 전도해야 합니다. 하나님은 우리가 드린 시간과 물질 그리고 정성과 노력에 대해서 방관하지 않으십니다."라고 강조하는 그는 교인 한 사람이 한 사람을 전도할 때 민족의 복음화는 앞당겨질 수 있다고 고백합니다.

1. 전도는 삶의 기쁨을 얻는 최선의 방책이다

우리의 소망이나 기쁨이나 자랑의 면류관이 무엇이냐 그가 강림하실 때 우리 주 예수 앞에 너희가 아니냐 너희는 우리의 영광이요 기쁨이니라(살전 2:19-20).

영혼들이 구원받을 때 모든 신자가 감화와 감동을 하게 된다. 구원 역사가 이루어지면 그것을 하늘에서만 기뻐하는 것이 아니라 이 땅에서도 그리스도인들이 기뻐한다. 교회가 무기력해지는 것은 전도해서 얻은 새신자가 없기 때문이다. 교회와 성도들의 삶에 기쁨이 없고 감사가 사라지고 무기력해지거든 전도하라. 새 힘을 얻을 것이다. 전도로 영혼 구원이 이루어지는 곳에 기쁨과 감격이 샘솟는다.

2. 전도는 그리스도인의 최우선적 직무다

너는 말씀을 전파하라 때를 얻든지 못 얻든지 항상 힘쓰라 범사에 오래 참음과 가르침으로 경책하며 경계하며 권하라(딤후 4:2).

예수님은 하나님과 사람 사이의 중재자로 오셨다. 하나님과 분리된 우리의 죄를 떠맡으심으로 하나님과 사람이 화목하도록 하셨다. 그런데 주님은 화목하게 하는 직무를 우리에게도 맡기셨다(고후 5:18). 그러므로 우리가 이 일을 효과적으로 수행하려면 양편에 밀접한 관계를 형성하는 것이 꼭 필요하다. 즉 하나님과 가까이해야 하며 동시에 사람과 가까이해야 한다. 전도에 실패하는 이유는 하나님과 가까이하지 않거나 사람과 가까이하지 않거나 둘 중 하나라고 보면 정확하다. 인간의 방법이 아무리 훌륭하다 해도 하나님의 방법을 결코 대신할 수 없다. 그러므로 전도자는 성령의 능력을 의지하기 위해 부단히 기도에 힘써야 한다. 전도자는 어떤 희생을 치르더라도 하나님을 의지해야 한다. 마찬가지로 전도자는 사람들과 가까이해야만 한다. 구도자들과 틈만 나면 함께할 수 있는 것이 전도의 지름길이다. 구도자들을 하나님과 화목하게 할 사람은 신자밖에 없기 때문이다. 하나님과 가까이! 그리고 사람과 가까이! 이것이 전도 현장에서 전도의 열매를 맺는 핵심이다.

3. 전도는 신앙의 궁극적 목적이며 최대의 관심사다

나는 선한 싸움을 싸우고 나의 달려갈 길을 마치고 믿음을 지켰으니(딤후

4:7).

하나님이 우리를 부르심은 다른 사람보다 똑똑하고 잘났고 돈이 많고 훌륭해서가 아니다. 전도하라고 불러주셨다. 우리를 먼저 구원하심은 또 다른 사람을 구원하시기 위함이다. 신앙생활을 하는 목적도 하나님께 영광을 돌리는 것이 되어야 한다. 기도하는 목적도 능력을 받아 전도하기 위해서이고, 성경공부를 하는 이유도 또 다른 사람에게 복음을 전하기 위해서이다. 아무리 좋은 프로그램으로 매일매일 성경공부를 한다고 해도 그 결과가 전도로 나타나지 않는다면 이는 무익한 것이 될 것이다. 하나님이 성도에게 은사를 주시고 성령충만하게 하심도 능력 있는 일꾼, 전도자가 되게 하기 위해서이다. 헌금도 복음 전도비로 사용하기 위해서이고, 개척교회를 세우고 예배당을 건축하는 궁극적인 목적도 영혼 구원을 위해서이다.

4. 우리의 신분이 복음 전도를 강권하고 있다

그러므로 우리가 그리스도를 대신하여 사신이 되어 하나님이 우리를 통하여 너희를 권면하시는 것 같이 그리스도를 대신하여 간청하노니(고후 5:20).

사신이란 단어는 대사라는 뜻으로 외국에서 본국을 대표하는 사람을 의미한다. 그는 자신이 대표하는 나라를 위하여 책임지고 일하며 말해야 하는 대행자 또는 대언자다. 이 직분은 우리 그리스도인의 직분에 대해 말하는 것이다. 성도는 하나님 나라의 왕으로부터 파송 받은 하나님 나라의 대사다. 우리는 우리를 파송한 그리스도를 위해서 말해야 하고 또 그리스도를 대신하여 말해야 하는 그리스도의 사신이다.

5. 지혜로운 자는 복음을 전해 영혼을 구원한다

> 지혜 있는 자는 궁창의 빛과 같이 빛날 것이요 많은 사람을 옳은 데로 돌아오게 한 자는 별과 같이 영원토록 빛나리라(단 12:3).

영혼 구원의 사역은 하나님이 보시기에 대단히 높이 평가하는 부분이기에 영혼 구원자가 되는 것은 대단히 지혜롭고 유익한 일이다. 이렇게 구령 사역을 하는 일은 하나님께 가장 합당한 일이다. 그 결과로 하나님은 무한하고 영원한 상급을 지급하신다. 사람들을 의로운 곳으로 돌이키는 사람은 보물을 천국에 쌓아 두는 일이 되기 때문에 대단히 현명한 일이다. 사소한 일에 사로잡힌 사람은 현명한 사람이 되지 못한다. 별것 아닌 것을 소중히 생각하는 것은 바보스러운 일이다. 그러므로 영혼을 구원하지 않는 일은 어리석음의 죄를 범하는 것이 된다.

정리하기

1. 당신이 그리스도인이라면 당신에게 있어서 가장 중요한 사명은 무엇이라고 생각하는가?

2. 당신은 그리스도인으로 가장 중요한 사명을 감당하는 데 있어서 100만 점을 기준으로 어느 정도 점수를 줄 수 있는가?

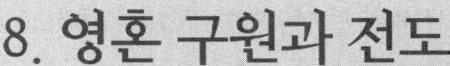

8. 영혼 구원과 전도

예수님이 주가 되심을 전하여
그분을 사람들의 개인의 구주로 영접하여
구원에 이르게 하는 방법은
전도의 미련한 방법 외에는 없다.

간증 전도

서울의 한 여고에서 영어를 가르치는 방성주 집사님은 학교에서 '할렐루야 선생님'으로 불립니다. 그는 만성 활동성 간염이란 질병으로 병가를 내고 교단을 떠났다가 예수 그리스도의 은혜로 고침을 받았습니다. 방 집사님은 다시 교단에 서서 학생들의 얼굴을 대하던 날, 분필을 들어 칠판에 "예수 그리스도 할렐루야!"라고 썼습니다. 그리고 자신의 병 고침에 대해 간증했습니다. 이후로 방 집사님은 수업을 위해 교실에 들어가면 먼저 기도하고 그날 수업에 임했습니다. 또한 틈만 나면 예수 그리스도의 구주 되심과 사랑을 증거했습니다.

기독교 학교에서 근무한 것이 아니었기에 전도하기가 무척 힘들었습니다. 그러나 멈추지 않았습니다. 학생들은 장난인지, 진심인지 그에게 '할렐루야'라는 별명을 붙였습니다. 이 별명은 그가 더욱 세상과 구별된 삶을 살도록 했습니다. 일상적인 학교 업무에서도 그는 그리스도인의 모습을 지킬 수 있었습니다. 학생들에게는 그리스도의 희망과 용기를 불어넣어 주었으며, 주경야독하는 어린 여학생들에게는 하나님의 사랑을 전달하고 힘 닿는 대로 격려했습니다. 교사들 사이에서도 양보하는 일이 많아졌을 뿐만 아니라 터놓고 그리스도를 증거했습니다.

방 집사님은 학생들의 인격에 그리스도의 정신이 스며들게 하려고 애썼습니다. 그들이 세상의 꿈이나 야망으로 자신을 채우지 않고, 예수 그리스도의 사랑을 최고로 여길 수 있게 만들어 주고자 했습니다. 예수님만이 우리 삶의 최고임을 강조했습니다.

1. 전도를 통해 죄인들을 사망에서 생명으로 옮길 수 있다

그는 허물과 죄로 죽었던 너희를 살리셨도다(엡 2:1).

에베소서 2장 1절에 따르면 그리스도 밖에 있는 남녀노소는 모두 이미 죽은 사람들이다. 죽음이 사람을 그의 주변 사람들로부터 분리하듯이 죄와 허물은 사람을 하나님의 생명으로부터 분리시킨다. 비록 정신적, 육체적, 감정적으로 살아 있다고 할지라도 영적으로 사람들은 죽어 있다. 길을 잃고 방황하고 있다. 자신들의 영적 형편이 어떠한지조차 모르고 있다. 거짓 진리를 진리인 줄 알고 부지런히 따르고 있다. 그런데 예수님은 길을 잃고 방황하며 거짓 진리를 따르면서 이미 죽어 있는 사람들에게 길과 진리와 생명을 주시려고 오셨다(요 14:6). 영생을 얻고 하나님과의 교제를 회복하여 천국에서 살아갈 수 있는 길은 오직 예수 그리스도를 믿는 것 뿐이다(행 4:12). 모든 지역의 모든 사람에게 가장 중요한 사건은 예수를 믿고 구원을 얻는 것이다. 예수님이 구주가 되심을 알려 예수 그리스도를 사람들의 개인의 구주로 영접하게 하는 방법은 전도의 미련한 방법밖에 다른 길이 없다. 십자가에 못 박힌 예수가 주와 그리스도가 되셨다고 전도하는 일이야말로 시대에 가장 뒤떨어지고 어리석은 것으로 보일 것이다. 그러나 예수님의 십자가 사건만이 택한 자들을 하나님의 자녀로 삼으시는 유일한 방법이고 하나님의 능력이다(고전 1:21).

2. 전도는 사람의 근본을 변화시키는 유일한 방법이다

> 그런즉 누구든지 그리스도 안에 있으면 새로운 피조물이라 이전 것은 지나갔으니 보라 새 것이 되었도다(고후 5:17).

예수 그리스도의 능력은 그 누구의 삶도 변화시킬 수 있다. 이것이 복음의 능력이다. 진정으로 말하지만, 예수 그리스도 외에 사람의 인격과 처한 상황을 근본적으로 변화시킬 수 있는 것은 이 세상에 존재하지 않는다. 예수님 당시 가장 좋은 환경, 가장 훌륭한 학교에서 공부했고 예수님의 제자들을 광신적으로 배척했던 유대인 사울이 그리스도인이 된다는 것은 사람의 생각으로는 절대로 불가능한 일이었다. 그러나 주님이 그를 찾아오셨을 때 그의 기세등등함은 두려움과 절망으로 변했고 후에 주님의 완전한 새사람이 되었다. 우리는 모든 사람이 하나님 앞에서 죄인임을 안다. 죄인의 변화 가능성은 오직 복음 전도를 통해 주 안에 들어왔을 때만 가능하다. 주님만이 사람을 변화시키신다. 복음만이 죄인을 의롭게 하는 유일한 방편이다.

3. 전도로 영혼을 추수한다

> 눈물을 흘리며 씨를 뿌리는 자는 기쁨으로 거두리로다 울며 씨를 뿌리러 나가는 자는 반드시 기쁨으로 그 곡식 단을 가지고 돌아오리로다(시 126:5-6).

영혼을 구원하는 일은 그리스도인의 생활에 추수의 기쁨을 가져온다. 많은 사람이 영혼들을 구원하지 않기 때문에 허무하고 우울하게 된다. 주님의 지상명령을 지키지 못하면 삶이 건조하고 무의미해진다. 그러므로 영혼들을 구원하지 않는 일은 주님이 주시는 즐거움을 소홀히 여기는 죄를 범하는 것이다.

4. 전도는 인간 구원의 유일한 방법이다

> 하나님의 지혜에 있어서는 이 세상이 자기 지혜로 하나님을 알지 못하므로 하나님께서 전도의 미련한 것으로 믿는 자들을 구원하시기를 기뻐하셨도다 (고전 1:21).

인류 역사에 이름을 남길 만한 위인들의 수고는 항상 인류 구원과 직접 관련된다. 종교를 통한 구원, 철학을 통한 구원, 의술을 통한 구원, 선행을 통한 구원 등의 수고가 인류 구원을 위한 행위다. 그러나 인간이 하는 수고를 통해서 영원한 구원에 이른 사람은 단 한 사람도 없었다. 죄로 인해 하나님의 형상을 잃어버리고 타락한 인간들을 구원할 수 있는 유일한 분은 예수님이시다. 인간을 만드신 분만이 그 인간의 어떠함을 알고 구원하실 수 있기 때문이다.

5. 모든 사람은 죄인이기 때문에 복음을 들어야 한다

> 모든 사람이 죄를 범하였으매 하나님의 영광에 이르지 못하더니(롬 3:23).

자연인은 모두가 하나님을 떠난 죄인이다. 그래서 하나님은 의인은 없다고, 한 사람도 없다고 하신다(롬 3:10). 인간에게는 스스로 하나님을 아는 지식도 없으며, 스스로 의를 행할 능력도 없다. 그래서 모든 인간은 하나님 보시기에 다 치우쳐 한가지로 무익하게 되고, 선을 행하는 자는 하나도 없다(롬 3:12). 모든 인간은 죄악 중에 출생하였으며, 그를 해산한 부모 또한 죄 중에서 잉태하였다(시 51:5). 따라서 모든 사람은 죄 사함의 복음을 들어야 한다.

6. 죄 사함을 받으려면 복음을 들어야 한다

> 죄의 삯은 사망이요 하나님의 은사는 그리스도 예수 우리 주 안에 있는 영생
> 이니라(롬 6:23).

사람이 죽는 것은 죄 때문이다. 죄 때문에 한번 죽는 것은 사람에게 정해진 법칙이 되었으며, 죽음 후에는 심판이 있다(히 9:27). 누구든지 생명책에 기록되지 못한 자는 불못에 던져지게 된다(계 20:15). 그리스도를 구세주로 영접하지 않은 사람들이 지옥에 간다는 것을 안다면 우리는 그들을 불쌍히 여겨 구원의 길을 제시해야 한다. 이들을 그리스도에게로 인도하려고 하지 않는 것은 이웃을 내 몸과 같이 사랑하지 않는 죄가 되는 것이다. 우리가 잃어버린 이웃 사람들이 지옥에 간다는 사실을 안다면 우리는 그들에게 복음을 전하려고 노력해야 한다.

7. 지옥으로부터 벗어나게 하려면 전도해야 한다

> 이르되 그러면 아버지여 구하노니 나사로를 내 아버지의 집에 보내소서 내
> 형제 다섯이 있으니 그들에게 증언하게 하여 그들로 이 고통 받는 곳에 오지
> 않게 하소서(눅 16:27-28).

위의 말씀도 잃어버린 바 되고, 지옥에서 멸망 받을 영혼들이 성도들에게 애걸하는 장면이다. 이미 지옥에 가 있는 영혼들이 그들이 사랑하는 사람들만은 지옥에 오지 않도록 해 달라고 울부짖고 애걸하고 있는 사실을 생각해 봐야 한다. 그들에게는 전혀 소망이 없을지라도 사랑하는 사람이 그들을 따라 지옥으로 오지 않게 된다면 그것이나마 적은 위로가 될 것이다. 영혼을 구원하지 않는 일은 지옥에서 멸망 받은 사람들을 실망하게 하는 죄를 범하는 것이 된다.

정리하기

1. 모든 사람이 복음을 들어야 하는 이유는 무엇인가?

2. 죄인을 구원하는 유일한 방법은 무엇인가?

9. 전도의 긴급성

우리가 머뭇거리는 동안
전 세계 40억 이상의 인구가
복음을 듣지 못하거나 믿지 않고 있으며
이단 종파와 사이비 종교들이
영혼을 약탈하고 있다.

1년 만에

신앙생활 1년 만에 전도 왕이 된 강경식 성도는 1989년 초여름, 아내의 강권으로 교회에 나왔습니다. 그날따라 설교는 자신에게 적용되는 내용이었습니다. 그는 술과 담배, 화투로 지내던 생활을 청산하고 140일 작정 기도를 시작했습니다.

1년 만인 1990년 9월, 자신이 속한 안강제일교회의 '예수 초청 큰잔치'를 통해 그는 42일간 부지런히 전도에 열중했습니다. 그 결과 3,170명을 교회로 인도했습니다. 오랫동안 교회에 다니지만 한 명도 전도하지 못한 사람도 많은데, 교회에 나온 지 1년 만에 이렇게 놀라운 전도를 한 것은 바로 하나님의 은혜였습니다.

강경식 성도는 이렇게 말했습니다. "제 몸의 손, 발, 입, 눈이 하나님의 도구가 되기를 바라는 기도를 간절히 드렸습니다. 안강 읍내에 있는 모든 집 앞에 전도의 발자국을 남기리라 결심하면서 저는 제 발을 붙잡고 기도했습니다. 기도하고 있는 제 모습이 이상했는지 지나가는 사람마다 발목을 다쳤느냐고 물었습니다. 저는 속으로는 우스웠지만, 가슴에는 뜨거운 결단의 기쁨이 용솟음치는 것을 느꼈습니다."

1. 세상에서 가장 시급한 일

> 이것들을 증언하신 이가 이르시되 내가 진실로 속히 오리라 하시거늘 아멘
> 주 예수여 오시옵소서(계 22:20).

그리스도가 제자들에게 모든 족속을 제자로 삼으라고 명하시고 그 사명을 감당하도록 성령을 부어 주신지 20세기가 지났다. 2003년 말 현재 전 세계 인구는 약 62억이며, 그중 그리스도인은 1/3쯤 된다고 한다. 물론 1/3의 인구 중 주일을 지키는 경우가 20-30%임을 고려해야 한다. 아시아에 세계 인구의 약 2/3가 살고 있으나 기독교인은 전체 인구의 1-3% 정도다. 물론 신자 중에도 이름뿐인 신자가 얼마인지는 알 수 없다. 이처럼 구도자의 수는 많다. 이는 전도가 최고로 긴박하다는 사실을 우리에게 웅변적으로 말해 주고 있다.

2. 복음의 수용성과 전도의 긴급성

> 이르시되 내가 은혜 베풀 때에 너에게 듣고 구원의 날에 너를 도왔다 하셨으
> 니 보라 지금은 은혜 받을 만한 때요 보라 지금은 구원의 날이로다(고후 6:2).

각 나라, 사람마다 복음을 듣게 되는 하나님의 적절한 시기가 있다고 한다(행 16:6-10). 아직 지구상에는 복음을 듣지 못한 많은 사람이

복음이 전해지기를 기다리고 있다. 주님은 우리 신자들을 통하여 땅 끝까지 복음을 전하라고 명하셨다. 그런데 그들이 복음을 받은 하나님의 교회로부터 아직 소외되고 있음을 우리는 부끄러워해야 한다. 주님의 재림이 가까워지면서 복음은 점차 땅끝까지 전파되고 있다. 오늘날 주 예수 그리스도를 세계 곳곳에서 유례없이 수용하고 있다. 두텁기만 하던 공산권이 무너져 사회주의권 내에서 복음 전도가 급속히 이루어지고 있으며, 복음에 가장 적대적이던 무슬림의 복음화도 긍정적으로 바뀌고 있는 징후가 곳곳에서 나타나고 있다. 지금이야말로 교회와 각종 초교파 교회 기관들이 전도 받지 못한 자들의 구원을 위하여 열심히 기도하고 세계 복음화를 성취하기 위해 새로운 노력을 바쳐야 할 때임을 확신한다.

복음에 대한 긴급성과 수용성은 한국의 상황도 예외는 아니다. 90년대 들어서부터 한국 교회 성장 둔화의 징후들이 나타나고 있다. 하지만 아직 복음화되지 않은 인구가 전체 인구의 80퍼센트에 달하며 복음을 수용하고자 하는 사람들이 많다. 구도자들은 가정에서, 학원에서, 공단에서, 직장에서 복음을 기다리며 지금 방황하고 있다. 한국 교회의 복음 전도는 지금이 하나님이 주신 가장 적당한 시기다.

3. 이단, 사이비 종교의 급증과 전도의 긴급성

예수께서 이르시되 너희가 사람의 미혹을 받지 않도록 주의하라 많은 사람이 내 이름으로 와서 이르되 내가 그라 하여 많은 사람을 미혹하리라(막 13:5-6).

우리 개신교는 전도 현장에 대해 너무 무관심하다고 생각한다. 필자의 경험에 의하면, 한국에서의 이단 세력은 바야흐로 전성기를 맞고 있다. 가장 활동적이고 감수성이 예민한 대학교에서 이단, 사이비, 다른 종교의 포교 활동은 두드러진다. 하지만 개신교의 전도 활동은 그에 비해 너무나 미미한 실정이다. 이 같은 현상이 결코 대학교의 경우에서만은 아니다. 가가호호 방문하여 구도자들의 영혼은 물론 믿음이 연약한 신자들마저 미혹하는 여호와의 증인들, 모르몬교도들, 천리교도들이 거리를 누빈다. 산속 깊숙이 자리 잡고 있던 불교계도 도심 한복판에 포교소를 내고 과감하게 기독교를 따라서 불교 유치원, 불교 주일학교, 불교 여름 수련회, 여름 불경학교 등을 개최하고 있다. 다른 종교들도 예외 없이 이를 수용하거나 앞으로 수용할 것이다. 우리가 분명히 아는 바는 예수 그리스도 외에는 결코 구원이 없다는 것이며(요 14:6, 행 4:12), 타종교, 이단, 사이비 종교 안의 모든 사람의 운명은 비참한 지옥행이라는 것이다. 생명을 가진 기독교의 전도 활동이 약화할수록 저들의 활동은 가속화할 것이다. 따라서 깨어 복음 전도에 힘써야 한다.

4. 주님의 재림과 전도의 긴급성

이 천국 복음이 모든 민족에게 증언되기 위하여 온 세상에 전파되리니 그제 야 끝이 오리라(마 24:14).

현재까지도 인류의 2/3가 아직 전도를 받지 못했다. 수많은 미전 도 국가와 이방인들이 지구상에 존재하며, 오늘도 그들이 주님의 손 길을 기다리고 있다는 사실을 인정해야 한다. 마태복음 28장 19절의 '모든 족속'을 선교학적으로는 언어를 중심으로 한 부족 단위로 정의 하는데, 이를 근거로 한 전 세계 부족은 약 12,000개로 구분되고 있 다. 그중 절반 정도가 아직 미전도 부족이다.

예수님은 주의 임하심과 세상 끝의 징조가 어떠하냐는 제자들의 질문에 대답하시면서, 재림 전의 현상으로 거짓 선지자들의 미혹, 난 리와 난리의 소문, 기근, 지진, 핍박, 불법의 성함 등을 예언하셨다. 사실 이러한 징조들은 주님이 승천하신 후 계속 있었다. 그러나 20 세기에 들어와서 빈번해지더니 21세기에 더욱 가속화하는 것도 사 실이다. 그러나 주님 재림의 결정적인 단서는 천국 복음이 온 세상에 전파되기 전에는 끝이 아니라고 하신 주님의 말씀이다(마 24:14). 그 러기에 복음이 모든 민족에게 전해지지 않는 한, 그리스도가 재림하 시지 않을 것이라는 사실은 전도의 긴박성을 직접 강조하는 것이다. 복음 전파를 긴박하게 여기는 것은 복음 전파가 하나님이 그의 위대하시고 거룩하신 이름으로 모든 영광을 받으실 날을 재촉하기 때문이다.

정리하기

1. 주변에 이단이나 사이비 종교에 넘어간 사람들을 본 적이 있는가?

2. 당신은 왜 전도가 급하다고 생각하는가?

10. 전도의 장애 요인

전도가 어려운 이유는
마귀가 넣어준 전도가 어렵다는 생각과
전도를 위해 기도하지 않고
전도하러 가지 않기 때문이다.

나도 예수를 구주로 믿고 기쁨을 얻을 수 있느냐?

미국 사우스웨스트 주니어 대학에 '안젤라 마두마세'라는 여학생이 있었습니다.

어느 날 학교가 벌집을 쑤셔 놓은 듯 온통 떠들썩했습니다. 당시는 학원 폭동이 자주 있던 때로 열등의식과 좌절감에 사로잡힌 남부 흑인 단체들이 닥치는 대로 파괴하며 학교까지 쳐들어 왔던 것입니다. 그런데 블랙 판쵸, 즉 흑표범이라 불리는 가장 난폭한 단체가 그 학교에 들어왔습니다.

그 여학생이 강의실로 들어가려고 할 때, 그중 한 사람이 그녀의 팔을 낚아채면서, "왜 너는 나를 보고 싱글벙글 웃으면서 들어오느냐?" 하며 힐난하는 것이었습니다. 그러나 그녀는 그를 보고 웃은 기억이 없었습니다. 그리스도인인 그 여학생은 늘 성령 충만했기에 얼굴엔 미소를 잃지 않고 있었던 것입니다. 그녀는 이런 위기 가운데 기도하기 시작했습니다. 그러자 마음속에 "무지막지한 이 사람을 전도하라."는 음성이 들려왔습니다.

그래서 그녀는 그 사람을 쳐다보면서, "내가 당신을 보고 웃지는 않았지만, 내 마음속에는 다른 사람이 갖지 못한 평안과 기쁨이 있어서 사람들이 항상 웃는 모습이라고 하더군요."라고 말했습니다. 그러자 그 흑인이 "무엇 때문에 다른 사람보다 더 큰 평안과 기쁨을 갖게 되었지?"라고 물었습니다.

그녀는 2천 년 전 이 세상에 오셔서 우리 인간의 모든 죄악과 불의와 절망과 저주를 대신 짊어지고 돌아가셨다가 부활하신 예수님을 구주로 믿기 때문이라고 대답했습니다. 그러자 그는 "그러면 나도 예수를 구주로 믿고 기쁨을 얻을 수 있나?"라고 물었습니다.

그녀는 "당신도 집에 돌아가서 잠자리에 들기 전에 당신의 죄를 자백하고 예수를 구주로 모시면 구원을 얻고 나와 같은 평안을 얻을 수 있어요."라고 말했습니다. 그러자 그는 그 자리에서 예수님을 영접했습니다.

마음에 변화가 일어난 그 흑인은 즉시 동료들을 모아 학교에서 떠났습니다. 그리고 하루 만에 그 단체 간부 세 사람을 주님께로 인도함으로 예수 그리스도 안에서 참 기쁨과 평안을 얻게 하였습니다.

1. 전도를 어렵게 하는 것은 무엇인가?

(1) 성령의 권능 없이 전도할 수 없다

오직 성령이 너희에게 임하시면 너희가 권능을 받고 예루살렘과 온 유대와 사마리아와 땅끝까지 이르러 내 증인이 되리라 하시니라(행 1:8).

전도는 성령이 사람을 통해 하시는 하나님의 일이다. 성령을 받지 못한 사람은 전도자가 될 수 없다. 성령을 받으려면 회개하고 예수가 하나님의 아들이시며 그리스도이심을 믿어야 한다. 즉 예수를 믿음으로 성령을 받게 된다. 그리고 성도는 믿음으로 성령의 권능을 받는다. 성령의 권능을 받아야 전도할 수 있다.

(2) 기도 없이는 전도의 열매도 없다

이르시되 기도 외에 다른 것으로는 이런 종류가 나갈 수 없느니라 하시니라 (막 9:29).

기도하지 않는 사람이 전도하기도 어렵지만, 기도하지 않고 설령 전도한다고 해도 그 열매는 없다. 전도는 하나님의 일이요, 하나님은 성도의 기도를 통해 일하기를 기뻐하시기 때문이다. 영혼을 위해서 기도하지 않는 사람은 영혼을 불쌍히 여기는 마음이 없고, 따라서 전도의 필요성도 느끼지 못한 체 결국 전하지 않게 된다. 기도하지 않으면 전도를 못 하는 것이 아니라 안 하게 된다. 복음 전도를 위해 기도하라.

(3) 나가지 않고 전도할 수 없다

그러므로 너희는 가서 모든 민족을 제자로 삼아 아버지와 아들과 성령의 이름으로 세례를 베풀고(마 28:19).

전도는 복음을 가지고 구도자를 향해 나아가는 것이다. 가지 않고 복음을 전할 수 없다. 전도하는 발이 아름답다(롬 10:15). 하나님은 전도의 미련한 것으로 천하보다 귀한 영혼을 구원하기를 기뻐하신다 (고전 1:21). 주님은 복음을 전하기 위해 이 땅에 사람의 몸으로 나셨으며 유대, 사마리아, 갈릴리 이곳저곳을 다니면서 복음을 전하셨다 (눅 4:43-44, 눅 8:1). 복음을 들고 가면 하나님이 동행하시고 역사하신다.

2. 왜 전도에 실패하는가?

(1) 전도를 중요하다고 생각하지 않는다

너는 말씀을 전파하라 때를 얻든지 못 얻든지 항상 힘쓰라 범사에 오래 참음과 가르침으로 경책하며 경계하며 권하라(딤후 4:2).

· 어떻게 전도해야 하는지 모르겠다.
· 좋은 일이지만 나는 많은 일로 바쁘다.
· 가족과 함께 시간을 보내야 한다.
· 나는 정말 전도할 시간이 없다.

위의 말들은 영혼 구원의 중요성을 인정하지 않는 사람들이 가장 좋아하는 말이다. 그렇지만 사실은 영혼 구원의 사역이 이 세상에서 가장 중요한 일이다. 예수님이 이 세상에 오셔서 우리의 죄를 위하여 십자가에서 돌아가신 것이 중요한 일이라면, 당신이 정기적으로 일정한 시간을 내어 영혼 구원의 사역에 참여하는 일도 중요한 일이다.

(2) 전도는 특별한 은사라는 생각 때문이다

오직 성령이 너희에게 임하시면 너희가 권능을 받고 예루살렘과 온 유대와 사마리아와 땅끝까지 이르러 내 증인이 되리라 하시니라(행 1:8).

· 전도는 전도의 은사를 받은 사람이 하는 것이다.
· 나는 전도하는 은사를 받지 못했다.
· 전도의 은사를 받지 못했으니 전도해 봐야 소용없다.

전도는 전도의 은사를 받은 사람들만이 하는 일이라고 생각하는 사람들이 있다. 그들은 "그 일을 하는 것은 나의 소명이 아니다."라고 말하기도 한다. 그러나 영혼 구원의 사역은 어떤 재능이나 말을 잘하는 은사로 하는 일이나, 어떤 특정한 사람들만 받은 소명이 아니다. 성령을 받은 사람은 모두 예수 그리스도의 증인이며, 예수를 그리스도와 하나님의 아들로 믿는 사람은 모두 성령을 받은 사람들이다. 모든 은사는 전도를 위해 주신 것이다. 그러므로 은사를 받은 사람은 자기가 받은 은사로 복음을 전해야 한다.

(3) 전도하기에는 왠지 자신이 없다.

내게 능력 주시는 자 안에서 내가 모든 것을 할 수 있느니라(빌 4:13).

많은 그리스도인이 자신의 교육이나 재능의 부족 때문에 자기를 무능하다고 생각하고, 이런 것들로 인해 전도에 비관적인 태도를 가진다. 그들은 그리스도를 증거 할 능력도 없다고 생각한다. 그들은 자주 "나는 할 수 없다." "나는 어떻게 하는지 방법을 몰라." "나는 그 일에 전문가가 아니야."라고 말한다. 우리 자신이 무능력하다는 말은 사실이지만, 이제 우리는 우리 속에 예수님이 거하시고 우리가 우리에게 능력을 주시는 그리스도를 통해 모든 것을 할 수 있다는 사실을 기억해야 한다. 우리가 나가서 그리스도를 위한 열매를 맺지 못하게 하는 것은 사탄의 음성인 것이다. 겸손한 자세는 아름다운 것이나 겸손과 비관을 혼동하지 말아야 한다.

(4) 전도는 어렵고 괴로운 일이다

또 너희는 많은 환난 가운데서 성령의 기쁨으로 말씀을 받아 우리와 주를 본받은 자가 되었으니(살전 1:6).

전도가 어려운 일이라 생각하는 그리스도인이 많다. 우리가 이 일을 자기 스스로 하려고 할 때는 힘들고 괴롭기만 한 것이 사실이다. 무슨 일이든 쉽게 생각하면 쉽고 어렵게 생각하면 한없이 어려워진다. 우리는 전도를 고생스럽고 어려운 일이라고 생각하는 것부터 버려야 한다. 전도를 특권으로 보고 축복받는 명예스러운 일로 생각하라.

(5) 구원받을 사람은 전도하지 않아도 구원받을 것이다

하나님의 지혜에 있어서는 이 세상이 자기 지혜로 하나님을 알지 못하므로 하나님께서 전도의 미련한 것으로 믿는 자들을 구원하시기를 기뻐하셨도다 (고전 1:21).

하나님이 구원받을 사람을 예정하셨으니 이들은 때가 되면 다 구원받을 것이요, 택함을 받지 못한 사람은 아무리 전도해도 믿지 않을 것이라는 확신이다. 그러나 하나님은 전도의 미련한 것을 통해 영혼을 구원하기를 기뻐하신다.

3. 전도에 대한 두려움을 극복하는 법

(1) 전도하면 구도자가 화를 낼 것이라는 두려움 극복

이 두려움은 우리가 죄인에게 접근하여 그를 구원하려고 하는데 우리의 잘못으로 그를 화나게 하여 그가 떠나지 않을까 하는 두려움이다. 많은 그리스도인이 자신의 지식 부족이나 성격상의 문제 때문에 이런 두려움을 가진다는 것은 솔직한 고백이다. 다음에 제시하는 내용을 주의 깊게 살피고 담대하라.

- · 먼저 기도하라.
- · 그 사람에게 진실한 관심을 가지라.
- · 친절하게 하라(잠 18:24).
- · 미소를 지어라.
- · 그들의 말을 많이 들어주라.
- · 그들의 취미나 관심사를 함께 나누라.
- · 그들을 이해하고 그들의 관점에서 보려고 노력하라.
- · 외모를 깨끗하고 산뜻하게 하라.

(2) 영적 접근에 대한 두려움 극복

이 두려움은 영적인 대화를 시작하는 데 대한 두려움이다. 당신은 일반적인 것들에 대해 이야기할 수 있지만, 그 이야기를 영적인 것으로 바꾸려고 할 때 당신은 얼어붙고 만다. 그 대화가 구원에 관한 문제에 이를 때에 당신은 난처해진다. 당신은 그들이 그리스도와의 개인적인 관계가 어떠한지 물어보려고 할 때 당신 자신이 두려움에 사로잡히는 것을 알게 될 것이다. 당신은 세상의 시사 이야기를 하는 것에는 별로 어려움을 느끼지 않겠지만, 영적인 대화로 바꿀 때는 당황하고 놀라게 된다. 이런 경우가 당신에게 있지 않은가? 이런 두려움에 대한 해결책은 몇 가지 방법으로 영적인 질문에 익숙해지는 것이다. 영적으로 접근하는 일에 대한 두려움은 당신이 영적인 일에 대한 질문법에 익숙해짐으로써 자연스럽게 해결된다. 여기에 영적인 대화로 이끌기 위한 몇 가지 좋은 질문이 있다.

· 사람에게 가장 필요한 것이 무엇이라 여기는가?
· 영원한 생명의 필요성을 생각해 본 일이 있는가?
· 당신이 오늘 죽는다면 천국에 갈 확신이 있는가?
· 당신은 예수 그리스도를 구세주로 영접하였는가?
· 구원을 받기 위해 어떻게 해야 하는가?

⑶ 복음 전하는 방법을 모를 때 생기는 두려움 극복

이 문제는 그리스도인이 전도 대상자에게 성경에 제시된 구원의 방법을 말할 수 없는 데 대한 두려움이다. 전도 대상자가 그리스도를 믿어야 한다는 것을 알고 있으면서도 그 대상자가 점진적으로 이 믿음의 관계를 맺어가도록 인도하는 방법을 모르고 있다. 그는 성경의 어디부터 시작해야 하는가를 알지 못하며, 죄인이 구원받기 위해 알아야 할 말씀들을 잘 알지 못하고 있다. 이 두려움에 대처하는 해결책은 복음증거에 숙달되는 것이다. "복음 전도 메시지"를 익숙해지도록 숙지하라(암송하면 가장 좋다).

(4) 결신시키는 방법을 모를 때 생기는 두려움 극복

여기에서 그리스도인들이 두려워하는 것은 그가 그리스도를 증거한 다음 전도 대상자가 그리스도를 영접하도록 결심시키지 못하는 데 있다. 그것은 전도 대상자가 자기의 신앙을 고백하고 지금 주님을 부르는 데 대한 질문을 두려워하는 것이다. 이럴 때는 목사님께, 혹은 유능한 전도자들에게 도움을 구하거나 "당신이 교회에 나오셔서 문제를 해결하기 바라네요."라고 말하는 것이 좋을 것이다. 이런 두려움에 대한 해결은 당신이 복음을 증거할 때마다 구원 초청하는 방법을 배우는 일이다. "복음 전도 메시지"를 익숙해지도록 숙지하라(암송하면 가장 좋다).

4. 구도자들에게 금해야 할 것들

· 논쟁을 하지 말라. 그의 말에 동의하라.

· 질문하면 조금 있다가 답한다.고 하라.

· 다른 사람들 앞에서 그를 함부로 대하지 말라.

· 그가 믿는 종교나 의견을 비난하지 말라.

· 무시하는 말을 하지 말라.

· 많이 아는 체하지 말라.

· 속된 말을 하지 말라.

· 정죄하지 말라.

· 서두르지 말고 정숙하게 인도하라.

· 무례하다고 느끼지 않게 하라.

정리하기

1. 당신이 전도를 잘하지 못하는 이유는 무엇이라고 생각하는가?

2. 당신이 전도를 잘하기 위해 보완할 점은 무엇인가?

11. 전도자가 받을 복과 화

바울 사도가 복음을 전한 까닭은
복음을 전하지 않으면
자신이 구원에서 떨어질 것이라는
두려움 때문이었다.

전도자의 복

전도자는 누구든지 하나님이 주시는 복을 받습니다. 천국에서는 말로 다 할 수 없는 상급이 주어지지만, 이 땅에서도 전도자에게 복을 주십니다. 지금은 평신도 선교사로 필리핀에 가 있는 김정택 장로님을 보면 전도에 대한 더 큰 확신이 생깁니다.

김 장로님은 가난한 가정에서 자랐습니다. 본인이 말하는 것처럼 학력도, 외모도 보잘것없었습니다. 그렇지만 하나님은 김 장로님을 정말 사랑하셨습니다. 김 장로님은 앉으나 서나 전도 생각만 했습니다.

한 번은 허리 디스크로 병원에서 수술을 받았습니다. 그때도 병원에 있는 환자들에게 전도하라고 하나님이 자신을 이곳에 보내셨다고 할 정도로 휠체어를 타고 열심히 전도하러 다녔습니다. 목욕탕에서 승려에게도 복음을 전했고, 유원지에 가서 술에 취해 얼굴이 벌겋게 물든 사람들에게도 복음을 전했습니다. 복음 전하는 일에 때와 장소를 가리지 않았습니다. 정말 심하다 싶을 정도로 막무가내로 복음을 전했습니다. 이상한 것은 이렇게 복음을 전하는 데도 놀라운 열매가 맺힌다는 사실이었습니다.

장로님의 전도 수첩에는 전도 대상자의 이름이 빽빽이 적혀 있었습니다. 어떤 사람이 부탁해도 거절하지 않고 달려가서 열매를 맺고 돌아오는 일이 많았습니다. 하나님은 이런 장로님을 사랑하셔서 물질적인 면으로도 놀라운 복을 베풀어 주셨습니다. 장로님은 자비량으로 전도하러 세계를 다니고, 사례비를 받지 않고 전국 각지의 교회에 가서 전도 강의를 했습니다. 지금은 멀리 필리핀의 하늘 아래서 죽어가는 필리핀 영혼들을 대상으로 아직 완전히 익숙해지지 않은 영어 실력이지만 열심히 복음을 전하고 있습니다.

1. 전도자의 상급

(1) 하나님이 주시는 상이 있다

내가 복음을 전할지라도 자랑할 것이 없음은 내가 부득불 할 일임이라 만일 복음을 전하지 아니하면 내게 화가 있을 것이로다 내가 내 자의로 이것을 행하면 상을 얻으려니와 내가 자의로 아니한다 할지라도 나는 사명을 받았노라 그런즉 내 상이 무엇이냐 내가 복음을 전할 때에 값없이 전하고 복음으로 말미암아 내게 있는 권리를 다 쓰지 아니하는 이것이로다(고전 9:16-18).

복음을 전했다고 자랑할 것은 없다. 부득불 할 일이기 때문이다. 그런데도 전도자에게는 하나님이 주시는 상이 있다. 하나님은 우리가 상 받기를 기대하면서 복음 전하기를 기뻐하신다.

(2) 그리스도의 영광에 동참하게 하신다

> 이를 위하여 우리 복음으로 너희를 부르사 우리 주 예수 그리스도의 영광을
> 얻게 하려 하심이니라(살후 2:14).

하나님이 전도자에게 주시는 상 중 하나는 전도자가 주 예수 그리스도의 영광에 동참하도록 하는 것이다. 우리 주님은 진실로 영광스러운 분이시다. 그리고 주님은 우리가 주님의 영광에 동참하게 되기를 가장 원하신다.

(3) 하나님의 보호를 받는다

> 옛 세상을 용서하지 아니하시고 오직 의를 전파하는 노아와 그 일곱 식구를
> 보존하시고 경건하지 아니한 자들의 세상에 홍수를 내리셨으며(벧후 2:5).

의를 전파했던 노아와 그의 가족은 모든 인류가 홍수로 멸망할 때 하나님의 완전한 보호를 받았다. 전도자는 하나님이 친히 보호하신다. 험한 세상에서 보호를 받으려거든 복음을 전하라. 주님은 전도자와 그 주변을 완벽하게 보호하신다.

(4) 별과 같이 영원토록 빛나게 된다

> 지혜 있는 자는 궁창의 빛과 같이 빛날 것이요 많은 사람을 옳은 데로 돌아오
> 게 한 자는 별과 같이 영원토록 빛나리라(단 12:3).

복음은 어둠을 밝히는 빛이다. 복음을 전하는 자 또한 어두운 영혼
을 비취는 찬란한 빛이다. 많은 사람을 옳은 길로 인도한 자는 밤하
늘을 영롱하게 수놓는 별과 같이 영원토록 빛나리라고 하셨다. 얼마
나 전도자를 격려하시는 말씀인가?

(5) 교회 부흥의 복을 주신다

또 여러 말로 확증하며 권하여 이르되 너희가 이 패역한 세대에서 구원을 받
으라 하니 그 말을 받은 사람들은 세례를 받으매 이 날에 신도의 수가 삼천이
나 더하더라(행 2:40-41).

교회가 주님으로부터 받은 많은 복 중에 영혼을 얻는 것이 제일가
는 복이다. 전도하면 주님이 교회에 구원받는 사람을 더해 주신다.
교회 부흥은 순전히 전도를 통해 이루어진다. 날마다 복음을 전함으
로 날마다 믿는 자가 더해지도록 하자.

(6) 재물의 복을 주신다

곧 섬들이 나를 앙망하고 다시스의 배들이 먼저 이르되 먼 곳에서 네 자손과
그들의 은금을 아울러 싣고 와서 네 하나님 여호와의 이름에 드리려 하며 이
스라엘의 거룩한 이에게 드리려 하는 자들이라 이는 내가 너를 영화롭게 하
였음이라(사 60:9).

하나님은 전도자에게 구하지 아니한 은금을 주신다. 하나님의 나라와 그 의를 구하는 자에게는 하나님 나라를 위해 필요한 모든 것을 공급해 주시는 분이 하나님이시다.

2. 전도하지 않는 자에게 미치는 화

(1) 전도하지 않는 개인에게 화가 임할 것이다

내가 복음을 전할지라도 자랑할 것이 없음은 내가 부득불 할 일임이라 만일 복음을 전하지 아니하면 내게 화가 있을 것이로다(고전 9:16).

바울 사도가 복음을 전한 이유가 무엇이라고 생각하는가? 하나님의 강권하시는 사랑? 영혼에 대한 사랑? 다 옳다. 그러나 바울 사도는 복음을 전하지 않으면 자신에게 화가 임할 것을 알았기 때문에 복음을 전하지 않을 수 없었다. 바울이 복음을 전하지 않을 때 미치는 화는 다름 아니라 자신이 구원에서 떨어질 것이라는 두려움이었다.

가령 내가 악인에게 말하기를 너는 꼭 죽으리라 할 때에 네가 깨우치지 아니하거나 말로 악인에게 일러서 그의 악한 길을 떠나 생명을 구원하게 하지 아니하면 그 악인은 그의 죄악 중에서 죽으려니와 내가 그의 피 값을 네 손에서 찾을 것이고(겔 3:18).

에스겔 선지자도 바울 사도와 같은 말을 하고 있다. 악인에게 복음을 전하여 그 악한 길을 떠나 생명을 구원하게 하지 않으면 그 악인은 그 죄악 중에서 죽으려니와 하나님이 그 피 값을 에스겔의 손에서 찾을 것이라고 하셨다. 피 값은 곧 생명이다.

(2) 전도하지 않는 교회는 망한다

전도하는 교회가 부흥한다는 사실이 자명한 것처럼 전도하지 않는 교회는 망한다는 것 또한 분명한 사실이다. 과거 역사상 수많은 성도로 영광을 누리던 교회가 망한 이유는 많은 성도에 만족해서 복음을 전하지 않았기 때문이다. 복음 전도를 쉬게 되면 교회는 순식간에 흩어진다.

(3) 교회가 전도하지 않으면 민족에게 화가 온다

> 하나님이 그 지역의 성을 멸하실 때 곧 롯이 거주하는 성을 엎으실 때에 하나님이 아브라함을 생각하사 롯을 그 엎으시는 중에서 내보내셨더라(창 19:29).

소돔 성에 살던 롯이 성 주민들을 전도하지 않았기에 결국 소돔과 고모라는 멸망하고 말았다. 큰 성읍 니느웨도 요나가 전도하지 않으면 망할 것이었다. 성도가 전도하지 않으면 교회가 망하고 교회가 전도하지 않으면 나라가 망한다.

정리하기

1. 전도자가 받는 상급은 무엇인가?

2. 전도하지 않으면 어떤 화를 입게 되는가?

제 2 부

전도의 역사

1. 예수님의 전도

전도란
죄인을 예수님께
나아가게 하는 것이다.

나를 전도해 주세요

제2차 세계대전 후, 독일 기독교의 대표 지도자인 마틴 니뮐라 목사가 "제2차 세계대전 책임백서"라는 글을 발표했습니다. 그는 2차 세계대전의 발발에 대해 히틀러를 비방하기보다는 독일 교회와 독일 그리스도인들에게 책임을 물었습니다. 그러자 그리스도인들 대부분은 이해할 수 없다고 말했습니다.

이때 그는 이렇게 간증했습니다.

"저는 그동안 일곱 번에 걸쳐 같은 꿈을 꾸었습니다. 제가 주님의 심판대 앞에 서 있는데, 제 앞에 있는 사람에게 예수께서 '너는 왜 나를 믿지 않았느냐?'고 물으셨습니다. 그러자 그 사람은 '아무도 저에게 예수 그리스도를 증거한 사람이 없습니다.'라고 대답했습니다. 그런데 그 목소리는 다름 아닌 히틀러였습니다. 이 사건이 제 삶을 바꿔 놓았습니다. 그때까지 수없이 히틀러가 죽기를 바랐지만, 그의 영혼을 위해서 기도한 적은 없다는 사실을 깨닫고 저는 회개했습니다."

그때야 많은 그리스도인이 자신들이 전도하지 못한 사실을 회개했다는 것입니다.

하나님은 잃어버린 양을 찾는 전도를 가장 기뻐하십니다. 그러므로 한 영혼을 구하는 것이 성전 하나 짓는 것보다 낫다는 말도 있습니다.

1. 예수님의 전도 준비

예수께서 열두 살 되었을 때에 그들이 이 절기의 관례를 따라 올라갔다가(눅 2:42).

예수 그리스도는 전도 사역을 시작하기 전에 충분한 준비 기간을 가지셨다. 그의 탄생(마 1:1-25; 눅 2:1-11)과 열두 살(눅 2:42) 되던 때의 행적이 성경에 기록되어 있고, 갈릴리 사역을 시작하던 때의 나이에 대하여 누가는 다음과 같은 정보를 제공한다. "예수께서 가르치심을 시작하실 때에 삼십 세쯤 되시니라(눅 3:23)". 그렇다면 예수 그리스도가 전도 사역에 나서기까지 30년 동안은 전도를 위한 준비과정이었다고 봐야 한다.

먼저 주님은 성경에 대한 지식을 충분히 쌓았다. 예수님 당시 유대인의 교육은 토라교육, 가정교육, 학교교육으로 구분할 수 있다. 토라교육은 즉 모세오경 안에 들어 있다. 하나님과 관계된 인간의 의무(출 20:1-17; 신 5:6-21), 종교적 의식과 규범들(출 34:10-26), 사회법(신 27:15-26), 민법, 성결법 등이며, 유대인들은 어려서부터 토라교육을 의무적으로 받아야 했다. 그렇다면 예수님도 토라교육은 받았을 것이다.[1]

---

1   장종철, 『기독교교육사』, 감리교신학대학교출판부, 1993, 53.

고대 이스라엘 사회의 종교교육은 가정을 중심으로 이루어졌다. 교육의 이념은 하나님의 뜻을 추구하였고, 자녀를 교육함은 부모의 책임이었으며 어린이의 본성에 대한 체벌이 허용되었다. 또한 생의 주기 교육에 출생의식, 할례의식, 어머니의 성결의식, 성년의식이 있었다. 예수님은 이 과정을 모두 거쳤으며 그 시간은 전도자로서의 충분한 준비 기간이었다. 13세 이전까지는 가정에서 부모에게 교육을 받지만 그 이후부터는 학교교육을 받아야 했다. 포로 후 시기에는 유대인 사회에 회당교육이 제도화되어 있었고, 서기관 학교가 있어 그곳에서 할라카 교육과 탈무드 교육이 이루어졌다. 여기서 서기관 학교는 중등 교육기관이었다. 그렇다면 예수님은 나사렛 마을에서 위의 교육을 모두 받았을 것이다. 그 이유는 "그 가르치시는 것이 권위 있는 자와 같고 그들의 서기관들과 같지 아니함일러라(마 7:29)."고 하였기 때문이다.[2]

예수님은 30세가 되기까지 성경에 대한 지식과 다른 사람을 가르치고, 설득하고, 이해시키고, 이끌 수 있는 충분한 능력을 준비하였다. 사복음서에 예수 그리스도가 인용한 구약의 성경 구절들을 살펴보면 성경에 대한 폭넓은 지식을 소유하고 있었음을 알 수 있다. 이는 예수님은 복음 전도자로 나서기 전에 성경에 대한 지식이 충분했음을 시사한다. 오늘날의 전도 역시 성경에 대한 충분한 지식과 다른

---

2   Ibid. 55.

사람을 설득하고 복음을 설명할 수 있는 전도 메시지가 준비되어 있을 때 전도가 이루어질 수 있다.

그리고 주님은 오랜 시간 동안 기도로 준비하였다. 예수 그리스도는 전도 사역을 나서기 전에 40일간 금식하며 기도하였다(마 4:1-11; 막 1:12-13; 눅 4:1-13). 마귀가 그를 세 차례 시험하였으나 모두 말씀으로 물리치셨다. 중요한 것은 그의 금식기도는 성령에게 이끌려(마 4:1; 막 1:12) 하였다고 복음서 저자들은 밝히고 있다. 이는 예수님이 복음 전도자로 나서기 전에 성령에 의하여 기도하였고, 기도를 통하여 성령이 함께하였음을 시사한다. 그뿐만 아니라 그는 전도 사역자로 활동하는 3년 내내 기도하였다(마 14:23; 마 26:42,44; 막 6:46; 1:35; 14:32; 눅 9:29; 11:1; 5:16). 그리고 누가복음 3장 22절에 보면 "성령이 그 위에 계시더라."고 하였다. 이는 그가 복음 전도를 위하여 기도가 얼마나 중요한지를 보여 주는 대목이다. 전도는 예수님처럼 말씀과 기도, 그리고 성령이 함께하실 때 큰 결실을 얻을 수 있다.

2. 전도를 위한 팀 결성

> 밝으매 그 제자들을 부르사 그 중에서 열둘을 택하여 사도라 칭하셨으니(눅 6:13).

예수 그리스도는 혼자 전도하지 않고 팀을 결성하여 함께하였다.

마가복음 구절에서 보면, 비 특정한 그룹에서 제자들을 선택하였으나(막 3:13-19), 누가복음에서는 제자들 가운데서 선택하였음을 밝힌다.[3]

사도 열둘(마 10:2-4) 외에, 더 많은 제자가 예수님께 있었다. "그후에 주께서 따로 칠십 인을 세우사 친히 가시려는 각 동네와 각 지역으로 둘씩 앞서 보내시며(눅 10:1)," 그뿐만 아니라 "또한 악귀를 쫓아내심과 병 고침을 받은 어떤 여자들 곧 일곱 귀신이 나간 자 막달라인이라 하는 마리아와 헤롯의 청지기 구사의 아내 요안나와 수산나와 다른 여러 여자가 함께하여 자기들의 소유로 그들을 섬기더라(눅 8:2-3)."고 한 것을 보면 많은 여인 그룹이 예수님과 제자 일행의 전도 비용을 조달하고 있었음을 알 수 있다. 따라서 예수님의 전도 팀은 열두 명의 제자들 외에 70인의 제자들과 많은 여인으로 구성되어 있었음을 알 수 있다. 사도행전의 "백이십 명(행1:15)"의 교인들은 예수님 공생애 동안의 전도 팀으로 추정된다.[4]

예수님의 팀 전도 전략은 사람들을 쓸모 있는 자리에 적절하게 활용하는 팀 사역의 철학에 바탕을 두었으며, 이 전략은 효과적인 전도를 위하여 만들어졌다고 볼 수 있다. 이 팀은 3년 동안 훈련과 함께 전도 현장에 투입되어 예수님과 함께 활동하였다(눅 10:1). 이 팀은

---

3   김남식, 『세계 전도 운동사』, 53-54.

4   Ibid.

예수님의 부활 후 베드로가 수장이 되어(요 21:15-9) 이끌었고, 그들은 기독교를 오늘날 세계적인 교회가 되게 하는 모태였다. 전도에 있어서 팀은 필수적인 요소이며, 복음을 효과적이고 광범위하게 전할 수 있는 요건이라 할 수 있다.

3. 탁월한 전도자 양성

> 저물 때에 예수께서 열두 제자와 함께 앉으셨더니(마 26:20).

예수 그리스도는 전도 사역을 위하여 제자들을 양육하셨는데 몇 가지 원리가 있었다. 첫째는 선택의 원리다. 예수님은 하나님의 왕국을 구하고 있던 사람들을 선택하였다. 둘째, 협력이다. 제자들과 함께 많은 시간을 보내면서 당신의 열정과 정신을 붙잡기 원하였다. 셋째, 성별이다. 제자들에게 헌신과 순종을 기대하였다. 넷째, 희생이다. 제자들을 위하여 자신의 에너지, 시간, 지식을 다 주었다. 다섯째, 예증이다. 기도하는 법, 전도하는 법, 가르치고 증인이 되는 법을 가르치셨다. 여섯째, 위임이다. 그들의 가진 것들로 전도하게 하였다. 일곱째, 감독이다. 제자들의 사역을 평가하고 격려하며 새로운 관점들을 적용하였다. 여덟째, 재생산이다. 그의 성품과 사역에 대하여 재생산하기를 제자들에게 요구하였다.

예수 그리스도의 전도자 양성의 특징은 다음과 같다. 첫째, 일정

기간 제자들을 양성시켰다. 그의 공생애 기간은 제자들을 양성하는 기간이기도 하였다. 바울도 에베소 교회에서 3년간 제자들을 양성하였다(행 20:31). 충분한 양성 기간은 전도자 양성에 필수 요건이다. 둘째, 성경을 잘 가르치고 해석하는 기술을 가르쳤다. 그의 가르침은 권위가 있고(마 7:29), 간단명료했으며, 예화를 사용하였고, 제자들과 많은 시간을 보내며 그들을 격려하였다. 그리고 제자들의 가치를 존중하였고, 실천적 예들을 사용하였다.[5] 예수님의 제자훈련은 매우 성공적이었다. 청중들이 그의 가르침에 부담을 느껴 이탈할 때 제자들을 향하여 "너희도 가려느냐?(요 6:67)"고 물으셨다. 시몬 베드로는 "주여 영생의 말씀이 주께 있사오니 우리가 누구에게로 가오리이까?(요 6:68)"라고 대답하였다. 셋째, 예수가 하나님의 아들인 것을 믿게 하였다. 제자들은 예수님의 공생애 초기, 그의 정체성에 대하여 의문을 품거나 확신이 없었다. 하지만 시간이 지나면서 예수님의 사역을 통해 그의 정체성을 믿게 되었다. 최초로 신앙을 고백한 사람은 베드로이다(마 16:16). 제자들은 모두 예수님이 부활하신 후 그를 하나님의 아들로 믿게 된다. 맨 나중에 신앙을 고백한 제자는 도마이다(요 20:28). 넷째, 권능을 부어 주셨다. "열두 제자를 부르사 둘씩 둘씩 보내시며 더러운 귀신을 제어하는 권능을 주시고(막 6:7)."라고 성경은 말한다. 예수님의 승천 후에는 모든 믿는 자들에게 성령을 부어

---

5   Ibid. 55.

주셨다(행 2:1-3). 이는 전도자가 성령의 권능을 받아야 능력 있는 전도를 할 수 있음을 말한다. 다섯째, 온전한 헌신자가 되게 하는 훈련이었다. "베드로가 여짜와 이르되 보소서 우리가 모든 것을 버리고 주를 따랐나이다(막 10:28)." 오늘날도 온전히 헌신되지 않은 전도자는 전도의 열매를 거둘 수 없다.

이처럼 전도자 양성 훈련이 없는 결과는 기대하기 어렵다. 오늘날도 전도를 잘하는 교회는 철저한 양성 훈련이 뒷받침 되는 것을 볼 수 있다. 교회는 전도자에 대한 기본적인 양성 훈련과 그 시대에 맞는 전도 프로그램을 개발하여 전도자들을 철저히 훈련시킨 후 전도 현장에 내보내야 한다. 예수님의 제자들과 같이 목숨을 걸 정도의 양성된 전도자를 길러 낼 때 전도의 놀라운 결과를 기대할 수 있다.

4. 예수님의 전도 특성

사마리아 여자 한 사람이 물을 길으러 왔으매 예수께서 물을 좀 달라 하시니 (요 4:7).

요한복음 4장에 나타난 예수님의 전도 방법은 전도자들에게 본보기가 된다. 예수님은 사람들과 사회적인 접촉을 하였다. 공동관심사를 조성하여 관심을 불러일으켰다. 주제에서 이탈하지 않고 정죄하

지 않았다. 주된 논점에 적중하여 자신이 메시아임을 드러내었다.[6]

여기서 보면 예수님의 전도 방법은 대상과 상황에 따라 유연성 있게 대처하였으며 개인 전도와 대중 전도 방법을 병행하여 사용하였다. 사마리아 지역을 지나가던 예수님은 수가 성의 한 우물가에서 어떤 여인과 접촉(요 4:7), 파악(요 4:16), 선물(요 4:10), 소망(요 4:15), 간증(요 4:26), 초청과 영접(요 4:21)을 통하여 전도에 성공한다. 그 여인은 그 자리에서 예수를 영접하였고, 즉시 성에 들어가 자신이 만난 예수를 증거하는 사람이 되었다(요 4:28-30).

다시 말하면, 당시 유대 사회의 문화와 종교적 감정이 깊었던 사마리아 여인을 전도 대상으로 하여 그를 전도한 예수 그리스도의 방법은 대략 다섯 가지로 정리할 수 있다. 접촉, 호기심 유발, 아픈 곳을 찌름, 시종일관 주제를 벗어나지 않음, 결국 예수를 영접하게 하는 것이었다.

예수 그리스도의 이런 관계 전도 방법은 오늘날 교회가 시행하는 전도 방법들의 기본적인 원리를 제공한다. 예수 그리스도는 이와 같은 전도 방법 외에도 개인 전도, 대중 전도, 설교를 통한 전도, 치유를 통한 전도, 상담을 통한 전도, 기적을 통한 전도를 사용하였다. 현대 교회는 예수님의 이와 같은 전도 방법들을 깊이 있게 연구하고 현대 상황에 맞게 재구성하여 실천할 때 좋은 결과를 얻을 수 있다고

---

6   김남식. 56.

생각한다.

정리하기

1. 주님은 어떤 전도팀을 만드셨는가?

2. 주님의 제자 양육의 원리에는 어떤 것들이 있는가?

2. 사도들의 전도

전도가 어려운 이유는
전도가 어렵다고 생각하고
전도하러 나가지 않기 때문이다.
나가면 기다리는 사람이 있는데….

그날 전도했으면

"그때 전도했으면 그 자매가 자살하지 않았을 텐데…."

우리 교회 한 집사님이 얼마 전에 울면서 한 고백입니다. 옆집 자매를 전부터 전도해야겠다고 생각하다가 총력전도 주간을 맞이해 복음을 전하며 교회로 초청했습니다. 놀랍게도 그 자매는 "교회에 꼭 갈게요."라며 흔쾌히 응했습니다. 그런데 다음 주에 함께 가기로 했던 집사님이 갑자기 집안에 큰일이 생겨 지방으로 내려가게 되었습니다.

그런데 다시 집에 돌아왔을 때 너무나도 가슴 아픈 소식을 접하게 되었습니다. 그 자매가 육군사관학교에서 화랑제 불꽃놀이를 하는 것을 바라보다가 그만 아파트 옥상에서 뛰어내려 자살을 한 것입니다. 그 집사님은 "지난주에 약속을 지켰더라면 그 자매를 살릴 수 있었는데 집안일 때문에 불쌍한 영혼을 구원할 기회를 놓쳤어요."라며 회개의 눈물을 흘렸습니다.

그렇습니다. 많은 성도가 다음에도 기회가 있을 것으로 생각합니다. 기다려 줄 것으로 생각합니다. 그러나 그렇지 않습니다. 기회는 지금뿐입니다. 내일로 미루지 말고 복음을 전합시다(딤전 4:2)!

- 양병희 목사(영안장로교회)

1. 사도들의 전도

예수께서 그의 열두 제자를 부르사 더러운 귀신을 쫓아내며 모든 병과 모든
약한 것을 고치는 권능을 주시니라(마 10:1).

사도란 '아포스톨로스(ἀπόστολος)'로서 '보낸다'를 뜻하는 동사
'아포스텔로(ἀπόστολω)'에서 유래되었으며, 그 기본적 의미는 '보내
심을 받은 자'이다. 사도들은 예수 그리스도께 직접 뽑혀(마 10:1-4)
훈련을 받고(요 13:15), 전도자로 파송을 받았다(마 28:18-20; 막 16:15;
눅 24:48; 행 1:8). 누가는 누가복음 1장 2절에서 사도를 "처음부터
목격자와 말씀의 일꾼 된 자들"이라고 하였다. 사도들이 복음 전도
를 적극적으로 펼치게 된 동기는 오순절에 임한 성령 체험 이후이다
(행 2:1-4). 이 사건 후 베드로를 비롯하여 사도들의 움직임이 다양하
게 나타나고 있다. 사도행전 2장에 보면 제일 먼저 전도를 시작한 사
람은 베드로이다. 베드로의 전도 방법은 주로 설교(행 2:14-21)와 표
적과 기사(행 3:1-10)였다. 그의 설교를 들은 사람들 가운데 삼천 명
이 회심하는(행 2:41) 일이 일어났다. 이어 두번째 설교(행 3:11-26)에
서 "말씀을 들은 사람 중에 믿는 자가 많으니 남자의 수가 약 오천이
나 되었더라(행 4:4)."고 하였다. 중요한 사실은 사도들의 전도 사역
에 성령의 강력한 역사가 있었다는 것이다. 전도는 예전이나 지금이
나 성령의 강력한 나타나심으로 가능하다.

한편 마이클 그린(Michael Green)은 사도들의 전도 방법을 네 가지로 소개하였다.[1] 대중설교를 통한 전도, 가정 전도, 개인 전도, 그리고 문서 전도였다. 데이비드 왓슨(David Watson)은 사도들이 "설교와 교육, 표적과 기사, 기도와 전도, 구제와 봉사, 행정과 조직을 잘하였고 무엇보다도 성령에 의존하여 전도하였다."[2]고 하였다. 박영호는 사도행전에 나타난 사도들의 전도 운동을 다음과 같이 소개한다. "디아스포라들의 전도 운동이다. 핍박으로 흩어진 교인들이 베니게, 구브로, 안디옥까지 가서 복음을 전했고, 그 배후에 사도들이 있었다."[3]

"전도의 메시지는 그리스도의 부활이었다. 한 장소가 아니라 동시다발적으로 복음을 전하였다. 이방인에게도 복음을 전했다(행 10:1-48). 성령의 강한 역사가 있었다(행 2:14-41). 삶을 통하여 복음을 증거하였다(벧전 2:11-3:9). 이는 선행을 포함한다."[4]

이처럼 사도들은 예수님의 전도 방법을 그대로 따라 실천하였고, 성령의 강력한 역사와 나타나심을 통하여 이적과 표적을 행함으로 전도하였으며, 조직과 행정력으로 체계적인 전도를 하였다. 또한 한 지역에서 다른 지역으로 전도 영역을 넓혀가며 전도하였음을 알 수 있

---

1   Green, 『현대전도학』, 369-425.
2   Watson, 『복음 전도』, 57-83.
3   박영호, 『선교학 총론』, 132-42.
4   Ibid. 142.

다. 이 시기의 전도 방법을 살펴보면 아직은 복잡하지 않고 단순하였다. 예수 그리스도로부터 직접 배우고 체험한 바를 증인의 관점에서 자신 있게 증거하였고, 성령의 강력한 임재를 통한 갖가지 이적들과 함께 성령의 지시하심을 따라 순종하는 복음 전도 방식이었다.

이를 좀 더 구체적으로 살펴보면 사도들은 다양한 전도 방법을 사용하였음을 알 수 있다.

첫째, 설교를 통한 전도였다. 베드로의 성전 설교(행 2:14-36)와 솔로몬 행각 설교(행 3:11-26), 스데반의 대중설교(행 7:1-53), 베드로의 고넬료 가정 설교(행 10:34-43), 바울의 루스드라 설교(행 14:8-13)와 공회 앞에서의 설교(행 23:1-10), 또 아그립바 앞에서의 설교(행 26:1-23)는 군중과 개인 앞에서 예수 그리스도를 증거하는 전도 설교였다.

둘째, 가정 전도였다(행 5:42). 성전과 집에서 전도하기를 그치지 않았다. 예루살렘 교회 교인들은 집에서 모여 복음에 대하여 배우고 또 다른 가정을 전도하였다. 이처럼 가족 단위의 복음 전도는 기독교 성장의 중요한 요소였다.[5]

셋째, 개인 전도였다(행 8:26-40). 빌립이 성령에 이끌려 유대 광야에서 에디오피아 간다게의 국고를 맡은 관리인을 만나 그리스도를 전하여 결실을 본다. 그런가 하면 바울은 1차 전도여행 중에 바보 섬에서 총독 서기오 바울에게 복음을 전하였다(행 13:4-12). 또한 스데반

---

5   김남식. 68.

의 일로 흩어진 무리가 베니게 구브로 안디옥에 이르러 유대인들과 헬라인들에게 전도하여(행 11:19-26), 안디옥 교회를 세우도록 만들었다.

넷째, 성경공부를 통한 전도였다(행 20:20). 성경을 가르치는 교사는 주로 사도들이었고, 배우는 사람들은 교인들이었으며 성경을 배우는 사람들이 나가 복음을 전하여 교회가 성장하였다. 사도행전의 대표적인 성경공부 모델은 바울의 두란노 서원 성경공부였다. 사도행전 19장 9-10절에서 누가는 다음과 같이 전하고 있다. "어떤 사람들은 마음이 굳어 순종하지 않고 무리 앞에서 이 도를 비방하거늘 바울이 그들을 떠나 제자들을 따로 세우고 두란노 서원에서 날마다 강론하니라 두 해 동안 이같이 하니 아시아에 사는 자는 유대인이나 헬라인이나 다 주의 말씀을 듣더라." 성경공부는 전도자 양성 훈련에 필수 요소가 된다.

다섯째, 교회 설립을 통한 전도 방법이었다. 예루살렘 교회가 모교회를 통하여 배출된 교인들이 사방으로 흩어지면서 교회를 세우게 된다. 안디옥 교회(행 11:20), 사마리아 교회(행 9:31), 갈릴리 교회(행 9:31), 빌립보 교회(행 16:33) 등이 세워지고 교회들은 복음 전도의 새로운 동력이 되었다. 이와 같은 전도 방법들은 시간이 지나면서 점점 발전해 감을 알 수 있고, 안디옥 교회의 설립과 성장, 바울과 바나바를 선교사로 파송하면서 전도가 체계적이고, 조직적인 방향으로 발전해 감을 알 수 있다.

2. 바울의 전도

> 그의 아들을 이방에 전하기 위하여 그를 내 속에 나타내시기를 기뻐하셨을
> 때에 내가 곧 혈육과 의논하지 아니하고 또 나보다 먼저 사도 된 자들을 만나
> 려고 예루살렘으로 가지 아니하고 아라비아로 갔다가 다시 다메섹으로 돌아
> 갔노라(갈 1:16-17).

앞에서 사도들의 전도 방법을 살펴보았으나 이곳에서 바울을 사도
들과 구분 짓는 것은 바울의 전도 방법과 업적이 그들과 구분되기 때
문이다. 한중식은 『기독교의 이해』에서 다음과 같이 소개한다. "다
소의 사울은 열렬한 바리새인이었으며 기독교인을 핍박하는 데 참여
하였고, 스데반을 죽이는 현장에 참관인(행 7:58)으로 있었다. 다메섹
에 사는 기독교인들을 박멸하러 가던 중 자신이 반대하던 예수에게
사로잡힌다(행 9:1-19). 하늘에서 쏟아진 강한 빛에 눈이 멀었다. 예
수께서 보내신 아나니아의 기도로 눈이 회복되고 성령 충만하여 예수
이름으로 세례를 받았다. 아라비아에서 3년을 지낸 후 고향인 다소
로 돌아왔다. 14년 후 바울은 바나바와 더불어 안디옥 교회를 섬겼
다. 이때부터 바울은 본격적인 기독교의 전도자가 된다."[6]

그렇지만 바울은 안디옥 교회의 공식적인 전도자로 파송 받기 이

---

6   한중식, 『기독교의 이해』, 숭실대학교출판부, 2000, 113.

전부터 전도자였다. 사도행전 9장 20-21절에 보면 다메섹에서 부활하신 예수님을 만난 후 "즉시로 각 회당에서 예수가 하나님의 아들이심을 전파하니 듣는 사람이 다 놀라 말하되 이 사람이 예루살렘에서 이 이름을 부르는 사람을 멸하려던 자가 아니냐?"라고 하였다. 또 바울은 아라비아로 갔었다(갈 1:16-17). 노재관은 "그는 아라비아에서 3년간 전도하였으며 그 사역은 성공적이었던 것 같다(갈 1:18-23)."고 하였다. 웨인 미크스(Wayne A. Meeks)는 "바울은 아라비아의 유대인 회당을 돌며 열심히 전도하였는데 아바테안의 중요한 도시들, 페트라(Petra), 게라사(Gerasa), 빌라델피아(Philadelphia), 보스트라(Bostra) 같은 도시에서 전도하였다."[7]고 주장한다.

바울은 바나바와 함께 안디옥 교회의 공적인 전도자로 이방인 지역인 아시아로 파송을 받는다(행 13:1-3). 1차 순회 전도지역은 실루기아에서 구브로(행 13:14), 살라미(행 13:5), 바보(행 13:6-12), 버가(행 13:13), 비시디아 안디옥(행 13:14-50), 이고니온(행 13:5-14), 루스드라(행 14:8-19), 더베(행 14:20-21), 시리아를 거쳐 안디옥으로 귀환(행 14:26-28)하였다.

2차 순회 전도는 바나바와 결별(행 15:36-40)한 후 실라와 함께 소아시아 지역을 거쳐(행 15:41), 갈라디아, 부르기아, 무시아, 드로아(행 16:6-10), 성령의 인도하심을 따라 드로아에서(행 16:8-11), 유럽

---

7   노재관, 「바울, 유대인 로마인 그리스도인」, 아가페문화원, 2004, 51.

지역인 빌립보(행 16:12-40), 데살로니가(행 17:1-9), 베뢰아(행 17:10-14), 아덴(행 17:15-34), 고린도(행 18:1-17)를 거쳐 안디옥(행 18:22-23)으로 귀환한다.

3차 순회 전도는 갈라디아, 부르기아, 에베소(행 18:23)와 마케도니아와 헬라(행 20:1-3)에서의 사역, 예루살렘으로의 귀환(행 21:15-26)이 이루어진다. 바울이 3차 순회 전도를 마치고 예루살렘에 도착한 직후 유대인들의 소요와 함께 체포되어(행 21:27-36), 가이사랴 총독부 감옥에 약 2년간 구류(행 23:33-25:1-12)되어 있다가 총독의 이취임과 함께 로마로 압송되어 복음을 전했다고 성경은 전한다. "하나님의 나라를 전파하며 주 예수 그리스도에 관한 모든 것을 담대하게 거침없이 가르치더라(행 28:31)."고 하였다.

바울의 전도에는 몇 가지 전도 모델의 특징이 있다.

첫째, 하나님의 주권적 부르심이다. 다메섹에 산재해 있는 회당을 돌며 그리스도인들을 해치기 위한 목적으로 가던 중에 하늘에서 비춰온 강한 빛에 의하여 땅에 엎드러졌고(행 9:3), 그 자리에서 부활하신 예수 그리스도를 만난다(행 9:5). 이후 바울 사도는 평생토록 하나님의 주권적 이끄심을 따라 복음 전도자의 길을 걷는다.

둘째, 바울이 전한 복음의 핵심 메시지는 예수의 죽음과 부활이었다.[8] 예수 그리스도는 철저하게 하나님 나라 도래를 선포하였는데 바

---

8   Ibid. 59.

울은 하나님 나라를 선포한 예수 그리스도를 선포하였다. 바울이 예
수 그리스도를 전하게 된 이유는 그가 다메섹에서 예수를 만날 때 받
은 복음의 출처 때문이다. 갈라디아서 1장 11-12절에 보면 "형제들
아 내가 너희에게 알게 하노니 내가 전한 복음은 사람의 뜻을 따라 된
것이 아니니라 이는 내가 사람에게서 받은 것도 아니요 배운 것도 아
니요 오직 예수 그리스도의 계시로 말미암은 것이라."라고 하였다.
바울은 예수 그리스도의 구원 복음을 어떤 스승에게서 배운 것이 아
니라 자신이 예수 그리스도로부터 직접 받은 것이었기에 자신감과 확
신이 있었다. 그래서 자신이 전한 복음 외에 다른 것을 전하는 사람
이 있다면 저주를 받을 것이라고 하였다(갈 1:8). 구원은 오직 예수 그
리스도의 십자가에서 죽으심과 부활로 말미암는다는 것이 바울의 전
도 메시지였다.[9]

셋째, 바울의 전도는 전략적이었다. 로버트 레이먼드(Robert L.
Reymond)는 그의 저서 『바울의 생애와 신학』에서 바울은 주후 32년
에 회심하여 65년에 순교하였다고 전하였다.[10] 그렇다면 복음 전도
자로서의 생애는 33년이 된다. 그 기간에 네 차례의 순회 전도와 로
마의 가택 연금에서 풀려난 후 그리스와 소아시아 지역을 순회하기
까지의 연대표를 연구해 보면 철저하게 계산된 전략적 전도자의 사

---

9 Ibid. 62.
10 Reymond, 『바울의 생애와 신학』, 7-8.

역이었음을 알 수 있다. 바울 사도가 다른 전도자들에 비하여 탁월한 전도 성과를 낼 수 있었던 이유가 여기에 있다. 바울의 1, 2, 3차 순회 전도 기간은 10년도 안 된다. 그런데 로마 제국의 네 지방, 즉 갈라디아, 마게도니아, 아가야, 소아시아에 많은 교회를 세웠고, 주후 47년에서 57년에 이 지역에서의 사역은 완료되었다. 이와 같은 결과는 바울의 전도가 전략적이었기 때문이다.

넷째, 도시 거점형 전도였다. 알렌은 바울이 후대의 선교사들과는 다르게 전략적으로 한 지역을 정하여 전도에 집중했으며, 정치와 상업의 중심지를 정하여 복음을 전함으로써 복음이 다른 지역으로 신속하게 퍼져 나갔다고 말한다.[11] 바울의 이런 전도 방법은 기독교 초기 전도 방법으로는 탁월한 선택이었으며 단시일 내에 복음이 소아시아와 유럽에 퍼질 수 있었던 원인이었다.

다섯째, 팀 전도[12]였다. 바울은 절대로 혼자 전도하지 않았다. 어디를 가든지 팀을 이뤄 전도했다. 1차 순회 전도는 바나바(행 13:1-3), 2차 순회 전도는 디모데, 실라(행 16:1-3; 12-40), 고린도에서는 아굴라와 브리스가 부부(행 18:2), 3차 순회전도는 디모데와 에라스도(행 19:22)가 함께하였다.

로마서 16장 1-26절을 보면 수많은 동역자를 소개하고 있으며,

11　Tucker, 『선교사 열전』, 28.

12　Larry Gilbert, 『팀 전도 전략』, 한국미래 목회연구소 편 (서울: 프리셉트, 1997), 7.

이 사람들은 처음부터 팀이 된 사람들도 있고, 전도 사역을 통하여 얻은 사람들 가운데 양육된 팀 사역자들도 있다. 바울의 이런 전도 방법은 예수님의 전도 방법과도 같다. 예수님은 열두 명의 제자를 택하여(마 10:1-5) 팀을 이루어 사역하셨고, 이와 같은 전도 방법은 현대 교회 전도자들이 활용하고 있는 가장 좋은 방법이다.

여섯째, 전도와 양육이 병행되었다. 명성훈은 그의 저서 『새신자 양육의 원리와 전략』에서 "바울은 눈물로 새신자를 양육한 사람이다."[13]라고 하였다. 데살로니가전서 3장 10절에 "주야로 심히 간구함은 너희 얼굴을 보고 너희 믿음이 부족한 것을 보충하게 하려 함이라."고 하였다. 그뿐만 아니라 그가 보낸 서신서들은 모두 그가 전도한 교회의 교인들을 양육하는 교재였다. 바울이 전도한 교회 교인들은 바울이 보낸 서신을 회람하며 읽었고 그 서신은 성경이 될 수 있었다.

일곱째, 성령의 지시를 따르는 전도였다. 바울은 다메섹에서 회심할 때 성령 충만하였고(행 9:17), 안디옥 교회가 금식하며 기도할 때 바울과 바나바를 전도자로 파송하게 하였다(행 13:1-4). 바보에서 전도할 때 바울은 성령 충만하였고(행 13:9), 드로아에서 "성령이 아시아에서 말씀을 전하지 못하게 하시거늘 그들이 브루기아와 갈라디아 땅으로 다녀가(행 16:6)", "성령에 매여 예루살렘으로 가는데 거기서

13　명성훈, 『새신자 양육의 원리와 전략』, 국민일보, 2004, 124.

무슨 일을 당할는지 알지 못하노라(행 20:22)."고 하였다. 그리고 "오직 성령이 각 성에서 내게 증언하여 결박과 환난이 나를 기다린다(행 20:23)."는 지시가 있었다. 바울은 고린도전서 2장 4절에서 "내 말과 내 전도함이 설득력 있는 지혜의 말로 하지 아니하고 다만 성령의 나타나심과 능력으로" 하였다고 했다.

앞에서 살펴보았듯이 바울은 예수 그리스도의 강권적 부르심과 그때 받은 확실한 소명, 예수 그리스도의 십자가와 부활의 신학, 철저히 계산된 전도 전략과 방법, 인재들과 팀을 이루어 성령의 지시와 인도하심을 따라 지칠 줄 모르는 열정으로 자신의 생애를 다 하기까지 전도하였다. 그 결과 바울의 사역을 떠나서는 기독교의 확산은 상상조차 할 수 없었다고 할 정도로 그는 위대한 전도자였다. 한 사람의 위대한 전도는 인류 역사를 변화시키는 능력이 있다는 사실을 바울을 통하여 알게 된다.

정리하기

1. 사도들의 전도 방법을 이야기해 보자.

2. 바울 전도의 특징을 이야기해 보자.

3. 초대교회의 전도

어떻게 전도할까?
성경에 많은 전도법이 있다.
오늘날도 다양한 전도법이 있다.
중요한 것은 전도하고자 하는 마음이다.

이렇게 전도하라

아프리카의 어느 여자 소경이 한번은 성경책을 가지고 선교사를 찾아가서 "미안하지만 여기 요한복음 3장 16절에 붉은 줄을 좀 쳐주시겠습니까?" 하고 부탁했습니다. 선교사는 그 성경 구절에 붉은 줄을 쳐주었습니다.

이 여자 소경은 중학교 하교 시간만 되면 성경책을 가지고 학교 문 앞에 서 있었습니다. 학생들이 재잘거리면서 나옵니다. 그때 이 여자 소경은 "학생, 이리 좀 와 봐요. 여기 붉은 줄로 그은 성경 구절에 뭐라고 그랬어요? 한번 읽어 봐요." 하고 말했습니다. 학생은 그 성경 구절을 자랑스럽게 읽었습니다. "하나님이 세상을 이처럼 사랑하사 독생자를 주셨으니 이는 저를 믿는 자마다 멸망치 않고 영생을 얻게 하려 하심이니라." 이 여인은 그것이 무슨 뜻인가를 물었습니다. 학생이 잘 모르겠다고 하자 열심히 설명했습니다.

"예수님이 우리를 사랑하셔서 이 세상에서 십자가에 못 박혀 피 흘려 돌아가셨는데 그 예수님 때문에 우리가 구원을 받고 영생을 얻은 거야. 나는 비록 소경이지만 예수님 때문에 구원받은 감격과 소망을 품고 살아가고 있단다. 그러니 너도 예수님을 영접해야 해."

후에 그 학교에서 24명의 훌륭한 영적 지도자가 나왔습니다.

일반적으로 기독교 역사가들은 사도 시대의 마지막을 주후 95-100년으로 기록한다.[1] 그 이유는 사도 요한이 죽은 해를 기준으로 하기 때문이다. 이후 1세기와 2세기에는 제국들의 강들과 주요 도로들을 통하여 복음 전도가 이루어진다. 이 시기에 소아시아, 유럽, 아프리카 전역에 교회가 들어섰다. 2세기 말 메소포타미아뿐 아니라 로마 제국 모든 곳에 교회가 설립되었다.

기독교는 주후 200-260년 착실하게 성장했으나 극적인 면은 없었고,[2] 콘스탄틴의 밀라노 칙령이 있은 후 기독교는 급속한 성장을 이루었다.

A.D. 100년 전에는 기독교 복음 전도의 중심이 아시아였다면 1세기 말에 이르러 그 중심은 로마로 옮겨졌다. 김진연도 "1세기 말에서 3세기 말까지 복음 확장의 가장 중요한 장소는 로마(Rome)였다."[3]고 말한다. 로마가 중심이 된 이유는 당시 세계적인 도시로 이곳에서 바울이 순교하였고, 세계 각지의 그리스도인들이 이곳에 모여들었기 때문이다. 또한 로마에 있는 기독교인들은 그리스어와 라틴어를 이해하고 있었고, 약 2세기 말에는 기독교인들이 전체 유대인들의 수를 능가하고 있었다. 이 시기는 박해 시대였으며[4] 주후 321년까지

---

1   Harper & Brothers, 1937, 김남식, 『세계전도 운동사』, 85.
2   김남식, 86.
3   김연진, 『선교 신학 총론』, 69.
4   박영호, 『선교학 개론』, 183.

약 10여 명의 악랄한 로마 황제[5] 가운데서도 가장 악명 높았던 네로 (Nero, 54-78)와 도미티안(Domitian, 81-96) 황제의 박해 아래서도 복음이 그 사회의 높은 계층 속으로 들어갔다. 1세기 말에서 2세기 말까지 로마 신들에 대한 경배를 거절한다는 이유로 기독교에 대한 심한 박해가 이어졌지만 A.D. 251년경에는 로마의 기독교 인구가 어림잡아 3만 명 정도는 되었다.[6] 이는 초기 기독교인들의 복음에 대한 확신이 얼마가 강했는지를 짐작하게 하며, 동시에 복음이 전해짐에 있어 성령의 강력한 역사가 있었음을 깨닫게 한다.

3세기 말까지 복음은 로마 제국 전역에 전파되었다. 당시 로마는 지금의 남프랑스 리용(Lyon), 시리아(Syria), 소아시아(Asia Minor), 이집트(Eypt), 북아프리카(North Africa)와 로마 제국 외곽의 메소포타미아(Mesopotamia)까지였으며 이곳까지 복음이 전해졌다.[7] 이렇게 복음 전도가 급속하게 확장된 이유는 첫째, 언어의 활발한 소통, 둘째, 교통의 편리함, 셋째, 흩어져 살던 유대 기독교인들의 역할, 넷째,

---

5 http://kcm.kr/dic_view.php?nid=38336
① 64, 네로(Nero), ② 90-96, 도미티안(Domitian), ③ 98-111, 트라얀(Trajan), ④ 117-138, 하드리안(Hadrian), ⑤ 161-180, 마르쿠스 아우렐리우스(Marcus Aurelius), ⑥ 202-211,셉티무스 세베루스(Septimus Severus), ⑦ 235-236, 트레스 출신의 막시미누스(Maximinus), ⑧ 249-251 ,데키우스(Decius), ⑨ 257-260, 발레리안(Valerian), ⑩ 303-311, 디오클레티안 갈레리우스(Diocletian Galerius).

6 박영호, 183.

7 김연진, 70.

그리스도인들을 향한 박해, 다섯째, 그리스도인들의 생활을 통한 감화였다.[8] 여기서 간과할 수 없는 것은 이 시기의 기독교인들은 전도에 최선을 다했으며, 그들의 삶이 곧 전도였다고 말할 수 있다는 점이다. 그렇지 않고서는 어떻게 그토록 짧은 기간 안에 로마 전역이 복음화가 되었겠는가?

이처럼 로마 황제들의 극심한 박해 중에도 초대 기독교의 전도는 계속되었고, 주후 313년 밀라노 칙령에 따라 콘스탄틴 로마 황제가 기독교를 로마 국교로 선포한 후에는 교회의 전도 운동은 봄을 맞은 듯 활성화되었다.[9] 이렇게 하여 기독교 전도는 새로운 국면을 맞았고, 당시 유럽 사회는 기독교 왕국을 이루게 되었다.

박해와 핍박 중에도 복음 전도가 이뤄진 이유는 분명한 전도 신학이 있었기 때문이다. 강문석은 『선교 신학 총론』에서 초대교회 전도 신학을 다음과 같이 정리하고 있다. "순수한 성경적 신학, 예수가 하나님의 아들임을 믿는 신앙, 부활하신 예수 그리스도는 지금도 현존한다는 신앙, 우리와 동행하신다고 믿는 신앙, 죽음 후에 육신은 썩고 영혼은 영생한다는 신앙, 세상의 종말은 가깝고 예수의 재림도 가깝다고 믿었다."[10] 이런 전도 신학은 오늘날 개혁주의 신학과 그 맥

---

8 Ibid. 70–71.

9 A.D. 370년, 로마 황제 데오도시오는 로마 제국의 모든 사람은 기독교인이 되어야 한다는 칙령을 선포하였다.

10 강문석, 『선교 신학 총론』, 60–61.

을 같이 하며 그들이 목숨을 걸고 전도할 수 있게 한 원동력이었다.

이광순과 이용원은 『선교학 개론』에서 사도행전을 근거로 초대교회 전도 신학을 다음과 같이 정리하였다. "성령의 능력 안에 변화된 전도자들은 예수 그리스도를 통한 구원의 복음을 세상 끝날까지 전해야 할 교회의 사명으로 알고 있었다."[11] 초대교회 전도에 대하여 데이비드 보쉬(David Bosch)는 신학적으로 몇 가지 중요한 요소들을 간추려 놓았는데, "초대 기독교 전도는 예수 그리스도의 인격에 기초하였으며, 사도들의 전도 활동은 예수 그리스도의 고난의 흔적을 목격한 자들로서 목숨을 건 '증인'의 삶이었고 순교와 전도는 하나였으며 전도의 현장에서 흔히 일어나는 일이었다."[12]고 하였다. 이처럼 초대교회 사도들의 전도는 생명을 바치는 삶이었다.

위의 내용을 종합해 보면 초대교회 전도는 오순절에 강림한 성령의 강력한 능력을 체험한 교회가 생명을 걸고 복음을 전했음을 알 수 있고 그 중심에는 사도들이 있었다. 김남식은 "초대 기독교인들이 세계를 복음화하기 시작한 때는 성경과 기도를 내세우며 신앙을 다른 사람들과 나누려는 사랑과 타오르는 열심, 그리고 삶과 죽음의 순수한 우위에 근거한 바로 그때였다."[13]고 강조한다. 초대교회 약 300년

---

11   이광순, 이용원, 『선교학 개론』, 한국장로교출판사, 2002, 80.

12   Bosch, 『변화하고 있는 선교』, 92.

13   김남식, 102.

의 전도 운동은 하나님의 주권과 성령의 강력한 역사하심, 초대 기독교의 분명한 전도 신학과 지도자들의 목숨을 바친 전도의 열정을 담고 있었다. 그리고 3세기에 걸친 로마 황제들의 잔인한 박해 속에서도 순교를 각오한 초대교회 성도들의 굳센 신앙과 예수님에게서 전해 받은 복음 전도, 지상명령을 수행한 결과였음은 주지의 사실이다. 동시에 2000년이 지난 오늘날 안정된 신앙생활을 하는 기독교인들의 복음 전도에 대한 열의가 초대교회 교인들과 어떻게 비교되는지 깊이 성찰해 보아야 한다. 그리고 그들의 전도 열정과 방법들을 오늘날 교회가 깊이 연구하여 상황에 맞게 어떻게 적용할지 고민해야 한다.

정리하기

1. 초대교회 전도의 특징은 무엇인가?

2. 초대교회 전도에서 성령은 어떤 역할을 했는가?

4. 중세 교회의 전도

전도 은사를 받은 사람이
전도한다고 생각한다. 이 말은 옳다.
전도하는 은사는 하나님이
모든 성도에게 주신 최고의 선물이다.

노방 전도

"나는 산호세에서 가장 큰 변호사 사무실을 개업한 독실한 그리스도인입니다. 나는 마약에 중독된 폐인이었습니다. 마약을 사고 팔기도 했습니다. 마약을 하려고 마약을 팔아야 하는 운명이었습니다.

그러던 어느 날 마약을 하고 중독 상태로 공원에 쓰러져 있었습니다. 그때 운명이 바뀌는 사건이 일어났습니다. 어느 전도자가 지나가다가 읽어 보라고 전도지를 주었습니다. 나는 전도지를 받아 읽다가 예수님을 만났습니다. 그리고 교회에 다니기 시작했습니다."

그는 성령 체험도 했고, 처음으로 머리를 단정하게 깎았습니다. 목욕도 깨끗하게 했습니다. 히피 생활을 포기했습니다. 아편도 끊었습니다. 베데스다 신학교에 입학했습니다. 법학도 공부하여 변호사가 되었습니다. 그곳에서 가장 큰 변호사 사무실을 차리고 수많은 이들의 법적 문제를 다루어 주고 있습니다. 그는 늘 이렇게 말하고 있습니다.

"전도지 한 장이 이렇게 인생을 바꿀 수 있습니다."

노방 전도로 예수님의 소문을 내는 것은 아무것도 아닌 것 같아도 한 인생을 송두리째 변화시킬 수 있는 사건이 됩니다. 우리는 전도지 한 장으로도 인생을 송두리째 변화시킬 수 있는 것을 분명히 알 수 있습니다. 우리는 인생에 실패하고 방황하는 사람에게 예수님의 소문을 내야 합니다.

A.D. 313년 밀라노 칙령이 있기까지 교회는 핍박과 적대감 중에서 성장했다. 하지만 콘스탄틴 황제에 의해 얻어진 승인과 호의로 새로운 교인들이 교회를 가득 채웠다.[1] 기독교 공인과 함께 "로마 제국의 모든 국민은 기독교인이 되어야 한다."[2]는 황제의 칙령 이후 기독교는 국가의 보호 아래 빠르게 성장했지만 동시에 급속히 타락하고 부패하였다. 이것은 수도원 운동의 발전 원인이 된다.[3] 그리고 수도원 운동은 교회 확장에 중요한 역할을 한다.

한편 기독교 공인 초기 교회는 로마 제국에서 아직 소수 그룹이었으며 주로 농민들과 하층민들이 기독교 신자들이었다. 하지만 이때 당시 라틴어보다 널리 사용했던 그리스어를 통한 선교사들과 전도자들의 복음 전도 활동이 있었다. 도시인들과 부유층을 파고들어 전도했기에 상류층이 서서히 회심하기 시작하였다.[4]

그렇다면 이 시기에 기독교 복음 전도는 어떻게 이루어졌는가? 이

1 　김남식, 108.
2 　Pierson, 『선교학적 관점에서 본 기독교 선교 운동사』, 133.
3 　김남식, 108.
4 　Ibid. 109.

것을 살펴보고자 한다.

1. 기독교의 로마 국교화와 전도

약 300년간 지속해 온 로마 황제들의 극심한 박해에서 기독교의
로마 국교화 사건은 기독교에 꼭 유익한 것만은 아니었다. 교회가 세
속의 영광과 특권을 누리면서 기독교의 본질을 잃어버리고 세속화되
기 시작한 것이다. 김연진은 이 시기 기독교 전도의 세 가지 변화를
말하고 있다.[5] 첫째, 초대교회가 가지고 있던 순수한 전도의 열정이
식었다. 둘째, 종말론적 의식이 둔화하였다. 셋째, 문화적 고립주의
(Ethnocentrism)로 인하여 전도(선교)는 문화적 팽창과 동일시되었다.
다시 말하면 기독교의 국교화 이후 복음 전파는 이방 문화 속에 문명
화(Civilization)를 동반하는 것으로 이해하게 되었다. 기독교의 복음
전도가 문화적인 것으로 해석된 것이다. 이것은 복음의 변질을 의미
한다.

폴 피어슨(Paul E. Pierson)은 "기독교가 힘을 가진 절대다수가 되었
을 때 우리는 더 미묘한 유혹에 빠지게 된다. 기독교가 힘을 가지면
그 힘을 누리고 남용한다."[6]고 하였다. 교회는 이 일을 인정하고 고

---

5   김연진, 72-74.
6   Pierson, 『선교학적 관점에서 본 기독교 선교 운동사』, 133.

백해야 한다. 역사 속에 이런 일은 반복되어 왔다.[7] 오늘날 한국 교
회가 새겨들어야 할 대목이다. 단시일에 1,200만 명의 교세를 자랑
하던 한국 교회가 곤두박질치는 이유는 양적 팽창이 가져온 부작용
때문이기도 하다.

한편 로마의 기독교 공인은 또 다른 부작용을 가져왔다.[8] 교회 안
에 드러난 갖가지 갈등들이 그것이었다. 약 300년간 지속한 로마 황
제들의 교회 박해로 교회 안에는 대략 세 종류의 교인이 생겨났다.
배교자와 도피처를 찾아 떠난 망명자, 그리고 순교자들이다. 문제는
기독교 공인 이후 로마 박해 시절 배교자에 대한 교회 내의 과거 역사
청산의 입장이 첨예화되어, 이런 분쟁이 7세기까지 지속되었다. 소
위 도나투스파(Dontus 270-355)의 무리가 주후 7세기 이슬람이 아프
리카를 점령할 때 가톨릭과 함께 완전히 몰락하고서야 갈등이 사라졌
다.[9] 또한 로마의 기독교 국교화는 종교적 자유를 누리기에 앞서 외

---

7 Ibid.
8 주도홍, 『세계교회사』(서울: 개혁주의 신행협회, 2003), 64.
9 Ibid.
도나투스는 313년에서 355년까지 "순교자들의 교회"를 이끈 카르타고 교회의 감독을 지
낸 인물이었다. 311년 카르타고의 감독 멘수리우스가 사망하고, 핍박의 시절 당국에 협조
하다시피 했던 멘수리우스에 대한 불만과 아울러 성경을 박해자들에게 넘겨 준 캐실리아누
스가 감독직에 올랐을 때 문제는 노골화되었다.
이에 다른 편 사람들은 감독으로 도나투스를 선출하였다. 특히 콘스탄틴 황제의 교회 재산
환속 령을 실행하기 위하여 누가 교회의 대표성을 갖느냐에 직면했을 때 급기야 국가와 교
회의 문제에까지 이르게 되었다. 결국 북아프리카에는 서로 정통을 주장하는 가톨릭교회
와 도나투스 교회로 나누어진 분열의 역사를 경험해야만 했고, 결국 5세기 어거스틴(354-

적으로는 이단의 침투, 내적으로는 교리적 논쟁의 강력한 도전에 직면해야 했다. 이 시기에 신학자들은 교리를 조직화하는데 노력하였고, 교회 회의는 갖가지 신학적 논쟁에 휘말려 구원의 참된 의미와 복음 전파의 필요성은 뒷전으로 밀려나 버렸다.[10] 이와 같은 교회 내의 갖가지 갈등들은 교회의 전도를 약화하고, 초대교회의 열정도 상실하고 말았다. 이런 상황은 결국 중세 흑암 세대를 연출하고 만다.

교부 시대와 전도 교회사에는 기독교 역사를 바꾼 아홉 가지 큰 신학 논쟁이 있다.[11] 삼위일체, 기독론, 교회론, 인간론, 구원론, 권위론, 세례론, 성찬론 그리고 종말론 논쟁이다. 이런 신학적 논쟁들은 교부 시대[12]로 일컬어지는 시대에 일어났으며, 그 가운데 325년 콘스탄틴 황제가 소집한 니케아(Nicea) 공회는 로마 제국 안의 기독론 불일치를 해소하는 것이 목적이었다.[13] 여기서 합의한 기독교 신조(Nicea Creed)는 오늘날까지 기독교 교의신학의 기초가 되었다. 기독론의 핵심은 소위 신인양성론(神人兩性論)으로 파문령이 공포되어 그들의 재산을 몰수하며, 시민권을 박탈했고, 그들의 집회에 참석하는 자들을 사형까지 했다. 결국 도나투스무리들은 7세기 이슬람이 아프

---

430)의 시대에 이르러서는 도나투스교회가 국가의 강한 공권력으로 제압되기에 이르렀다.

10 Ruth A. Tucker, 『선교사 열전』, 박해근 역 (고양: 크리스챤 다이제스트, 2005, 18.

11 Donald K. McKim, 『교회 역사를 바꾼 9가지 신학 논쟁』, 장종현 역 (서울: 기독교연합신문사, 2007), 21.

12 Alister E. McGrath, 『신학의 역사』, 소기천 외 3인 역 (서울: 知와 사랑, 2002), 41.

13 McGrath, 『신학의 역사』, 63에서 "니케아(Nicea) 공회는 전후 2차에 걸쳐 열렸다.

리카를 정복했을 때 가톨릭교회와 함께 몰락의 길을 가고 말았다.

제1차 공의회는 325년 로마 황제 콘스탄티누스 1세가 소집하였다. 제국 안의 기독론의 불일치를 해소하는 것을 그 목적으로 하였다. 이것이야말로 최초의 "초교파적 교의회", 즉 전체 기독교계에서 뽑혀 온 기독교 회합이었다. 예수의 신성을 부정하는 아리우스파를 이단으로 정죄하고 분열된 교회를 하나로 통일시켜 로마 제국의 안정을 이루기 위함이었다. 참석자는 318명이었다고 하지만 정확하지는 않고 공회에서 2편의 신경이 제출되었는데 아리우스파 니코메디아의 에우세비오가 제출한 것은 폐기되고, 팔레스티나 공동체의 '세례신경'을 보완하여 채택하였다. 이것이 니케아 신조이다. 이때 4명의 아리우스파가 파문당하여 유형되었다.

2차 공의회는 787년 같은 장소에서 열렸고, 성상화 숭배, 남녀 공주 수도원의 금지 등 20여 개 조항이 결의된 바 있다. 그리고 "그리스도는 참 하나님이며 참 인간이 되셨다."라는 것을 결의했다.[14] 예수 그리스도의 신성에 대한 도전은 기독교가 유대교의 테두리를 벗어나지 못하는 원인으로 작용하였고 전도 약화를 초래하였다. 하지만 니케아 회의는 복음의 핵심을 정리해 줌으로 기독교는 예수 그리스도가 참 하나님이신 것을 확실하게 증거할 수 있게 해 주었다.[15]

---

14 김연진, 75.

15 Ibid. 75.

　　니케아 종교 회의는 기독교 전도에 긍정적 역할을 하지만 전도를
약화한 요인들도 많이 있다. 어거스틴과 펠라기우스의 논쟁이 그 한
예인데, 어거스틴의 은총론과 펠라기우스의 자유의지론은 전도의 역
동성에 큰 장애 요인이었다.[16] 이와 같은 신학적 논쟁은 양측 간의 대
립을 가져오고, 대립은 갈등과 분열을 낳았다. 이런 논쟁들은 신학적
틀을 만들어 가는 과정이었다고는 하지만 초대교회와 같은 전도의 역
동성을 상실하거나 약화하는 요인이었다.[17] 교부 시대는 전도학적 측
면에서 살펴보면 큰 혼돈과 갈등의 시대였다. 초대교회의 뜨거웠던
전도의 열정과 박해 시대의 순교를 각오한 신앙은 신학적 논쟁에 갇
혀 전도의 역동성을 상실한 측면이 크다고 한다. 한국 교회도 1960
년대까지 자유주의와 보수주의 간의 대립과 마찰이 전도 운동에 부정
적 영향을 미친 것이 사실이다. 민족 복음화를 위한 교단과 교회 간
의 연합과 일치가 이뤄지지 않았고, 반목과 질시, 대립과 경계심으로
아까운 시간을 소모적 논쟁으로 허비해야 했다. 현대 교회는 역사를
반추하며 전도학적 측면에서 바른 이정표를 제시해야 할 것이다.

---

16 민경설, 『하나님의 주권과 전도의 역동성』(서울: 한국 장로교출판사, 2007), 66–75. 어거
　　스틴의 은총론은 인간의 자유의지를 위축시켰고, 펠라기우스의 자유의지론은 하나님의 은
　　총을 약화시켰다. 어거스틴의 은총론은 인간의 책임을 결여시켰고, 펠라기우스의 자유의지
　　론은 구원에 대한 인간의 책임과 의지만을 주장하다 이단으로 정죄 받았다.

17 Ibid. 90.

2. 중세에 두각을 나타낸 전도자들

우선 울피누스(Ulffinus, 312-388)가 있다.[18] 기독교의 로마 국교화 이후 교회의 세속화가 급속도로 진행되는 중에도 복음 전도는 진행되고 있었다. 울피누스가 고트족을 위하여 전도자로 파송된 것이다. 울피누스는 로마 제국 북부에서 성장하여 콘스탄티노플(Constantinople)로 건너가 신학과 언어학을 공부하였고 라틴어와 그리스어에 정통하였다. 한동안 주교로 활동하던 그는 자신의 고향에서 복음 전도자로 파송 받았다. 울피누스는 선교지에서 고트족을 위한 문자를 개발하였고, 그 문자로 성경을 번역하여 고트족에게 가르치는 일을 하였다. 울피누스는 기독교가 로마의 국교가 된 후 최초의 전도(선교)자이다.[19] 하나님은 그 시대마다 위대한 전도자를 보내어 복음 전도의 사명을 완수하게 하신다. 전도는 사람이 하지만 전도하게 하는 것은 전적으로 하나님의 주권인 것을 기억해야 한다.

강문석은 초기 기독교에서 두각을 나타낸 전도자들을 다음과 같

---

18 강문석, 87. "울피누스(울필라스)는 주후 312년 콘스탄틴 개종 후 기독교인이 되는 일이 유행처럼 되던 시대에 기독교인이 되었다. 당시 로마가 영토 확장의 수단으로 선교사들을 이용할 때 울피누스도 그런 목적에서 선교사가 되었다. 고트족을 상대로 선교사에 종사하면서 고트어(語)의 알파벳을 만들었다. 성경을 고트어로 번역하여 그 지역 사람들에게 복음을 전하였고, 전쟁에 참여한 군인들에게도 성경을 읽어 주는 일을 하였다. 그의 가장 큰 업적은 성경을 고트어로 번역한 일이며 그 문헌이 아직도 남아있다."

19 강문석, 87.

이 소개하고 있다.[20] 첫째, 알렉산드리아의 아타나시우스(Athnasius, 229-278)는 1차 니케아 회의 때 있었던 아리우스와의 논쟁에서 그리스도의 신성을 지켜내고 교회 감독이 되어 기독교 전도에 활기를 불어넣었다. 둘째, 밀란의 암브로시우스(Amborosius, 336-397)는 로마의 감독으로서 설교를 통하여 많은 사람을 전도하였다. 셋째, 주올의 감독자 마르티누스(Martinus, 316-396)는 프랑스 복음화에 크게 이바지한 전도자이다. 넷째, 패트릭(Patrick, 396-493)은 아일랜드 선교사로서 40년 동안 전도자로 활동하였다. 다섯째, 콜롬버(Columber, 526-586)는 왕족 출신이며 아일랜드에서 일생을 전도자로 보냈다. 여섯째, 어거스틴(Augustine, 505-695)은 힙포의 감독 어거스틴과 동명이인이며, 영국의 위대한 개척 전도자이다. 이 사람들 외에도 수많은 전도자가 있었다. 유명 무명의 전도자들에 의하여 복음 전도는 이어졌고, 그 토대 위에 교회가 세워졌으며 죄에 빠진 영혼들을 구원하는 일이 지난 2000년 역사 속에 지속해서 일어났다.

3. 수도원 운동과 전도

'홀로'라는 의미를 지닌 헬라어 '모노스'에서 유래한 수도원(Monastery)은 '세상과 떨어져 하나님의 거룩한 백성의 삶을 사는 것'

---

[20] Ibid. 86-90.

을 뜻한다. 수도원은 초대교회 핍박을 피하여 안전을 도모하기 위해 은둔을 선택한 이들에게서 그 근원을 찾아볼 수 있다.[21] 주후 4세기에 로마 황제 콘스탄틴 황제의 기독교 공인으로 기독교는 활기를 찾았지만 급속도로 세속화하였다. 그러나 그리스도인들 가운데 바람직한 그리스도인의 모습으로 세상과 구별된 공동체를 형성하게 되었는데, 그것이 바로 수도원 운동의 기원이다.[22] A.D. 400년경부터 베데딕트(The Benediction) 수도원, 도미니칸(The Dominican) 수도원, 프란시스(The Cultivation) 수도원, 예수회(The Jesuitsorder)[23] 등의 수많은 형태의 수도원 운동이 일어났다. 수도원은 나름대로 규칙과 규율을 정하고 강도 높은 훈련으로 영성을 유지하였다. 공동생활, 기도생활, 성경연구, 고된 육체노동, 전도 활동 등으로 복음적 생활의 거울과 같은 역할을 하였다. 이와 같은 모습을 동경하는 사람들이 수도원 근처로 모여들면서 수도원을 중심으로 도시가 형성되었다. 사막이 꽃을 피우게 되었고, 늪지가 옥토가 되며, 사회생태학(Ecology)은 복음의 증거지가 되었고, 수도원들은 새로운 문명의 발상지가 되었다.[24] 중세 수도사들의 영성은 살아있었다. 수도사들의 기도 생활과 깊은 영성은 복음 전도에 열정을 불러일으켰다. 1206년 도미니쿠스

---

21   주도홍, 115.
22   Ibid.
23   강문석, 92–93.
24   박영호, 205.

는 이단자들을 개종하기 위하여 프랑스 전도에 감독과 동행하였다.
이후 십자군 출병으로 도미니칸 공동체가 강제로 해체되었지만 도미
니쿠스는 프랑스 남부로 들어가 전도를 계속하여 공동체를 회복하였
다. 도미니쿠스는 추종자들에게 지상명령을 읽어 주었고 도미니쿠스
회는 실크로드를 따라 중국에까지 선교사를 파송하였다.[25] 수도원 운
동을 하던 사람들은 단순히 수도 생활에만 몰두한 것이 아니라 기도,
성경연구와 함께 복음 전도에 열정이 있었음을 많은 자료를 통하여
발견할 수 있다. 중세 수도회들 가운데 프란시스가 이끄는 프란치스
코회가 전도에 가장 탁월하였다. 개신교와 가톨릭은 똑같이 중세 후
기의 위대한 복음 전도자로 앗시시의 프란시스(1182-1226)를 인정한
다.[26] 프란시스는 가난한 사람들을 주로 전도하였고 제자들을 두 사
람씩 짝을 지어 파송하였으며, 가난과 청빈을 몸소 실천하며 맨발로
걸으며 전도하였다. 그의 검소한 생활과 자신을 헌신하는 삶에 많은
사람이 감동하여 그리스도를 영접하였다.

　프란시스는 직접 이집트로 가서 십자군 전쟁이 벌어지는 동안에
도 이슬람교 군주들에게 설교하였고, 그의 설교를 들은 이슬람 군주
는 그를 성인으로 여겨 그가 다음 길을 잘 가도록 도와주었다. 프란
치스코회는 13세기 말까지 중동, 북아프리카, 중국까지 복음을 전했

25　Pierson, 271.

26　김남식, 124.

다.[27] 당시 십자군 전쟁이 진행 중이었으며 교통이 불편한 시대임을 고려할 때 그들은 놀라운 전도 열정을 가지고 있었다.

1232년 저명한 가문에서 출생한 레이몬드 룰(Raymond Lull)[28]은 탁월한 비전가이며 전도자였다. 그는 프란시스와 도미니쿠스와 같은 시대를 살았다. 귀족 출신으로 방탕했지만, 복음을 듣고 개종한 후 극적으로 삶의 방향이 전환되었다. 그는 회심 후 전도를 최우선으로 여기며 몽골과 무슬림 전도를 재촉하였다.[29] 그는 교황에게 선교학교를 세우라고 재촉하였고, 전도를 위하여 아랍어와 아시아 언어를 배우라고 권고했으며, 다른 종교에 대한 기독교 변증을 위한 책을 썼다. 룰은 비기독교인들에 대한 복음 전도를 철저하게 강조하였으며, 북아프리카의 튀니지에서 무슬림 전도를 하다 83세에 돌에 맞아 순교하였다.[30] 그는 아내와 자식들이 있었지만, 전도의 열정 때문에 이방 민족을 위하여 자신의 삶을 바쳐 전도자가 되었다.

중세 교회의 수도원 운동은 단순한 은둔과 영성을 쌓는 일이 아니었다. 그들의 수도 생활은 내면적으로는 깊은 영성을 형성했고 외적으로는 전도 활동과 선교에 주력하였다. 소위 중세 암흑기라고 일컫는 그 시대에도 예수 그리스도의 복음의 진리를 따라 순수한 신앙을

---

27 Pierson, 271.
28 Tucker, 60.
29 Pierson, 278–79.
30 Ibid. 279.

유지하며 영혼을 구원하고 열방이 주께로 돌아오게 하는 복음 전도에 매진한 사람들과 공동체가 있었기에 오늘날과 같은 교회 운동이 전 세계로 퍼질 수 있었음을 알 수 있다.

정리하기

1. 중세의 전도자들에 관해 이야기해 보자.

2. 중세의 전도 방식을 이야기해 보자.

5. 종교개혁 이후의 전도

성령 충만을 받아야 한다.
성령님은 전도하는 사람에게
가장 충만하게 임하신다.

기다리지 말고 네가 가라

어느 목회자가 그리스도를 믿지는 않으나 가끔 교회에 나오는 분을 위해 특별히 말씀을 준비하고, 신앙이 깊고 헌신적인 그 사람의 부인에게 이렇게 말했습니다. "부군께 제가 오늘 밤 교회에서 조용히 뵙고 싶다고 전해 주십시오."

부인의 말을 들은 남편은 곧 목사에게 전화로 초대에 대한 감사의 뜻을 표했습니다. 그런데 그날 밤비가 억수같이 쏟아졌습니다. 초대받은 그 손님은 교회에서 그리 멀지 않은 곳에 살고 있었으나, 끝내 오지 못했습니다. 이에 실망한 목사는 자책하듯이 "아, 그를 주님께로 인도하지 못하게 되는구나."라고 중얼거렸습니다. 그때 하나님이 이렇게 말씀하시는 듯했습니다.

"왜 네 구주가 몸소 실천했던 모범을 따르지 않느냐? 예수님이 니고데모에게 거듭남이 무엇인가 전했던 것처럼 왜 그를 찾아가 말씀을 전하려 하지 않느냐? 그의 집에 불이 났다면 가서 깨우지 않겠느냐? 왜 가장 귀한 일을 하지 않느냐?"

그래서 그 목사는 억수같이 퍼붓는 비를 뚫고 그를 찾아갔습니다. 악천후 속에서도 자기를 찾아온 목사를 보자 그 사람은 눈물겹도록 반갑게 맞으며 말했습니다. "하나님, 감사합니다. 하나님은 어떻게 해야 구원받을 것인가를 알려주려고 당신을 보내셨습니다. 당신 말씀이 계속 마음을 흔들어 도무지 잠을 잘

수가 없었습니다.”

종교개혁이 하루아침에 일어난 것은 아니다. 중세 교회의 심각한
세속화와 교회의 본질을 잃어버린 결과였다. 교회의 신앙고백, 철저
한 제자의 도, 은사의 기능, 교회의 공동체성은 무너지고 말았다. 교
회와 수도원 제도는 쇠퇴하였고, 교황청의 대주교들은 권력다툼에
몰두했다. 당시 교회가 부과하는 세금은 악명이 높았으며, 면죄부 발
매로 엄청난 헌금을 거두어들였다.

기독교의 복음이 완전히 변질된 상태였다. 이런 상황에서 종교개
혁은 우연이 아닌 필연이었다.[1] 1517년 10월 31일 수도사 루터는
비텐베르크(Wittenberg) 대학의 슐로스 교회(Schloss Kirche) 정문에 당
시 로마 가톨릭교회의 잘못된 면죄부를 향한 태도를 95개 조항으로
조목조목 지적하는 격문을 붙였다.[2] 이렇게 촉발한 종교개혁은 요원
(燎原)의 불길처럼 번져나갔다. 루터의 종교개혁이 복음 전도에 크게
공헌한 것은 성경 번역과 그의 3대 저술이다.[3] 그는 작센(Sachsen)의

---

1 주도홍, 140.

2 주도홍, 152.

3 정기환, 「종교개혁사」(부천: 세줄, 2012), 49-55. 루터의 3대 저술로는 「기독인의 자
유 *The Liberty of a Christian Man*」, 「독일 그리스도인 귀족들에게 *To The Christian
Nobilities*」, 「교회의 바벨론 포로에 관해 *Babylonian Captivity of the Roman Church*」
이다.

프리드리히 현공의 도움으로 바르트부르크(Wartburg) 성에서 농부로 변장하고 1년 동안 은신하며 성경을 독일어로 번역하였다. 루터가 최초로 번역한 신약성경은 1522년 9월에 출판되었다. 1534년 신구약 합본을 완성하여 출간되었고, 그가 세상을 떠나던 1546년까지 성경 개정 작업을 지속하여 총 344종의 성경이 종합판과 부분판으로 발간되었다. 그의 성경 번역은 당시 성경을 읽지 못하던 평신도들의 눈을 활짝 열어주었다. 자국어로 된 성경을 읽으면서 교회는 복음에 대한 눈을 뜨게 되었다. 그의 성경 번역은 성경적 복음 진리를 밝히 드러내었으며, 기독교 전도에 새로운 방향을 제시한 것이다.

루터에 의한 종교개혁(Reformation)은 1500여 년의 교회 역사 가운데 기독교 전도를 위하여 가장 중요하고 바람직한 사건이었다. 중세 가톨릭의 오류를 교정하고 성경의 권위와 교회의 영성을 재발견함으로 기독교 선교와 전도의 장을 열었기 때문이다.[4] 그러나 개혁자들은 불행하게도 교회의 내적 갱신에 몰두하느라 복음의 확장에 최선을 다하지 못하였다.

그래서 개혁자 루터는 전도에 관심을 두지 않았다고 비난을 받았다.[5] 하지만 그가 전도와 선교에 전혀 관심을 두지 않은 것은 아니다. 그는 유대인 선교에 관한 책을 출판하였고, 터키인들을 전도해야

---

4 김연진, 80.

5 Pierson, 320.

한다고 했으며, 옛 중국 선교 패턴을 따라 여러 독일 영주들과 함께 스칸디나비아에서 직접 전도하였다.[6] 이 시기에 전도는 개혁 운동과 맞물렸고, 개신교에서는 전도가 불길처럼 퍼져 나갔다. 루터파의 개혁 운동, 쯔빙글리의 개혁 운동, 칼빈의 개혁 운동, 재세례파의 등장과 핍박으로 인한 분산과 전도가 이뤄졌다. 종교개혁 이후 전도의 두가지 강점은 설교자들이 모국어로 설교한 것과 인쇄기술의 등장으로 복음을 전파하는데 획기적인 기여를 하게 된 점이다.[7]

종교개혁 이후 기독교 전도를 크게 네 부분으로 나누어 정리해 보면, 경건주의 운동과 전도, 모라비안 전도, 윌리엄 캐리의 전도, 그리고 미국의 전도다.[8] 본 단락에서는 미국의 전도를 제외한 경건주의와 전도, 모라비안 교파의 전도, 그리고 개혁 시대의 두각을 나타낸 전도자들과 전도 방법을 살펴본다.

1. 경건주의 운동과 전도

독일의 경건주의는 독일 개신교 전도의 싹을 틔웠다고 말할 수 있다. 종교개혁이 교회 안의 잘못된 교리와 제도를 바로잡는 일이었다

---

6   Ibid.

7   김남식, 163.

8   김연진, 82-86.

면, 경건주의는 개신교 안에 있는 소위 메마른 정통(Barren Orthodox)을 개혁하여 신앙의 실천으로 옮기는 운동이었다. 1670년 독일 개신교 안에서 형성된 경건주의 운동은 경건성과 교회의 철저한 갱신을 위한 하나의 운동이었다. 지금까지도 경건주의 운동을 일목요연하게 정의하기는 쉽지 않다. 그 이유는 경건주의 운동의 다양성 때문이다. 주도홍은 그의 저서 『독일의 경건주의』에서 경건주의의 몇 가지 특징을 소개하고 있다. "살아있는 운동, 성경 읽기 운동, 사랑하는 운동, 찬양 운동, 전도 운동이며 현대적 전도가 경건주의와 함께 이루어지게 되었다."[9]

특히 독일 경건주의를 이끌었던 루터파 경건주의 지도자 필립 스패너(Philip J. Spener, 1635–1705)와 어거스트 헤르만 프랑케(August Hermann Francke, 1663–1727) 같은 지도자는 할레(Halle)에 대학을 세우고 경건주의 운동을 전개했다. 할레 대학은 전도 운동의 모체가 되었고, 이 학교 선교회는 각국에 선교사를 파송하였다.[10] 경건주의가 기독교 역사에 끼친 영향은 매우 크다. 그리스도의 사랑 실천에 본을 보였고, 기독교 교육에 큰 공헌을 하였다. 특히 선교와 전도에 열의를 진작시켰다. 경건주의는 스칸디나비아 제국에서 계속 번창하여 복음 전도 사업에 크게 이바지하였고 영국의 조지 뮬러, 찰스 스

---

9 주도홍, 『독일의 경건주의』(서울: 기독교문서선교회, 1996), 150–51.
10 김연진, 82–83.

펄전, 구세군의 윌리엄 부스 등은 모두 경건주의 영향을 받은 인물이
다.[11] 이들은 모두 위대한 설교가요, 자선가이며 위대한 전도자였다.
이들의 업적과 영향은 수백 년이 지난 지금도 기독교는 물론 일반 사
회에까지 크게 미치고 있다. 이론주의를 배격하고 신앙 체험을 강조
하며 성령 충만함으로 기도하면서 복음을 전했던 점에서 현대 교회의
전도 방법의 원리를 제공하는 훌륭한 전도의 모델이라고 생각한다.

2. 모라비안 교파의 전도

16세기 가톨릭교회는 반동 종교개혁(Counter Reformation)을 일으
켜 해외 선교에 박차를 가했지만, 개신교는 그렇지 못했다. 개신교는
가톨릭의 적극적인 정치, 군사, 교리적 공세를 막아내고 유럽에서의
발판을 확보하기에 급급했고, 해외 선교에 헌신하려는 인적 자원도,
시도할 시간적 여유도 없었다.[12]

개신교는 가톨릭보다 인적, 재정적, 정치적 능력이 취약했고, 선
교기관뿐만 아니라 개신교 신학적 이론 역시 해외 선교에 커다란 약
점이 되었다.[13] 이와 같은 개신교의 취약점에도 불구하고 경건주

---

11   김남식, 172.
12   Tucker, 80.
13   Ibid.

의 운동의 뒤를 이어 개신교 전도에 활력을 불어넣은 사람은 모라비안 교파의 친첸도르프(Count Zinzendorf, 1700-1760)였다.[14] 그가 개신교에 끼친 공헌은 존 웨슬리(John Wesley)나 조지 휫필드(George Whitefield)에 필적한다고 한다.[15] 한편 모라비안들은 버진 아일랜드(Virgin Island: 1732), 그린란드(Greenland: 1733), 북미(North America: 1734), 남미(South America: 1735), 남아프리카(South Africa: 1736) 등에 선교 전초기지를 세우고 선교사를 파송하여 복음 전파에 힘썼다.[16]

모라비안 교파는 모든 그리스도인은 선교사요 전도자라는 정신을 가졌으며, 세계가 선교지요 모든 사람이 전도의 대상이라고 생각하였다. 그들은 자립 전도를 원칙으로 했으며, 정치를 비롯한 외부의 영향을 배제하고 집단적, 국가적 개종보다는 개인 구원과 지역적 복음화를 우선하였다. 모라비안 교파의 전도 전략은 철저히 성경적이며 그리스도의 전도 전략에 접근해 있었던 것을 알 수 있다. 그런 의미에서 현대 교회의 전도 방향을 제시하고 있다.

---

14   Ibid. 83.
15   Ibid. 84.
16   김연진, 83.

3. 개혁 시대의 특별한 전도자

영국의 개신교 선교는 18세기 말엽에 시작되었고, 미국의 최초 해외 선교회는 1810년에 조직되었으며, 19세기 들어 개신교 국가들은 이방 세계에 선교사를 본격적으로 파송하기 시작하였다.[17] 케네스 라토렛(Kenneth S. Latourette)이 19세기를 "기독교 선교의 위대한 세기(The great century, 1792-1914)"라고 명명한 이유가 여기 있다. 이 시기에 위대한 선교사들을 많이 배출했기 때문이다.[18] 개혁 시대에 두각을 나타낸 전도자들을 살펴본다.

루스 터커(Ruth A. Tucker)는 이 시기에 대표적인 전도자들을 소개하고 있다.[19] 첫째, 선교의 아버지 윌리엄 캐리(William Carey, 1761-1834)는 현대 선교의 아버지로 불린다. 둘째, 아도니람 저드슨(Adoniram Judson, 1788-1850)은 미얀마에서 전도 활동을 하였다. 셋째, 헨리 마틴(Henry Martyn)은 인도와 미얀마 지역에서 전도 활동을 하였다. 알렉산더 더프(Alexander Duff)는 인도 선교사로 활동하였다. 그런가 하면 박영호는 같은 시기의 전도자들을 아래와 같이 소개하였다.[20]

---

17 박영호, 259.
18 Ibid.
19 Tucker, 71.
20 박영호, 259-66.

데이비드 브레이너(David Brainer, 1718-1747)는 미국 뉴욕에 선
교사로 파송되어 전도 활동을 하였다. 허드슨 테일러(James Hudson
Taylor, 1832-1905)는 중국 선교사로 크게 활약하였으며 19세기 말에
그가 전도한 신자가 50만 명에 이를 정도였다.

윌리엄 캐리는 1761년 영국 노스햄톤의 폴러스푸리(paulerspury)
에서 태어났다. 1779년 2월 10일, 그의 나의 19세에 한 기도 모임
중 예수 그리스도를 영접했다. 1783년 10월 5일, 존 라일랜드 목사
에게 침례 받았고, 1793년 개신교 역사상 최초의 해외 선교회인 런
던선교회를 설립했다. 1793년 인도 선교사로 자원하여 파송되었으
나, 선교사의 입국을 꺼리는 동인도회사와의 갈등으로 덴마크 령인
세람푸르에서 활동했다. 더딘 전도, 동역한 의사의 선교 비용 횡령,
아내 도로시의 우울증으로 어려움을 겪었다. 1810년 세람푸르 대학
교(The Serampore College)를 설립했고, 1834년 세람푸르에서 별세했
다(「키위백과사전 참조」).

아도니람 저드슨은 1788년에 매사추세츠 주에 있는 한 조합교회
(Congregational Church) 목사의 아들로 태어났다. 1794년에 브라운
대학교를 졸업한 후, 1808년에 앤도버 신학교(Andover Theological
Seminary)에 입학했다. 1812년 2월 5일 아내 낸시와 함께 미국 조합
교회 소속 인도 선교사로 임명받고 인도 콜카타에 입국하였으나, 동
인도회사와의 갈등으로 선교 활동을 중단해야 했다. 이때 저드슨은
윌리엄 캐리의 영향으로 침례교로 교파를 옮겼고, 1813년 당시 선

교사가 없던 지역인 미얀마 랭군에 입국하여 카렌족을 대상으로 전도
했다. 아내와 같이 현지인에게 미얀마 말과 문법을 배웠고, 1817년
신학교에서 배운 라틴어와 그리스어로 마태복음을 번역했다. 1818
년 전도를 시작했고, 1819년 첫 현지인 신도인 정원지기에게 세례를
집전했다. 1820년 10명의 버마 사람들이 세례를 받았다. 1820년
대 버마와 영국간의 갈등으로 1년 6개월간 갇혔고, 아내 낸시와 딸
은 병으로 죽었다. 1834년 미얀마 랭군에 교회를 세웠고, 1845년
선교에 필요한 자금 확보를 위해, 미국으로 돌아가던 중에 둘째 부인
사라가 병으로 죽었다. 미국 각지를 돌아다니면서 전도했다. 1850
년 질병 치료를 위해 미국에 돌아가다가 벵골 만에서 별세했다(「키위
백과사전 참조」).

허드슨 테일러는 1854년 '중국 복음 전도협회'에 의해 파견되어
상하이(上海)를 거쳐 장쑤(江蘇)·저장(浙江)·광둥(廣東) 등지에서 전도에
매진하였다. 영국으로 돌아가서 비종파적·국제적 입장을 주장하는
신전도회 '내지회(內地會)'를 조직하고, 동지와 함께 다시 중국으로 건
너가 저장·장시(江西)·장쑤 성 등지를 중심으로 활약하였다. 1868년
에는 양저우(揚州)에서 박해를 받아 아내가 상처를 입기도 하였으나,
여러 후원 단체의 적극적인 참여로 큰 어려움 없이 사업을 펴나갈 수
있었다. 의화단 운동 때는 타격이 컸으나 곧 회복하였고, 만년에는
중국 최대의 전도단체가 되었다(「키위 백과사전, 참조」).

구츨라프(Karl F. A. Gutzlaff, 1803-1851)는 허드슨처럼 중국 선교사

가 되어 주로 중국 내륙 전도에 전력하였다. 도널드 맥가브란(Donald
McGavran, 1897-1990)은 인도에서 선교활동을 하다 귀국하여 풀러 신
학대학에서 교수 생활을 하였고, 교회 성장학의 주류 신학자가 되었
다.

위의 전도자들은 주로 유럽, 북미, 아시아 대륙을 대상으로 전도
활동을 펼친 사람들이며 교회사에 있어서 전도(선교)의 큰 발자국을
남긴 사람들임에 틀림이 없다. 이렇게 헌신된 사람들에 의하여 복음
이 전 세계에 퍼져나갈 수 있었음을 생각해 볼 때 전도에 있어서 헌신
적인 일꾼이 얼마나 중요한지를 깨닫는다.

종교 개혁자들의 사상과 활동 가운데 전도 운동의 열정이 상대적
으로 소홀했다는 평가를 받고 있다. 그 이유는 성경해석 상의 오류와
종교개혁을 추진하는 과정이 생사를 걸고 교리적 발전을 위하여 투쟁
해야 했기 때문이다. 또한 종교개혁을 받아들인 나라들은 힘 있는 나
라들이 아니었다.

거기에다 가톨릭교회로부터의 압력과 교회의 내적 싸움이 전도 활
동을 불가능하게 했기 때문이다.[21] 하지만 19세기 들어서면서 개혁
교회는 해외 선교와 국내 전도에 박차를 가하면서 오늘의 개신교를
이뤄내게 된 것이다. 한편 교회사에서 위대한 전도자들의 발자국을
연구해 보면 자의적 노력이 아닌 성령의 임재와 강력한 촉구로 전도

---

21 Ibid. 257.

자가 되었으며 성령에 이끌려 전 생애를 바쳤음을 알 수 있다. 오늘날도 물론 전도의 전략과 방법도 중요하지만, 하나님의 주권적 부르심에 따른 성령의 인도하심에 순종하는 전도 사역이 얼마나 필요한지를 일깨우고 있다.

정리하기

1. 모라비안의 전도 방식은 어떠했는가?

2. 허드슨 테일러의 전도에 관해 이야기해 보자.

6. 근현대 교회의 전도

한 사람이 구원받았다고 하는 것은
개인에 국한된 것이 아니라
그가 속한 가정과 사회의 사건이다.
전도는 세상을 변화시킨다.

삶으로 전도하라

조지 바나 리서치 센터에 따르면 예수를 믿는 사람들이 사회적으로 영향을 끼치는 존재가 되기 위해서는 도덕성에서 불신자와 40% 이상 격차가 있어야 한다고 합니다. 적어도 40%쯤 앞서야 우리가 세상의 빛으로 영향력을 미칠 수 있다는 말입니다. 그런데 한국기독교목회자협의회의 "한국인의 종교 생활과 의식 조사"에 따르면 비종교인의 개신교 신뢰도는 18.9%로, 천주교 26.2%, 불교 23.5%에 비해 현저히 낮습니다. 우리는 아니라고 하더라도 세상 사람들이 그렇게 생각하고 있습니다. 우리가 복음을 전하면 "너나 잘 하세요."라고 말하고 있다는 것입니다.

어느 여 집사님이 남편을 전도하려고 애를 썼습니다. 그러나 교회와 집안 생활이 너무 다른 아내를 보고 남편은 교회에 나가기를 거절했습니다. 교회에 열심을 낸다고 아이들 밥도 챙겨 주지 않고 자신이 귀가하면 성경만 보고 있는 아내가 싫었던 것입니다. 집사님이 남편에게 함께 천국에 가자고 하면 남편은 이렇게 한 마디로 잘라 말했습니다. "지금도 당신이랑 사는 게 지겨운 데, 죽어서도 당신과 같이 살자고? 미쳤어? 난 교회 안 가."

전도 비결은 생활로 보여 주는 것입니다. 신앙과 삶이 일치할 때 모범이 되고 그 삶을 보고 불신자들이 예수를 믿게 되는 것입니다.

역사적으로 근대란 중세와 현대 사이의 시대로 대개 19세기를 근대로, 20세기 이후를 현대로 본다. 이 시기에 개신교 전도가 하나의 '큰 운동(Big Movement)'으로 발전하면서 복음 전도의 황금기를 맞게 된다. 그리고 유럽과 미주 지역에서 세계 각지에 경쟁하듯 선교사를 파송하였다. 그 이유는 개신교회에서 강력한 말씀 운동이 일어났고, 말씀 운동은 성령의 역사에 그 근거를 두기 때문이다. 초대교회 때부터 전도 운동의 활성화는 성령의 역사 결과였다. 성령의 역사가 있는 곳에는 반드시 전도 운동이 나타났다. 그러므로 근, 현대 전도 운동의 근원도 그 출처는 성령의 강력한 역사였다고 말할 수 있다.

그렇다면 이제 19세기 이후 오늘까지 기독교 전도 운동의 상황과 방법을 살펴보도록 한다.

1. 19세기의 전도 운동

박영지와 최영일은 『선교 신학 개설』에서 세계 복음 전도 역사를 시대별로 잘 정리하였다.[1] 그들은 "19세기에 와서 프로테스탄트는 전 세계에 복음 전도자를 파송하며 복음 전도의 황금기를 맞았다."고 말한다. 이 시기에 개신교는 유럽, 아프리카, 아메리카, 아시아, 전 지역에 복음 전도자들을 파송하였고, 같은 시기에 한국에도 복음이

---

1   박영지, 최영일, 『선교 신학 개설』(서울: 성광문화사, 2003), 182.

들어왔다.

허버트 케인(J. Herbert Kane)은 『세계 선교 역사』에서 시대별 전도 활동을 자세히 소개하면서 "19세기 동안 개신교 국가들이 하나하나 이방 세계로 선교사들을 파송하면서 19세기 말에 이르러서는 모든 세계 각국의 개신교 국가들이 선교지에 선교사들을 파송하고 있다."고 하였다.[2]

김연진은 "개신교 전도 운동은 1910년 에든버러 세계 선교대회 (International Missionary Council)를 정점으로 하는 선교의 대 도약기를 이루게 된다."[3]고 하였다. 모든 선교 신학자들은 19세기 초를 프로테스탄트 교회들의 국내외 전도의 황금기로 말하는데, 역사가 그 사실을 증명한다. 미국과 유럽의 상황을 살펴보면 유럽의 종교전쟁 종식은 식민지 경쟁에 눈을 돌리게 하였고, 영국, 네덜란드, 프랑스 등의 경쟁적 식민지 확장은 직간접적으로 복음 확장에 크게 이바지하였다.[4] 사실 이보다 앞서 영국의 존 웨슬리(John Wesley, 1662-1735)의 부흥 운동은 영국과 영국의 여러 식민지에 영적 부흥을 일으켰다. 미국에서 일어난 대각성 운동(Great Awakening)은 세계 선교의 기폭제가 되었으며, 무디(Dwight L. Moody, 1837-1889)의 부흥 운동에 참여한 많

---

2   J. Herbert Kane, 『세계 선교 역사』, 신서균 · 이영주 역 (서울: 기독교문서선교회, 1993),
123.

3   김연진, 86.

4   Ibid. 88.

은 젊은이가 해외 전도 사역에 헌신자들이 된다.[5] 무엇보다 이 시기에 미 대륙이 해외 전도에 적극적으로 개입하면서 개신교 전도 활동은 눈부신 교회 성장과 함께 빠른 속도로 수많은 나라에 복음이 들어가게 되었다.

김연진은 19세기 전도를 자세하게 기록하였다.[6] 이 시기에 동아시아지역 가운데 중국, 한국, 일본에 복음 전도가 활발하게 이뤄졌다. 중국에는 허드슨 테일러(J, Hudson Taylor, 1832-1905)가 영국 교회의 파송을 받아 '믿음 선교(Faith Mission)'를 주창하며 중국 내지 선교회(CIM)를 창설하여 적극적인 전도 활동으로 큰 성과를 얻었다. 한국에는 미국 장로교 선교사인 언더우드(Horace Underwood)와 감리교 선교사 아펜젤러(Henry Appenzeller)가 1885년에 도착하여 전도 활동을 전개하였고. 이보다 앞서 1884년 9월 20일 미국 북 장로교 선교부의 허락을 받아 알렌(Dr, Horace N, Allen)이 한국에 도착하여 1884년 12월 4일에 있었던 개화당 사건 때 상처를 입은 민영익을 치료해줌으로 한국 전도(선교)의 길을 트게 되었다.[7] 일본에서의 기독교 선교는 일찍부터 시작되었으나(1859년) 여러 차례의 박해와 기독교 복음에 대한 불충한 인식 등으로 큰 발전을 가져오지는 못했다.[8]

---

5   Ibid. 69
6   Ibid. 86-95.
7   김영재, 89.
8   김연진, 87

같은 시기에 필리핀(Philippine)은 스페인 식민지로 있었기 때문에 가톨릭교회의 선교가 이뤄졌고, 이후 미국이 스페인 대신 필리핀을 다스리게 되면서 개신교 전도가 활기를 띠었다.[9] 인도차이나(Indochina)는 프랑스의 식민통치로 개신교 선교가 이뤄지지 못했으나 미국의 초교파 선교회(Christian and Missionary Alliance)의 활약으로 라오스, 베트남, 캄보디아 선교가 이뤄졌다. 인도네시아(Indonesia)는 네덜란드 선교사들에 의해 교회가 들어왔고, 후에 독일 선교사들이 들어와 전도 활동에 적극성을 띠어 많은 이슬람 교도가 회심하였다.[10] 이 시기에는 동시다발적으로 복음 전도가 전 세계 곳곳에서 이뤄졌고, 마치 산불처럼 번져나갔다. 19세기에 남태평양에서는 존 패튼(John G. Paton, 1824-1907)이 여러 군도를 돌면서 복음을 전하였고, 인도에서는 윌리엄 캐리(William Carey)[11]가, 중동에서는 미국 개혁교회 선교사 사무엘 즈웸머(Samuel Zwemer, 1890)[12]가, 아프리카에서는 영국과 미국의 선교사들이 활발하게 복음을 전했으며, 특히 리빙스턴(David Livingstone, 1813-1873)[13]이 중남부 아프리카에서 큰 활약을 하였다. 19세기에 중남미에는 개신교 선교사들이 들어가지 못하였

---

9   Ibid. 90.
10   Ibid. 90.
11   Tucker. 142.
12   Ibid. 362.
13   Ibid. 184.

다. 이 지역은 1810년부터 1824년까지 대부분 스페인 식민지였고 로마 가톨릭의 영향을 받고 있었기 때문이었다. 미국은 캐나다에 선교사를 파송하여 이곳을 우회하여 중남미 선교에 힘썼다.[14]

위에서 살펴보았듯이 1517년 종교개혁 이후 개신교는 교리적 논쟁, 가톨릭과의 전쟁, 미미한 교세, 인적 자원과 재정자원의 부족, 그리고 선교 기관과 정책 부족 등의 이유로 19세기 이전에는 적은 수의 교파나 개인에 의하여 해외 전도가 간헐적으로 이뤄져 왔다. 하지만 19세기에 들어 개신교가 득세하면서 유럽과 미국을 중심으로 적극적이고 대대적인 복음 전도 운동이 전개되었다. 종교개혁이 일어난 지 3세기 후에 비로소 개신교는 세계적인 종교가 될 수 있었다. 이는 루터의 종교개혁 명제인 오직 말씀에 따라 교회에서 말씀 운동이 일어났고, 말씀 운동은 성령의 조명을 전제로 할 때 강력한 성령 운동이 수반 되었으며 동시에 선교와 전도 운동에 불이 붙었다.

2. 21세기 전도의 경향(傾向)

19세기에 복음 전도가 비약적으로 이루어졌지만 20세기와 21세기를 지나는 동안 기독교는 지구촌의 몇몇 지역을 제외하고 오히려 감소 추세에 있다. 또 이슬람의 강력한 추격과 여러 가지 도전들로

---

14 김연진, 94.

많은 난관에 봉착했다. 이 시기의 중요한 도전들에 대해 김연진은 몇 가지로 요약하고 있다.[15] 첫째, 1, 2차 세계대전은 선교와 전도에 큰 타격을 주었다. 둘째, 신학이 변질되었다. 자유주의 신학의 발전은 개신교의 왜곡을 초래했다. 셋째, 국수주의의 발흥이다. 식민지 점령군을 따라 들어간 선교는 식민지국들의 독립과 함께 철수와 배척의 수모를 겪었다. 넷째, 공산주의의 출현이다. 1917년 러시아 혁명(Anti Christian Movement) 이후 공산주의는 기독교 복음 전도를 위협하는 최대 요소가 되었다. 그러나 1980년대 공산주의 몰락 이후 기독교의 복음 전도는 구 공산권 국가들에서 활발하게 이뤄지고 있다.

2011년 한국컴퓨터선교회(KCM)가 펴낸 "세계 선교지도"에 따르면 세계 종교 분포는 다음과 같다.[16] 기독교 11.39%, 천주교 15.11%, 정교회 3.54%, 유사기독교 2.33%, 유대교 0.21%, 중국종교 5.58%, 힌두교 13.52%, 불교 7.0%, 이슬람 22.92%, 토속종교 2.99%, 기타 1.36%의 비율을 보인다.

2011년 전 세계 인구(68억 5,245만 명) 중, 개신교인은 11.39%(7억 8,000만 명)에 이른다. 이는 5년 전과 비교할 때 7,000만 명 증가한 것이다. 이슬람 인구는 2006년 21.90%에서 2011년 22.92%로 다소 증가했지만 무종교인은 15.01%에서 13.66%로 줄어들었다. 대

15　김연진, 96-97.
16　http://kcm.kr/map 2011, 한국 컴퓨터 선교회

류별로는 남아메리카와 아시아에서 개신교 인구가 많이 증가했지만,
유럽과 북아메리카에서 대폭 감소했다.[17]

　기독교 인구의 분포도를 보면 개신교 인구는 남아메리카에서 가장
많이 늘어났다. 2006년 12.57%에서 2011년 18.56%이다. 아시
아 국가 중 인도는 1.90%에서 3.41%로 증가했다. 그러나 미국과
캐나다가 속해 있는 북아메리카는 42.58%에서 32.69%로 많이 감
소했다. 유럽은 천주교가 43.92%에서 43.95%로 소폭 상승했지만
개신교는 17.84%에서 16.15%로 줄어들었음을 알 수 있다.

　위의 통계를 보면 개신교, 천주교, 유사 기독교, 정교회를 합해
도 32.35%에 불과하다. 이슬람, 힌두교, 불교를 합하면 43.44%
이다. 넓은 의미의 기독교 인구는 11.09%나 뒤떨어지는 수치다. 그
렇다면 기독교는 아직 복음 전도의 대상이 무궁무진하며 지구 인구의
67.65%가 전도의 대상인 것을 기억해야 한다.

　어느 시대건 기독교 선교와 전도는 녹록지 않았다. 악한 사탄 세
력의 강력한 훼방과 정치, 문화, 사회적인 도전과 핍박이 있었다. 그
런데도 하나님은 교회를 통하여 복음 전도를 지속해 오셨다. 오늘
날 전도의 가장 강력한 도전은 이슬람의 세 확장, 찰스 다윈(Charles
Darwin) 이후에 일어난 자연주의자들의 무신론 이론들, 교회들의 무
능력이다. 현대 교회들은 마치 라오디게아 교회처럼 "미지근하여 뜨

---

17 국민일보, 2011. 7.

겁지도 아니하고 차지도 아니한(계 3:16)" 상태에 처해 있는 것이 문제다. 이와 같은 이유로 인해 서구 교회들과 미주 교회들은 쇠퇴의 길을 걷고 있고, 한국 교회도 많이 감소하는 추세에 있다. 그러나 전도는 하나님 주권과 성령의 강력한 역사 속에 하나님이 사용하신 사람들을 통하여 지금까지 진행됐다. 기독교의 세계적인 추세가 쇠퇴라고 하지만 한국 교회에서는 아직도 선교와 전도에 대한 열의가 시들지 않고 있다. 그러므로 이 시대에 가장 효과적인 전도 방법이 무엇인지를 찾아 개발하는 것이 실천신학을 전공하는 학자들의 몫이며 초대교회와 같은 전도의 열정을 회복하게 하는 일이다.

정리하기

1. 21세기 전도는 어떻게 진행되어야 할까?

2. 21세기 전도자의 자질은 무엇일까?

제 3 부

전도자

1. 예수님의 모범

전도자가 긍정적일수록
전도의 열매는 풍성해지고
전도자가 부정적일수록
그 열매는 줄어든다.

진정한 사역자

신학을 전공한 사람만이 사역자는 아닙니다. 당신도 충분한 사역자가 될 수 있습니다. 한 탤런트의 고백입니다. "굶주림에 허덕이는 아이들을 보니까 정말 가슴이 아팠습니다. 그런 아이들에게 아무것도 해줄 게 없어 고통스러워하는 부모들을 보니까 저도 모르게 눈물이 나더군요." 최수종 씨, 그를 일컬어 '사랑의 전도자'라는 말을 한다고 합니다. 언젠가 토크쇼를 보니 자기 아이를 위해 손수 자수도 놓고 육아 책도 냈다고 합니다. 가정과 연예인 사이에서도 소문난 그는 소외된 사람들에게 끊임없는 사랑으로 예수님의 향기를 전하는 사람이라는 생각이 들었습니다. 영세민 지역의 이웃 사랑회 탁아소를 방문해서 유아들을 목욕시키고 점심도 먹여주고, 슬럼가 빈민들에게는 직접 나서서 배식을 해 주기도 한답니다. 또한 아동 학대 방지 캠페인 홍보자료와 광고에 무보수로 출연하고, 불우 아동 보호시설을 방문하는 등 틈나는 대로 이웃 사랑을 실천하면서 청각 장애인 골프선수와 의형제를 맺었다는 기사도 보았습니다. 그에게는 단지 인기를 얻기 위한 수단이 아니라 정말 예수 그리스도를 마음에 모신 사람의 사랑을 느낄 수 있었습니다. 너무 어렵다고 생각하지 마십시오. 마음이 있으면 실천할 수 있습니다. 우리가 이렇게 사랑을 실천하는 모습을 볼 때 예수님은 기뻐하시

며 영광 받으실 줄 믿습니다. 방황하고 있는 걸인에게 오늘 당
신의 사랑을 실천해 보십시오.

전도 현장에서는 무엇보다 전도자의 자질이 중요하다. 예수님은
제자들을 전도 현장에 데리고 다니셨지만, 전도 방법을 가르쳐 주지
는 않으셨다. 그 대신 전도자로서의 예수님 자신의 모습을 보여 주셨
다. 예수님은 전도 방법보다 전도자의 자질이 더 중요하다는 것을 아
셨다. 예수님은 전도자로서 훌륭한 자질을 갖추셨으며, 제자들이 자
신처럼 전도자의 자질을 개발하기 위해 훈련을 해야 한다는 필요성을
알고 계셨다.

1. 인격

예수님은 온유와 겸손한 인격을 통해 전도하는 전도자의 모습을
보여 주셨다(마 11:28). 죄악으로 오염된 세상에 살면서 서로 상처를
주고받으며 아픔을 겪고 있는 이웃의 마음을 공감하며 전도해야 하
므로 전도자의 인격적 성숙이 요구된다. 스나이더(Howard Snyder)가
"교회의 선교는 근본적으로 예수 그리스도의 인격에 중심을 두어야
한다(2006, 168)."고 말한 것처럼 '성육신적 관계 전도'는 전도자의
인격적 자질을 강조하지 않을 수 없다(장일권 2009, 321). 예수님의 삶

에서 가장 중요한 점은 그가 자신의 교훈을 자신의 인격과 사역에서 몸소 보여 주신 것이다(이한수 2006, 101). 즉 그리스도의 케노시스적인 삶은 하나님의 실제적 이미지를 묘사한 것으로서 하나님이 거룩한 사랑이시라는 것을 보여 준 것인데, 이것이 바로 그리스도의 인격을 이해하기 위한 유일한 열쇠이다(권문상 2008, 347).

예수님은 온유하신 성품으로 누구에게나 온유하셨다. 온유란 친절하고 온화한 마음이다(제임스 메리트 2004, 157). 온유는 예수님의 리더십을 말할 때 중요한 요소 가운데 하나(마이클 요셉 2011, 56)일 뿐만 아니라 예수님의 생활 방식이었다(Kendall 2009, 25). 한마디로 예수님은 단 한 번도 개인적으로 누구를 정죄하신 적이 없으시다.

또한 예수님은 겸손하셨다. 하나님의 거룩한 아들이신 예수 그리스도는 겸손의 모범이시다(Murray 2011, 287). 예수님의 낮아지심과 겸손은 도덕적 차원이 아닌 성육신과 관련되어 있다(정성구 2009, 239). 예수님은 본질(*morphv*)이 하나님이신데도 하나님과 동등되게 여기지 않으신 자세와 태도를 보이셨기에 성육신할 수 있었다(빌 2:6). 예수님은 섬김으로 누리는 하나님 나라를 건설하시려고 성육신하셨기에 자기를 스스로 낮추시고 죽기까지 복종하시며 섬기셨던 것이다(빌 2:8). 그리스도는 자신의 권리를 주장하지 않으셨고 도리어 자기를 낮추셔서 보통의 인간으로 사셨다(MacArthur 2010, 70). 그래서 사도들은 성육신에 나타난 예수님의 겸손과 관용을 누누이 강조하며, 이것을 우리가 본받아야 할 모습으로 제시했다(롬 15:1, 3; 고후

8:7, 9; 빌 2:5, 7, 8)(Stott 1992, 208). 즉 예수님의 사역에 그대로 드러난 섬김의 겸손은 모든 기독교 선교의 방법이라 할 수 있다. 기독교의 최고의 덕목은 겸손과 사랑이기 때문이다(김세윤 2004, 90).

이처럼 전도자는 예수님이 보여 주신 온유하고 겸손한 인격을 갖추어야 한다. 사람 낚는 어부로 부르신 제자들에게 산상수훈을 주시면서 먼저 팔복에 담긴 성품을 말씀하시고, 후에 복된 성품으로 세상에 소금처럼 녹아져서 맛을 내라고 하신 것도 바로 이 때문이다. 팔복의 성품은 하나님을 볼 수 있는 청결한 마음(마 5:8)과 이웃과의 덕이 되는 관계를 가지려는 화평의 마음(마 5:9)으로 귀결된다. 청결한 마음은 심령이 가난한 겸손함에서 비롯되며, 화평한 마음은 온유함에서부터 시작된다. 그러므로 전도자 예수님이 보여 주신 온유하고 겸손한 인격이 팔복에서 그대로 강조되고 있음을 볼 수 있다.

전도 현장에서 자신을 낮추고 온유한 마음과 사랑의 섬김으로 전도할 때 전도자의 인격이 성숙해질 수 있게 된다. 이영해(2000, 58)는 "인격 전도란 자신의 인격 속에 예수님의 사랑을 싸서 상대방에게 주는 것이다. 즉 풍성한 사랑을 주고받는 사랑의 전도다."라고 했다.

2. 영성

예수님은 전도하실 때 먼저 상대가 준비된 자인가를 파악하셨다. 게네사렛 호숫가에서 두 배를 주목하시고 그 중 시몬의 배에 오르셨다. 예수님은 먼저 그들의 성격을 파악하시고 요한이 아닌 시몬의 배에 오르신 것이다. 만약 요한의 배에 오르셨다면 시몬은 먼저 집에 들어갔을지 모른다. 그러나 요한은 시몬을 두고 혼자 돌아갈 성격이 아니라는 것을 영적 통찰력으로 파악하셨던 것이다(눅 5:2-3). 이처럼 예수님은 전도할 때 영적 통찰력으로 준비된 자를 파악하여 그를 전도하셨던 것을 볼 수 있다(장일권 2009, 221).

실제로 전도할 때는 상대를 파악하는 단계, 관계하는 단계, 열매 맺는 단계, 정착시키는 단계를 거친다. 먼저 준비된 자인가를 파악하고, 준비된 자로서 마치 열매가 무르익은 것처럼 옥토의 마음일 때는 교회로 나오게 하여 열매를 맺고, 준비된 자이지만 아직 무르익지 않은 상태라면 관계하며 익히는 작업을 해야 한다. 그리고 열매 맺은 자를 교회 생활에 잘 정착시키는 마지막 단계가 필요하다. 파악하고, 관계 맺고, 열매를 맺으며, 정착시키는 전 과정이 파악으로 시작하여 파악으로 끝나기에 영적 통찰력이 그만큼 중요하다. 그러므로 예수님이 보여 주신 것처럼 영적 통찰력을 개발하기 위해 훈련에 헌신해야 한다(장일권 2009, 329-331). 피종진(2010, 157)은 "전도자는 예수님의 뒤를 따라 하나님의 뜻을 이루고, 하나님의 나라를 세우고자 하는 영성을 가져야 한다."고 말하였다. 덕 애디슨(2010, 108)은 "예수께서 니고데모가 성경을 많이 아는 지적인 사람인 것을 아시고 그에게 성경 말씀을 인용하거나 논박하지 않으셨다. 그 대신 니고데모가 자신의 문화 체계 안에서 이해할 수 있도록 메시지를 번역하셨고 자신에 관한 표적들이 바로 약속한 예언이 이루어질 것이라는 힌트를 주신 것이다."라고 하면서 파악하는 영적 통찰력의 중요성을 강조하였다.

또한 예수님이 제자들을 부르실 때의 모습을 살펴보면 얼마나 영적 통찰력이 뛰어나셨는지를 알 수 있다. 주님이 부르실 때 아무도 그의 부르심을 거부하지 않을 뿐 아니라 심지어 모든 것을 버려두고 주님을 따랐다. 영적 통찰력으로 그들을 아셨을 뿐만 아니라 그들이 결단할 수 있도록 마음마저 사로잡았기 때문이다(마 4:18-22; 막 2:14; 눅 5:1-11; 요 1:39; 48-51)(장일권 2009, 228-230).

죄인을 구원하는 주님의 능력은 영적 통찰력에서부터 시작된다. 주님은 언제나 한 사람 한 사람을 죄 사함 받고 구원을 받아야 할 소중한 영혼으로 보셨으며, 영적인 능력으로 그들을 파악하고 이끌어 구원하셨다. 가나안 여인, 소경 바디메오, 삭개오, 수가 성 여인 등 구원을 받을 준비가 된 자들을 영적 안목으로 파악하시고 그들을 전도하셨다(장일권 2009, 226). 가이슬러 부자(Norman Geisler & David Geisler)는 "불신자들이 그리스도인들에게 지적으로 들리는 질문을 하는 것은 대개 복음 메시지를 전하지 못하게 하려는 위장술이다. 우리는 그들의 질문이나 관심사가 지적인 걸림돌인지, 감정적인 걸림돌인지, 의지적인 걸림돌인지 또는 이 세 가지가 다 결합한 것인지를 판별해야 한다(2011, 50-51)."고 말한다.

그렇다면 전도자의 영적 통찰력은 어떻게 개발될 수 있을까? 예수

님이 길을 가실 때 날 때부터 소경된 사람을 보셨다. 그러자 제자들
이 "이 사람이 맹인으로 난 것이 누구의 죄로 인함이니이까 자기니
이까 그의 부모이니까?"를 물었다(요 9:1-3). 예수님은 그 맹인을 긍
휼하신 마음으로 주목하였고, 제자들은 정죄하는 율법적 관점으로
바라본 것이다. 정죄하는 율법적 관점이 아닌 사랑의 시각으로 주목
하신 예수님처럼, 주의 긍휼하신 마음으로 대상자의 아픔을 바라보
는 복음적인 시각을 가질 때 영적 통찰력이 열리게 된다(장일권 2010,
331-332).

사람들은 어릴 때부터 정죄 받고 정죄하는 환경에서 자랐다. 그래
서 누구를 보든지 정죄하는 시각으로 접근한다. 전도자는 전도 현장
에서 정죄하는 시각을 교정하는 훈련을 해야 한다. 긍정적으로 듣고
보고 말하는 훈련이 중요하다. 율법적 시각이 아니라 사랑의 복음적
인 시각을 갖게 되면 피전도자가 구원을 받을 준비된 자인가를 파악
할 수 있게 된다.

3. 사랑의 감수성

영국 라브리 스텝을 지내고 프란시스 쉐퍼 연구소 창설자이며 언
약신학대학교 전도학 교수인 바즈(Jerram Barrs)는 저서 *Learning
Evangelism from Jesus*에서 복음 전도의 이론과 실제가 성경의
가르침과 성경이 제시하는 실례들에서 구체화해야 한다고 주장하며,

또한 성경은 전도자가 대상자에게 사랑의 감수성으로 다가가 공감할
수 있는 관계 전도 방식을 제시하고 있다고 말한다.

　전도자이신 예수님은 긍휼과 사랑으로 아픔이 있는 자들의 마음에
공감하며 어루만져 주셨다. 많은 사람이 예수님의 사랑에 감동하였
고 예수님을 따르는 자들이 되었다. 예수님은 사랑으로 전도하셨다.
전도자들에게 사랑의 감수성은 영적 통찰력과 함께 갖추어야 할 특별
한 자질이라 할 수 있다.

　성육신적 관계 전도는 이미 주님의 사랑을 받은 자가 복음이 필요
한 자를 상대로 예수님처럼 자신을 비우고 낮아져 그들의 수고하고
무거운 짐, 곧 마음의 상처를 싸매어 주며 돌보아 주는 관계를 통해
전도하는 것이다. 그들의 마음에 공감해 주는 것이 중요하다. 그러
므로 상처 입은 마음을 깊이 공감해 주는 감수성이 개발되어야 한다.
예수님은 불쌍히 여기는 긍휼로 죄인들의 친구가 될 수 있었다. 사이
더(Ronald J. Sider 1993, 152)는 "성경에서 말하는 그리스도는 모든 인
간의 갈망을 채워주신다. 또한 내가 어떤 역할로 존재하는지에 대해
서 알게 될 때 그리스도는 우리 삶에 의미와 목적을 가져오신다."고
하였다. 또 정경호(2007, 152)는 "예수님이 복음을 전하기 위해 접근
하신 모델은 사람들의 관심이 있는 곳에서 출발하였다. 그래서 사람
들의 문제의 뿌리를 찾아 해결책을 찾도록 도우셨다."고 하였다.

　이처럼 돌봄 전도는 상대방이 자신의 내면의 마음 상태를 인정하
고 표현할 수 있도록 도와주어야 한다. 그래야만 그리스도의 사랑을

구체적으로 나눌 수 있다. "그것이 바로 다른 사람의 짐을 나누어짐으로써 그리스도의 법을 성취하는 것이다(윌리엄 멕케이 1998, 143)." 다른 사람들이 그리스도를 향해 발걸음을 옮길 수 있도록 도우려면 듣기, 조명하기, 드러내기, 다리 놓기 대화 등의 역할을 감당해야 한다(Geisler & Geisler 2011, 45). 왜냐하면 사도 바울도 예수님을 모방하여 치유하기 원하는 자의 필요를 채워주었고, 전도하기 위해 그들의 형편과 정서에 맞추어서 접근하고 대화하였기 때문이다(고전 9:19-22)(Anderson 2010, 117).

그렇다면 어떻게 사랑의 감수성이 풍성하게 개발할 수 있을까? 전도 현장에서 소외당하고 아파하는 이웃을 깊이 사랑하고 그들의 아픔을 공감하기 위해서 현장에서 기도하며 사랑의 은사를 개발해야 한다. 사랑의 은사를 구하고 개발하는 것이 전도 훈련이다. 전도 현장에 나가 이웃의 아픔에 공감하고 같이 울어줄 수 있는 사랑의 은사를 부어 주시길 간절히 구하며 지속적인 훈련을 하게 될 때 사랑의 감수성이 개발된다. 전도자 예수님은 십자가 사랑으로 온 인류에게 영향력을 입히고, 온 세상을 통치하는 주가 될 수 있었다. 사랑으로 모든 것을 얻게 된 것이다.

4. 전문성

예수님은 전도 대상자의 마음을 꿰뚫어 보셨을 뿐만 아니라 그들이 무슨 말을 하려는지 또 그들에게 어떻게 대답하셔야 할지에 대한 순발력의 지혜가 있었으며, 상처 입은 영혼을 어루만지는 섬세함, 또한 상대의 변화되는 심리적 상태까지 하나도 놓치지 않은 대단한 집중력을 갖고 계셨다. 마찬가지로 우리가 전도할 때에도 순발력의 지혜와 섬세함 그리고 집중력이 없이는 전도의 열매를 맺을 수 없다는 점에서 전도자의 전문성 개발과 훈련의 필요성이 제기된다.

전도 명령자이신 예수님은 팀 사역 전략과 전문성으로 탁월하게 전도하였으며, 전도를 통해 초대교회의 역사를 이룬 사도 바울도 예수님이 보여 주신 팀 사역 전략과 전문성으로 탁월한 전도 업적을 이룰 수 있었다. 사도 바울의 전도 전략은 불변의 복음적 진리는 고수하되 부차적이고 문화적인 것이라고 판단되는 것은 기꺼이 양보하는 것이었다(이용원 1998, 109). 반봉혁(2006, 215)은 "이러한 유연성을 가지고 전도를 하려고 할 때 먼저 그 사람에 대해서 자세한 내용을 파악해야 한다."고 말한다. 그러기 위해서는 순발력의 지혜와 섬세함이 요구된다. 메츠거(Will Metzger 2005, 42)는 "불신자도 인간 중심적이기는 마찬가지다. 그들은 자신의 가치와 능력과 표현에 드러난 필요 욕구에만 관심을 둔다. 그들은 하나님을 축소해 버릴 뿐 아니라 자아의 노력으로 삶을 변화시켜 나가는 태도를 신앙으로 오해한다."고 하였다. 전도 대상자 중 불신자를 대할 때 그런 가치 체계에서 나오는 태도와 반응에 대한 파악이 중요하다.

가이슬러(2011, 54)는 "무엇을 이야기해야 할지, 얼마나 이야기해야 할지, 언제 불확실한 것들을 부드럽게 드러내야 할지 알아내는 훌륭한 기술을 사용하기 위해서는 성령님을 의지해야 한다."고 말한다. 순발력이 있어야 상황에 따라 관계할 수 있고 또 대처할 수 있으며, 상대의 상처 입은 감정의 흐름을 마음으로 느낄 수 있다. 예수님은 그들의 아픔을 깊이 느끼시며 함께 우셨다. 예수님처럼 공감하는 교감이 이루어져야 전도 대상자의 마음을 열 수 있고, 또 그들의 마음을 어루만져 줄 수 있다. 섬세함이 필요하며 훈련을 통해 갈고 닦을 수 있다. 또한 대상자에 대한 집중력과 책임감을 느끼고 헌신해야 한다. 나겸일은 "오늘 이 순간이 내 생애의 마지막이라는 생각으로 전도에 열심을 내야 할 것이다."고 하였다. 예수님은 사마리아 수가성 여인을 전도하실 때 그 여인에게 온전히 집중하신 것을 볼 수 있다 (장일권 2010, 304).

정리하기

1. 전도자의 사랑이 전도에 미치는 영향은?

2. 전도자의 전문성에는 어떤 요소가 필요할까?

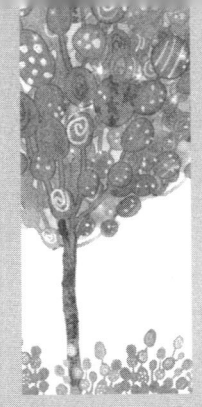

2. 전도인의 자화상

나는 누구인가?
자신을 전도자로 여기는 사람은
어떤 상황에서도 전도자 역할을 한다.
우리는 전도자다.

테레사 수녀

테레사 수녀가 미국을 방문하여 어떤 도시에서 간증하고 말씀을 증거하고 나오는데 여자 교우 한 분이 테레사 수녀를 붙들었습니다.

"나는 지금 자살을 결심하고 있습니다. 도저히 더 살아갈 수가 없어요."

이 말을 듣고 테레사 수녀는 이런 권면을 했습니다.

"자매여, 자살하기 전에 내가 자매에게 한 가지만 요청하고 싶어요. 내가 있는 인도의 캘커타에 와서 나와 같이 한 달만 일하고 난 후에 자살하세요."

이 여자 교우는 그 요청을 받아들이기로 하고 테레사 수녀를 따라서 인도의 캘커타로 갔습니다. 거기서 그녀는 내일을 내다볼 수 없는 사람들을 보았습니다. 거기서 그녀는 오랜 기아와 질병으로 까맣게 말라 비틀어 죽어 가는 그들을 붙들고 부지런히 간호하고 치료했습니다. 그러다 보니까 살고 싶어졌습니다. '내게도 살 만한 보람이 있었구나.' 그래서 이 여자 교우는 자살의 유혹을 극복하고 테레사 수녀와 함께 복음을 위해서 헌신하는 사람이 되었습니다.

1. 전도인이 버려야 할 자화상

아래에 나의 부정적 자화상을 이루는 요소를 정직하게 적어 보자.

-
-
-
-
-
-

이제 기도와 말씀을 묵상하는 가운데 이 병든 내 자화상이 십자가에서 주님과 함께 못 박힌 모습이 보일 때까지 믿고 묵상하며 기도하라.

> 무릇 그리스도 예수와 합하여 세례를 받은 우리는 그의 죽으심과 합하여 세
> 례를 받은 줄을 알지 못하느냐 그러므로 우리가 그의 죽으심과 합하여 세례
> 를 받음으로 그와 함께 장사되었나니 이는 아버지의 영광으로 말미암아 그리
> 스도를 죽은 자 가운데서 살리심과 같이 우리로 또한 새 생명 가운데서 행하
> 게 하려 함이라(롬 6:3-4).

(1) 비교의식

우리는 다른 사람과 비교하면서 살아오는 데 너무 익숙해져 있다. 그래서 늘 열등의식에 사로잡히거나 교만한 마음에 붙들려 있다. 그러나 이것들은 모두 우리 마음을 부정적 자화상으로 만들게 하고 마귀, 사탄의 공격 목표가 되게 한다.

> 땅에 있는 성도들은 존귀한 자들이니 나의 모든 즐거움이 그들에게 있도다
> (시 16:3).

우리가 여기서 속고 있는 부분이 있다. 하나님은 인간을 창조하실 때 누구와도 서로 비교하거나 경쟁하도록 만들지 않았다는 사실이다. 하나님은 우리 한 사람 한 사람을 누구와도 비교할 수 없는 존귀한 자로 만드셨다. 그러므로 우리는 서로를 위대하고 존귀한 자로 바라보아야 한다.

세상의 모든 교육과 문화, 철학은 비교하고 경쟁하게 되어 있는데 이것은 하나님의 방법이 아니다. 그래서 세상을 바라보면 누구나 부정적 자아상을 갖게 되어 실패하는 삶을 살 수밖에 없다. 그러므로 우리는 세상에 대하여 소망을 두지 말아야 한다.

(2) 빈곤의식

우리가 하나님 없이 혼자 힘으로 무엇을 해보려고 하면 할수록 우

리 속에는 빈곤 의식이 커지며 이것이 우리를 부정적으로 만들어 가게 된다.

> 그가 이르되 당신의 하나님 여호와께서 살아 계심을 두고 맹세하노니 나는 떡이 없고 다만 통에 가루 한 움큼과 병에 기름 조금 뿐이라 내가 나뭇가지 둘을 주워다가 나와 내 아들을 위하여 음식을 만들어 먹고 그 후에는 죽으리라(왕상 17:12).

이 과부의 의식 속에는 결국 열심히 일하고 죽는다는 생각이 있었다. 그러나 반면에 엘리야의 사고에는 긍정적이고 복된 자화상이 있었다.

> 엘리야가 그에게 이르되 두려워하지 말고 가서 네 말대로 하려니와 먼저 그것으로 나를 위하여 작은 떡 한 개를 만들어 내게로 가져오고 그 후에 너와 네 아들을 위하여 만들라 이스라엘의 하나님 여호와의 말씀이 나 여호와가 비를 지면에 내리는 날까지 그 통의 가루가 떨어지지 아니하고 그 병의 기름이 없어지지 아니하리라 하셨느니라(왕상 17:13-14).

엘리야의 긍정적 사고는 엘리야 자신과 과부, 과부의 아들을 살렸다. 빈곤의식은 사람을 죽이지만, 믿음은 사람을 살린다.

(3) 세속의식

인간은 영이 있는 거룩한 존재다. 그러나 거룩한 영적 세계, 영적 양식을 구하지 않고 세속적인 것, 세상적인 것, 물질적인 것에 탐닉하면 부정적 자아가 형성된다.

> 심중에 생각하여 이르되 내가 곡식 쌓아 둘 곳이 없으니 어찌할까 하고 또 이르되 내가 이렇게 하리라 내 곳간을 헐고 더 크게 짓고 내 모든 곡식과 물건을 거기 쌓아 두리라(눅 12:17-18).

그러므로 인간은 이 땅에 살면서도 늘 천국을 바라보며 살아야 하고, 육의 양식도 필요하지만 신령한 양식으로 영혼의 충만함을 누려야 한다.

> 술 취하지 말라 이는 방탕한 것이니 오직 성령으로 충만함을 받으라(엡 5:18).

(4) 실패의식

전도자가 되려면 실패의식을 극복해야 한다. 마귀는 한 번 실패하면 그것에 붙들리게 하여 다음에 빛을 보지 못하게 한다.

> 귀신이 어디서든지 그를 잡으면 거꾸러져 거품을 흘리며 이를 갈며 그리고

파리해지는지라 내가 선생님의 제자들에게 내쫓아 달라 하였으나 그들이 능히 하지 못하더이다(막 9:18).

그러므로 예수 안에 있는 자는 언제든지 우리가 싸우는 싸움이 이긴 싸움이라는 승리의 확신을 해야 한다. 그리고 주님께 믿음을 구해야 한다. 일곱 번 넘어지는 것이 문제가 아니라 여덟 번째 일어나지 못하는 것이 문제다. 백번 넘어지더라도 백한 번째 일어나면 된다.

2. 전도인이 소유해야 할 자화상

남이 나를 보는 것도 중요하지만 내가 나를 바라보는 것이 더 중요하다. 이를 자화상(self image)이라 한다. 인간은 누구나 자기의 자화상에 따라 행동하게 된다. 긍정적 자화상을 가지고 있는 사람은 인생을 긍정적으로 살지만, 부정적 자화상을 가진 사람은 인생을 비판적으로 보기 때문에 결국은 불행하게 된다. 그리스도인은 부정적이던 사람이라 할지라도 가장 긍정적인 사람으로 바뀐 자들이다. 그러므로 전도자가 어떤 자화상을 갖느냐는 전도에 많은 영향을 미친다. 전도자의 자화상에 따라 구도자가 영생을 얻을 수도 있지만 그렇지 못할 수도 있고, 새신자가 잘 성장할 수도 있지만 성장을 하지 못할 수도 있다.

(1) 하나님의 자녀가 되었다

성도는 하나님의 자녀다. 하나님의 자녀는 아버지이신 하나님의 완전한 보호와 필요한 도움을 받으며 산다. 이 사실을 잊지 말라.

> 영접하는 자 곧 그 이름을 믿는 자들에게는 하나님의 자녀가 되는 권세를 주셨으니(요 1:12).

(2) 사망에서 생명으로 옮겨졌다

성도는 이미 영생을 얻은 자다. 하나님의 영원한 생명을 소유한 사람들이다. 그래서 지금 당장 순교한다고 해도 생명 때문에 조금도 두려울 것이 없는 사람들이다.

> 내가 진실로 진실로 너희에게 이르노니 내 말을 듣고 또 나 보내신 이를 믿는 자는 영생을 얻었고 심판에 이르지 아니하나니 사망에서 생명으로 옮겼느니라(요 5:24).

(3) 성령님이 함께하신다

성도는 성령님이 임한 사람들이다. 성령님은 성도의 생애 내내 성도들 안에 거하신다. 우리 안에 거하시는 성령님은 우리의 보혜사가 되신다.

너희는 너희가 하나님의 성전인 것과 하나님의 성령이 너희 안에 계시는 것을 알지 못하느냐(고전 3:16).

(4) 우리 영혼은 그리스도와 함께 하늘에 있다

성도는 이 땅에 살지만, 주와 함께 이미 하늘에 사는 자이다. 성도는 하늘에 계신 예수 그리스도 안에서 천하를 다스리며 호령하는 사람들이다.

또 함께 일으키사 그리스도 예수 안에서 함께 하늘에 앉히시니(엡 2:6).

(5) 십자가에 못 박혔다

이제 우리의 부정적 자화상을 실제로 치료하는 방법을 생각해 보겠다. 우리 옛사람은 주님과 함께 십자가에서 못 박혔다. 이제 나는 내 안에 사신 그리스도를 위해 산다.

내가 그리스도와 함께 십자가에 못 박혔나니 그런즉 이제는 내가 사는 것이 아니요 오직 내 안에 그리스도께서 사시는 것이라 이제 내가 육체 가운데 사는 것은 나를 사랑하사 나를 위하여 자기 자신을 버리신 하나님의 아들을 믿는 믿음 안에서 사는 것이라(갈 2:20).

3. 복된 자화상 그리기

이제 부정적인 자화상 대신 하나님이 주신 복된 자화상을 그려보라.

복된 나의 자화상 그리기

·

·

·

·

·

·

·

이제 이 복된 자화상을 자신의 마음과 생각의 판에 새기고 바라봐야 한다. 또 그것을 붙잡고 기도해야만 한다. 이는 하나님이 나에게 새롭게 창조해 주신 나의 자화상이기 때문이다.

> 그가 죽으심은 죄에 대하여 단번에 죽으심이요 그가 살아 계심은 하나님께 대하여 살아 계심이니 이와 같이 너희도 너희 자신을 죄에 대하여는 죽은 자요 그리스도 예수 안에서 하나님께 대하여는 살아 있는 자로 여길지어다(롬

6:10-11).

복된 자화상을 소유한 자는 자기의 몸을 복되게 쓸 줄 알아야 하며, 의의 병기로 자신을 하나님께 드려야 한다. 그때 우리의 자화상이 실제화되는 것이다.

> 또한 너희 지체를 불의의 무기로 죄에게 내주지 말고 오직 너희 자신을 죽은
> 자 가운데서 다시 살아난 자 같이 하나님께 드리며 너희 지체를 의의 무기로
> 하나님께 드리라(롬 6:13).

(1) 자기 자신을 긍정적으로 받아들이라

이 말은 교만해도 된다는 말이 아니다. 하나님이 우리에게 주신 바 우리가 가진 자신을 있는 그대로 인정하고 긍정할 줄 알아야 한다는 뜻이다. 우리는 하나님이 창조해 주신 유일한 하나님의 자녀이기 때문이다.

> 내가 주께 감사하옴은 나를 지으심이 심히 기묘하심이라 주께서 하시는 일이
> 기이함을 내 영혼이 잘 아나이다(시 139:14).

여기서 "심히 기묘하심"이란 말은 'wonderfully made'이다. 즉 '나는 하나님의 걸작품'이라는 믿음이다. 이때 비교의식이 사라지

고 내 속에 긍정적 사고가 생기게 된다.

(2) 다른 사람을 인정하라

인간은 혼자 존재할 수 없을 뿐 아니라 혼자 살 수도 없다. 그러므로 다른 사람이 잘 되는 것이 나도 잘 되는 길이다. 우리는 모두 주님의 지체이고 주님의 몸이기 때문이다.

> 우리가 유대인이나 헬라인이나 종이나 자유인이나 다 한 성령으로 세례를 받아 한 몸이 되었고 또 다 한 성령을 마시게 하셨느니라(고전 12:13).

따라서 다른 사람을 인정하는 것이 결국은 나를 인정하는 결과를 가져오게 된다.

(3) 의도적으로 부정적인 생각을 물리치라

하나님은 어떤 상황에서도 부정적 사고가 없으며 어둠이 없으신 빛의 하나님이시다. 그러므로 우리 속에 어둠이나 부정적인 것이 찾아올 때, 우리의 의지를 동원하여 그것을 물리쳐야만 한다.

> 우리가 그에게서 듣고 너희에게 전하는 소식은 이것이니 곧 하나님은 빛이시라 그에게는 어둠이 조금도 없으시다는 것이니라(요일 1:5).

⑷ 복된 자화상을 가진 자와 교제하라

우리는 세상 사람을 구원해야 하지만, 교제해서는 안 된다. 왜냐하면 영적인 것과 어두운 것은 전염되기 때문이다.

마레사 사람 도다와후의 아들 엘리에셀이 여호사밧을 향하여 예언하여 이르되 왕이 아하시야와 교제하므로 여호와께서 왕이 지은 것들을 파하시리라 하더니 이에 그 배들이 부서져서 다시스로 가지 못하였더라(대하 20:37).

따라서 믿음과 긍정적 자아상을 가진 자와 교제하는 것이 축복임을 명심해야만 한다.

그러므로 우리는 기회 있는 대로 모든 이에게 착한 일을 하되 더욱 믿음의 가정들에게 할지니라(갈 6:10).

⑸ 날마다 하나님의 은혜를 선포하라

우리는 우리가 이 세상을 살아가는 것이 전적으로 하나님의 은혜인 것을 깨달아야 한다. 그러나 은혜인 줄 알아도 그것을 입으로 선포하고 감사하지 않으면 감사의 능력이 사라지게 된다. 그래서 우리는 날마다 우리에게 주어진 하나님의 은혜를 선포하고 실제 삶 속에서 행위로 감사하는 것이 중요하다.

그러나 내가 나 된 것은 하나님의 은혜로 된 것이니 내게 주신 그의 은혜가 헛되지 아니하여 내가 모든 사도보다 더 많이 수고하였으나 내가 한 것이 아니요 오직 나와 함께 하신 하나님의 은혜로라(고전 15:10).

정리하기

1. 당신이 전도자로서 버려야 할 자화상은 무엇인가?

2. 전도자로서 당신이 갖추어야 할 자화상을 그려보라(기록해 보라).

3. 전도자의 자세

전도자의 자세는
구원의 확신, 영혼을 향한 사랑,
성령 충만, 말씀 충만,
기도, 인내다.

당신 같은 사람이 믿는 예수라면

국가가 운영하는 무료 결핵 요양소에 K라는 사람이 있었습니다. 그는 요양소에 온 지 1년이 다 됐지만, 그 누구와도 이야기를 나누는 법이 없었습니다. 그가 살아온 삶의 여정이 아무도 믿고 대화를 할 상대가 없다는 것을 가르쳐 준 듯했습니다. 매일 침대에 누워 창밖을 내다보며 침울한 표정을 짓고 있는 그에게 어느 날 손님이 찾아왔는데, 근처 교회의 집사였습니다.

"형제님! 예수를 믿으시죠. 평안과 기쁨이 옵니다."

"예수? 웃기지 마쇼. 난 피곤하니 돌아가시오."

집사는 그의 비웃음에도 불구하고 계속 예수를 믿으라고 말했습니다. 그러나 그 마음이 너무 굳어 있어서, 집사는 결국 포기하고 문을 나서려 했습니다. 그때 K가 집사를 불렀습니다. "이봐요. 몹시 추워요. 당신이 입고 있는 옷을 내게 줄 수 있나요? 그걸로 몸을 좀 덮어줘요." 집사는 잠시 당황했지만, 곧 예수님을 생각하고 자기 옷을 벗어 K의 몸을 덮어주었습니다. 그리고 조용히 방을 나서려 했습니다.

그때 다시 K가 그를 불렀습니다. "이봐요. 당신이 가진 성경책으로 내 머리를 고여 줘요. 베개가 너무 낮군요." 집사는 그 말대로 한 후 다시 방을 나서려 했지만, 다시 K가 불렀습니다. "이봐요. 너무 덥군요. 이제 옷을 다시 치워줘요." 집사는 K의 몸을 덮은 옷을 걷어 옷걸이에 걸고 발길을 돌렸습니다.

"이봐요." 다시 K가 불렀습니다. 집사는 드디어 화가 머리 꼭 대기까지 치솟았습니다. 몸을 홱 돌려 한마디 하려던 집사는 그만 놀라고 말았습니다. K의 말 때문이었습니다. "당신 같은 사람이 믿는 예수라면 나도 한 번 믿어 보겠소."

1. 확실한 구원의 체험

복음 전도자의 첫 번째 자격은 무엇보다 그가 예수님을 확실히 만난 자여야 한다. 전도란 자신이 체험한 하나님의 은혜를 사실 그대로 다른 사람에게 전하는 것이다. 아무리 전도의 필요성과 중요성을 강조해도 전도자 자신이 그리스도의 생명을 얻었다는 구원의 확신이 없다면 전도할 수 없다. 예수 그리스도가 누구신지 확실하게 알고 그리스도를 통해 거듭나는 체험을 한 사람만이 올바로 전도할 수 있다.

> 또 증거는 이것이니 하나님이 우리에게 영생을 주신 것과 이 생명이 그의 아들 안에 있는 그것이니라 아들이 있는 자에게는 생명이 있고 하나님의 아들이 없는 자에게는 생명이 없느니라(요일 5:11-12).

예수님을 만나고 따르는 자만이 사람을 전도할 수 있다(마 4:19).

소경이 소경을 인도할 수 없다고 성경은 말하고 있다(마 15:14). 전도
자는 요한복음 9장에 등장하는 예수님을 만나서 눈을 떴던 청년처럼
"한 가지 아는 것은 내가 맹인으로 있다가 지금 보는 그것입니다."라
고 당당하게 선언할 수 있어야 한다.

　자신에게 구원의 확신이 있는지 없는지 모르는 사람은 한번 전도
해보면 알 수 있다. 다른 사람에게 자신 있게 전도하지 못하는 사람
은 아직 성령님이 역사하시는 확실한 구원의 체험을 하지 못한 사람
이다. 그런 사람은 예수님을 개인적으로 만날 수 있도록 기도해야 한
다. 그러면 하나님이 구원의 확신을 주실 것이다. 사도 바울은 데살
로니가 교인들에게 "하나님의 사랑하심을 받은 형제들아 너희를 택
하심을 아노라 이는 우리 복음이 너희에게 말로만 이른 것이 아니라
또한 능력과 성령과 큰 확신으로 된 것임이라 우리가 너희 가운데서
너희를 위하여 어떤 사람이 된 것은 너희가 아는 바와 같으니라(살전
1:4-5)."고 확신 있는 선언을 했다. 우리도 예수 그리스도께서 십자
가 위에서 흘리신 보혈에 대해 확신하고 나아가야 한다.

2. 전하지 않고는 견딜 수 없는 마음이 있어야 한다

　전도자는 확실한 구원의 체험과 함께 전도하고 싶어서 견딜 수 없
는 마음이 있어야 한다. 전도하고 싶은 마음은 하나님이 위로부터 주
신 사명감이다. 또한 전도해야겠다는 마음은 다른 사람들의 영혼에

대한 뜨거운 사랑에서 우러나오는 마음이다.

물에 빠진 사람이 우리 앞에서 허우적거린다고 생각해 보라. 물속으로 빠져들어 가는 그 모습을 보고 마음 편하게 구경할 사람은 없을 것이다. 목숨을 걸고 뛰어 들어가 구출하든지 아니면 발을 동동 구르며 안타까워 할 것이다. 영적으로 볼 때 전도도 이와 마찬가지다. 우리의 부모, 형제, 자매, 친구들이 지금 멸망의 수렁 속에 빠져들어 가고 있다. 내가 지금 구해 내지 않으면 저들은 영원히 불타는 지옥으로 들어갈 것이다. 이러한 상황에서 믿는 자라면 그들에게 예수 그리스도의 구원 생명줄을 던지지 않을 수 없을 것이다.

영적인 눈으로 이러한 절박한 상황을 보았을 때 예레미야는 "내가 다시는 여호와를 선포하지 아니하며 그의 이름으로 말하지 아니하리라 하면 나의 마음이 불붙는 것 같아서 골수에 사무치니 답답하여 견딜 수 없나이다(렘 20:9)."라고 했으며, 베드로와 요한도 "우리는 보고 들은 것을 말하지 아니할 수 없다(행 4:20)."라고 고백했다. 특히 사도 바울은 동족 유대인의 구원을 위하여 "나의 형제 곧 골육의 친척을 위하여 내 자신이 저주를 받아 그리스도에게서 끊어질지라도 원하는 바로라(롬 9:3)."고 그의 간절한 심정을 토로했다. 이처럼 전도는 죽어가는 심령들을 사랑하고 불쌍히 여기는 마음과 저들을 살리겠다는 투철한 각오를 하고 행할 때 열매를 맺게 되는 것이다.

그러므로 우리는 믿지 않는 가족과 친척과 이웃을 위해 대신 죽을 수는 없다 하더라도 복음을 전하지 않으면 저들이 죽을 것이요, 나중

에 저들의 피가 우리를 고소할 것이라는 책임으로 내일을 기다리지
말고 오늘 전도해야 한다.

3. 복음을 부끄러워하지 말아야 한다

사도 바울은 "내가 복음을 부끄러워하지 아니하노니 이 복음은 모
든 믿는 자에게 구원을 주시는 하나님의 능력이 됨이라 먼저는 유대
인에게요 그리고 헬라인에게로다(롬 1:16)."라고 고백했다. 전도자들
은 예수 그리스도와 그의 복음을 부끄러워하지 말아야 한다.

많은 성도가 예수 믿는 것을 부끄럽게 생각하여 숨기려고 한다. 예
수를 믿으면 죽임을 당하고 잡혀가는 시대도 아닌데 떳떳하게 자신
이 그리스도의 사람임을 내세우지 못한다. 직장이나 사회에서 교제
를 핑계로 술과 담배를 단호하게 끊지 못하거나 동료들에게 소외당할
것이 두려워 예수 믿는다는 사실을 숨기고 있다. 왜 그들은 예수님을
믿는다는 사실을 숨기려 할까? 그것은 그리스도를 사랑하는 마음이
뜨겁지 못하기 때문이다. 사람은 무엇이 되었든 뜨겁게 사랑하는 것
은 자기도 모르게 자랑하게 된다.

성경은 이렇게 복음을 부끄러워하는 사람들에게 경고하고 있다.
예수님은 "누구든지 이 음란하고 죄 많은 세대에서 나와 내 말을 부
끄러워하면 인자도 아버지의 영광으로 거룩한 천사들과 함께 올 때에
그 사람을 부끄러워하리라(막 8:38)."고 하셨고, 누가복음 12장 9절

에서도 "사람 앞에서 나를 부인하는 자는 하나님의 사자들 앞에서 부인을 당하리라."고 하셨다. 십자가는 로마 시대에 있어 죄인을 벌거벗겨 손발에 대못을 박아 처형하는 가장 치욕적이고 비참한 형틀이었다. 이러한 십자가의 수치와 치욕의 고통도 죄 없으신 예수 그리스도는 우리를 위해 부끄러워하지 않으셨다(히 12:2). 십자가의 수치뿐만 아니라 죽을 수밖에 없는 죄인들인 우리를 거룩한 형제라고 부르시기를 부끄러워하지 않으셨다(히 2:11).

예수님은 누구를 위해 십자가를 지셨는가? 우리를 위해 지신 것이 아닌가? 예수님은 우리를 위해 목숨을 바치셨는데 우리가 이러한 예수님의 은혜를 알고도 감사하지 않고 십자가의 도를 자랑하지 않는다면 예수님의 슬픔이 어떠하시겠는가? 그러므로 예수님의 은혜를 받은 우리는 예수님이 나를 위해 받으신 굴욕의 십자가를 생각하면서 예수님이 원하시면 어디든지 가서 그분의 사랑을 전하겠다는 마음의 각오와 자세를 가져야 한다. 그리고 성령을 통하여 마음의 각오와 자세를 새롭게 해야 한다.

4. 성령 충만해야 한다

전도자가 성령 충만해야 한다는 사실은 아무리 강조해도 지나치지 않다. 전도자는 모름지기 "내가 전도한다."는 생각을 가져서는 안 된다. "나를 통해 성령님이 전도하시게 한다."는 자세를 가져야 한다.

전도는 처음부터 끝까지 성령께 전적으로 의지하고 맡겨야 한다. 전도하는 과정 전체가 성령님과 함께 손을 잡고 뜻을 같이하여 성령님이 인도하시는 대로 동역하는 것이어야 한다. 성령 충만이란, 성령님이 우리 마음과 생활을 온전히 지배하시고 우리가 성령님 안에 완전히 잠겨 있는 상태를 말한다. 그렇게 될 때 우리의 말과 행동이 거룩하게 되며 말씀에 능력이 있게 되는 것이다.

성령님은 두 가지 활동을 하신다. 예수님을 구주로 영접하게 하는 구원의 역사와, 믿는 자들이 능력 있는 신앙생활을 하도록 돕고 성결하게 하는 성결의 역사이다. 성령 충만은 거듭나는 체험과는 다른 것이다. 성령 충만은 성령 세례와 동시에, 또는 그 이후에 계속해서 성도에게 요구되는 영적 상태다.

성령 충만한 전도자는 능력이 있다. 하나님의 나라는 말에 있지 아니하고 능력에 있다(고전 4:20). 성령 충만은 복음을 듣는 이의 마음과 생활 속에서 사탄의 세력을 몰아내고 새 생명이 깃들게 하는 능력이다. 이런 성도들은 오늘날도 옛날 사도들에 못지않게 복음을 능력 있게 전하게 된다. 왜냐하면 성령님이 복음의 더 깊은 진리를 깨닫고 생각나게 하시기 때문이다(요 14:26).

5. 하나님의 말씀으로 충만해야 한다

전도자에게 있어서 하나님의 말씀은 특히 중요하다. 왜냐하면 하나님의 말씀은 사탄의 세력을 무찌를 수 있는 공격용 무기, 곧 성령의 검이 되기 때문이다(엡 6:17). 전도는 영적인 싸움이다. 우리는 대장 되시는 예수님을 모시고, 구도자들의 배후에서 세력을 행사하는 사탄을 대적하여 그에게서 뭇 영혼을 빼앗아 주님께로 인도하는 십자가의 군사다. 군인에게 무기가 없다면, 또 있더라도 그 무기가 날카롭지 못하다면 전쟁에서 승리할 수 없는 것은 자명한 사실이다. 전도자는 자기의 능변으로 영혼을 구원하는 것이 아니라 하나님의 말씀 지혜로, 성령의 역사로 사람을 얻게 되는 것이다.

> 하나님의 말씀은 살아 있고 활력이 있어 좌우에 날선 어떤 검보다도 예리하여 혼과 영과 및 관절과 골수를 찔러 쪼개기까지 하며 또 마음의 생각과 뜻을 판단하나니(히 4:12).

하나님의 말씀은 구도자의 마음을 깨뜨리고 그 사람의 마음을 움직여 예수님을 구주로 영접하게 하는 것이다. 우리의 거듭나는 체험은 인간의 말에 있는 것이 아니라 "너희가 거듭난 것은 썩어질 씨로 된 것이 아니요 썩지 아니할 씨로 된 것이니 살아 있고 항상 있는 하나님의 말씀으로 되었느니라(벧전 1:23)."는 말씀대로 하나님의 말씀에 있는 것이다. 사도 바울은 "그러므로 믿음은 들음에서 나며 들음은 그리스도의 말씀으로 말미암았느니라(롬 10:17)."고 하였다.

그러므로 전도할 때 멋진 말로 상대방을 감화시키려다 실패하지 말고 어리석게 보여도 하나님의 말씀을 중심으로 복음을 전해야 한다. 예수 그리스도의 복음을 인간적인 수식어로 변증하려 하지 말고, 그의 양심을 꿰뚫는 하나님의 말씀을 담대하게 전하는 전도자가 될 때 하나님의 능력을 힘입을 수 있다. 그러기 위해서 전도자는 더욱 열심히 성경을 읽고, 공부하고, 암송하고, 또 실천함으로써 어디서든지 복음을 전할 수 있는 만반의 준비를 해야 한다.

6. 뜨거운 기도와 열심이 있어야 한다

전도자는 기도의 능력을 얻은 자라야 한다. 전도의 처음에서 나중까지 기도하는 자세가 필요하다. 기도 없이 전도한다는 것은 불가능한 일이다.

오늘날 많은 교회와 성도들이 전도를 위해 더욱 나은 방법과 새롭고 훌륭한 조직을 찾고 있지만, 하나님은 인간의 조직과 계획과 방법에 성령의 능력과 기름을 부어 주시지 않는다. 오직 무릎 꿇고 기도하는 사람에게 기름을 부어 주신다.

영적 싸움인 전도에 있어서 기도는 지원 포격과 같다. 기도의 대포를 많아 쏘아 댈수록 적진이 더 많이 파괴되기 때문에 그만큼 적을 섬멸하기가 더 쉬워지는 것이다. 그러므로 전도자는 전도의 사명과 은사와 권능과 열매를 위하여 쉬지 말고 기도해야 한다.

전도자는 또한 열심이 있어야 한다. 하나님은 잘하느냐 못하느냐를 보시는 것이 아니라 오직 열심히 하려는 사람을 귀하게 여기신다. 그러므로 말 못 하고 무식해도 열심히 하나님의 말씀을 전하려는 사람에게는 말 잘하고 아는 것이 많은 사람 못지않게 말의 지혜와 능력을 주신다.

이 세상에서 남보다 앞서고 성공하는 사람은 남모르는 열심이 있으므로 그와 같은 결과를 거두게 된다. 마찬가지로 우리 교회에서도 많은 사람을 전도한 성도들의 간증을 들어 보면 한결같이 그들의 열심이 뒷받침된 열매였음을 알 수 있다. 누구도 열심이 있는 사람을 당하지 못한다. 그러므로 우리는 열심을 내야 한다. 열심을 내되 단순한 인간적인 열심보다 하나님의 열심, 주님이 주시는 열심을 내야 한다. 이렇게 열심히 주를 따르는 자는 마침내 우리가 알지 못하는 크고 비밀스러운 결과를 거두게 될 것이다.

7. 인내와 희생을 아끼지 말아야 한다

전도를 하다 보면 많은 핍박과 어려움을 반드시 만난다. 그뿐만 아니라 물질적, 정신적인 손해를 입을 때도 있다. 그러나 이럴 때에도 하나님의 일꾼은 참고 견뎌야 한다. 왜냐하면 전도할 때 핍박을 받는 것은 성경에서 말하는 것이며, 전도로 인한 핍박과 손해는 나중에 받게 될 놀라운 복을 위한 믿음의 씨앗이기 때문이다. 성경은 다음과 같이 우리가 복음을 위하여 받는 핍박과 어려움을 위로해 주고 있다.

우리가 선을 행하되 낙심하지 말지니 포기하지 아니하면 때가 이르매 거두리라(갈 6:9).

세상 무슨 일이든지 인내와 기다림이 없이는 좋은 결과를 기대할 수 없다. 하물며 천하보다 귀한 영혼을 구원하는 일에 있어서 희생과 인내가 필요하지 않을 수 있겠는가? 전도자는 전도할 때 있게 되는 여러 희생, 이를테면 시간과 물질과 위기와 핍박과 같은 것들을 기쁨과 감사로 감수할 수 있어야 한다. 기왕에 전도했다면 그들이 감격할 만큼 끝까지 참고 견딤으로 그들의 영혼도 얻고 하나님께 칭찬도 받으며 금세와 내세에서 백배의 축복을 얻으라. 특별히 가족 중에서 웃어른 되시는 분들이 심하게 핍박을 하면 예의범절을 잃지 말고 끝까지 참고 견디라. 여러분의 생각보다 훨씬 빠르게 하나님의 때가 임할 것이다.

8. 기대하는 마음과 긍정적인 입술의 고백이 있어야 한다

전도자에게 있어 낙심은 절대 금물이다. 전도자는 굳센 믿음이 있어야 한다. 왜냐하면 하나님이 가장 기뻐하시는 것이 믿음과 순종이기 때문이다. 신앙생활의 다른 일에도 마찬가지겠지만 특히 전도에서는 마음가짐이 매우 중요하다.

이르시되 너희 믿음이 작은 까닭이니라 진실로 너희에게 이르노니 만일 너희에게 믿음이 겨자씨 한 알 만큼만 있어도 이 산을 명하여 여기서 저기로 옮겨지라 하면 옮겨질 것이요 또 너희가 못할 것이 없으리라(마 17:20).

하나님은 우리 자신이 복 받고 은혜받기 위해 긍정적인 믿음과 뜨거운 소원을 하고 기도할 때에도 들어 주신다. 하물며 나 자신을 희생하면서 천하보다 귀한 영혼을 구하는 하나님의 선한 사업을 위해 뜨겁게 기대하는 마음을 가지고 기도할 때에 더욱 큰 기적을 나타내시지 않겠는가? 마음에 뜨거운 소원을 했으면 이제는 입으로 시인해야 한다. 전도자는 매사에 말하는 것부터 달라져야 한다.

사람이 마음으로 믿어 의에 이르고 입으로 시인하여 구원에 이르느니라(롬 10:10).

입으로 믿음을 고백하는 것은 죽을 영혼도 살리는 역사를 가능하게 한다. 잠언 18장 21절에서는 "죽고 사는 것이 혀의 힘에 달렸나니 혀를 쓰기 좋아하는 자는 혀의 열매를 먹으리라."고 하였다. 그러므로 전도자는 비록 전도해서 그 즉시 열매가 나타나지 않고 기도 후에 응답이 나타나지 않아도 실망하거나 낙심하지 말아야 한다. 하나님의 말씀으로 마음을 새롭게 하면서 입으로 다음과 같이 시인하자.

"그는 주의 사람이요 그의 영혼은 하나님의 것이다. 사탄은 이미 십자가 위에서 예수님의 피로 인해 패배했노라."

이처럼 입으로 시인하고 수첩에 전도한 사람의 이름을 적어 매일 같이 정규적으로 기도하면서 "○○○는 이제 예수님을 믿게 되었다."라고 대담하게 외치자. 믿음의 증거를 가지고 끝까지 포기하지 않으면 귀중한 영혼 구원의 열매를 얻게 될 것이다. 전도는 하나님이 나에게 허락하신 일이라는 굳은 신념을 가지고 마음과 입술을 긍정적인 믿음으로 묶어야 한다. 부정적인 입술은 커다란 죄악이 될 수도 있기 때문이다.

9. 범사에 감사하는 자세를 지녀야 한다

예수 믿는 사람이 구도자들과 다른 점은 같은 조건임에도 불구하고 모든 일에 감사하는 것이다. 감사할 조건이 있으므로 감사하는 것이 아니라, 인간으로서는 도저히 감사할 수 없는 상황에서도 감사하는 생활을 하는 것이 곧 성숙한 그리스도인의 삶이다.

성도가 환경과 조건에 관계없이 감사하는 생활을 하는 이유가 무엇일까? 인생을 단편적으로 보는 대신 하나님이 주관하시고 섭리하시는 하나의 연속적인 과정으로 본다면, 그리고 예수님이 우리를 그 피로 사서 성령께 맡겨두신 것임을 확신한다면 우리는 어떤 경우에라도 감사할 수 있다. 다가오는 일시적인 고난과 어려움은 하나님이 협력하여 선을 이루실 역사와 섭리의 한 부분에 불과하기 때문이다. 그러므로 우리는 감사하지 않을 수 없다.

우리가 감사할 때 우리의 인생관과 세계관은 항상 밝고 발전적인 것이 되며 믿음을 풀어놓는 기적이 일어나게 된다. 감사하는 생활에는 하늘의 평화가 임하게 되고 사람들은 우리의 평화로운 생활을 보고 우리가 전하는 복음을 믿게 되는 것이다.

이러므로 전도자는 예수님이 주신 약속, 곧 "평안을 너희에게 끼치노니 곧 나의 평안을 너희에게 주노라 내가 너희에게 주는 것은 세상이 주는 것과 같지 아니하니라 너희는 마음에 근심하지도 말고 두려워하지도 말라(요 14:27)."는 말씀을 생각하면서 전도에 임할 때마다 감사하는 자가 되어야 한다. 감사로 제사를 드리는 전도자는 종국적으로 하나님을 영화롭게 할 것이다(시 50:23).

10. 자만하지 말고 겸손해야 한다

전도는 성령의 열매인 사랑과 온유로 해야 한다. 전도자는 전도를 받는 사람도 자신과 마찬가지로 한 사람의 인격체임을 인정하고 또 그렇게 상대를 존중해 주어야 한다. 자신을 과대평가하여 자만하고 교만하다면 사랑과 온유의 복음은 그 빛을 잃고 능력을 나타낼 수 없을 것이다. 성경은 이에 대하여 분명하게 기록한다. "너희 마음에 그리스도를 주로 삼아 거룩하게 하고 너희 속에 있는 소망에 관한 이유를 묻는 자에게는 대답할 것을 항상 준비하되 온유와 두려움으로 하고(벧전 3:15)." 그러므로 우리는 어디서, 누구에게 복음을 전하든지 온유와 겸손함을 잃지 말아야 한다.

11. 전도자의 무기

· 성령
· 성경
· 기도

군인들이 무기를 가지고 나라를 지키듯이 전도자의 무기는 성령과 성경과 기도다. 아무리 열정을 가지고 전도를 수백 번 나간다 해도 성령이 역사하지 않으면 열매를 거둘 수 없다. 항상 성령의 도움을 바라고 기도하는 마음으로 전도를 시작하라. 또 하나의 강력한 무기는 성경이다. 하나님의 말씀이다. 말씀이 없이는 아무도 구원받지 못한다. 중보기도하라. 중보기도 없는 전도는 역사가 없다.

12. 전도자의 자격

어떤 일이든지 그 일을 하는 사람은 자격이 되어야 한다. 전도자도

자격이 필요한데 성경을 통해서 살펴본다.

- · 회개와 구원의 확신이 있는 사람(살전 1:5)
- · 영혼에 대한 애타는 사랑이 있는 사람(롬 9:1-3)
- · 기도하는 사람(눅 6:12)
- · 성경 지식이 있는 사람(딤후 3:15-17)
- · 성령의 체험이 있는 사람(고전 2:4, 행 1:8)
- · 지혜가 있고 칭찬받는 사람(행 6:3)
- · 끝까지 참고 인내하는 사람(히 12:2)

13. 전도자의 마음가짐

- · 죄인을 불쌍히 여기는 마음을 가져라.
- · 전도 대상자를 확고히 정하라.
- · 상대를 위하여 기도 준비를 충분히 하라.
- · 인격적인 교류를 해라.
- · 상대방에게 무엇이 필요한가를 진단하라.
- · 결신한 후 장성한 분량에 이를 때까지 영적(기도, 말씀)으로 보살피라.

14. 전도자 십계명

· 긴장하지 말고 자연스럽게 하라.

· 전도 나가기 전에는 기도하고 성령을 의지하라.

· 조용한 곳을 선택하고, 최대한 논쟁을 피하라.

· 상대방이 강요받고 있다는 생각을 갖지 않게 하라.

· 복장을 단정히 하고, 교양 있는 행동을 하라(겸손).

· 그리스도 중심으로 복음을 제시하라.

· 복음을 부끄러워 말라.

· 너무 조급해 말라.

· 복음을 전했으면 초청을 해라.

· 자신감을 가지고 재치있고 적극적으로 하라.

정리하기

1. 당신이 생각하는 전도자의 자세 중 가장 중요하다고 여겨지는 다섯 가지를 기록해 보라.

2. 전도자의 무기는 무엇인가?

4. 전도자의 준비

복음 전도는
평생 해야 하므로
영적으로는 늘 충만해 있어야 하며
인격적으로는 점점 성숙해야 한다.

간하베 선교사의 전도

　현재 미국 웨스트민스터 신학교 교수이신 간하베 선교사는 한국에서 선교사로 있을 때 창녀들을 전도했습니다. 창녀들을 전도하는 데는 그들의 환경에서 구출해 주어 전도하는 방법과 그들의 영혼을 구원해 주는 방법이 있습니다. 그러나 전자의 방법으로 전도하게 되면 많은 사람이 다시 창녀로 돌아가게 된다고 합니다. 그런데 간하베 선교사는 창녀촌에 가서 그녀들과 재미있게 이야기를 나누었습니다. 낮에는 별로 할 일이 없는 그녀들은 한국말을 잘하는 외국인과 이야기하는 것이 재미있으니까 여기저기서 모여들었습니다. 그래서 그분은 창녀들과 친해지게 되고 그렇게 되면 성경공부를 시작합니다.

　호기심으로 그가 전하는 예수님의 이야기를 듣던 창녀들이 일단 예수님을 만나게 되면 달라집니다. 창녀들의 이야기를 들어 보면 자기는 이런 일을 할 수밖에 없는 상황이라고 합리화를 시킵니다. 그러나 간하베 선교사가 전도해서 예수님을 믿게 된 열 명의 창녀 중 여덟 명은 아무 말 없이 예수님을 믿게 된 그 날로 그곳을 뛰쳐나옵니다. 그리고 가정부 일을 하거나 공장에서 일하거나 길거리에서 행상을 벌여 놓고 장사를 하기도 합니다. 그리고 숨어서 다른 사람들을 후원해 줍니다. 이렇게 달라집니다. 그러니까 속을 변화시키는 것과 겉만을 변화시키는 것

에는 엄청난 차이가 있습니다. 이와 같은 것이 진정한 기독교의
전도 방법이라고 생각합니다.

1. 전도자의 영적 준비

(1) 변화된 삶

그런즉 누구든지 그리스도 안에 있으면 새로운 피조물이라 이전 것은 지나갔
으니 보라 새 것이 되었도다(고후 5:17).

사람이 전도에 성공하려면 먼저 그리스도를 알아야 한다. 하나님
의 능력으로 변화된 생명을 소유한 사람만이 영혼들을 구원할 수 있
다. 영혼을 구원하기 위하여 헛되이 수고하는 많은 사람이 후에 그들
자신이 잃어버린 자가 될 수도 있다. 그러므로 먼저 예수님을 자신의
구주로 영접한 사람은 개인적이고도 체험적인 지식을 소유하여야 한
다.

(2) 깨끗한 삶

그러므로 누구든지 이런 것에서 자기를 깨끗하게 하면 귀히 쓰는 그릇이 되
어 거룩하고 주인의 쓰심에 합당하며 모든 선한 일에 준비함이 되리라(딤후
2:21).

전도하는 일에 하나님의 최대 축복을 받으려면 우리는 내적으로나 외적으로 깨끗해질 필요가 있다. 은밀한 죄들이나 생각까지라도 다 주 예수님께 가져와서 내놓아야 한다. "작은 여우가 포도밭을 망가뜨린다."라는 속담처럼 당신이 생활 속에서 짓는 죄가 얼마 안 가서 전도의 열심을 흐리게 만든다.

(3) 순종하는 삶

> 그러므로 형제들아 내가 하나님의 모든 자비하심으로 너희를 권하노니 너희 몸을 하나님이 기뻐하시는 거룩한 산 제물로 드리라 이는 너희가 드릴 영적 예배니라(롬 12:1).

사람이 믿음으로 깨끗해지는 것과 자신을 주님께 굴복시켜 복종하는 것과는 구별되어야 한다. 바울은 "이는 내게 사는 것이 그리스도니(빌 1:21),"라고 말씀하였다. 사람이 하나님의 부르심과 뜻에 자기를 복종시키는 것이 복음 전도에서 대단히 중요하다. 어린 소년이 자신이 가지고 있던 모든 것인 보리 떡 다섯 개와 물고기 두 마리를 예수님께 가져왔다. 당신은 당신의 모든 것을 그리스도께 바쳤는가?

(4) 짐을 지는 삶

> 너희가 짐을 서로 지라 그리하여 그리스도의 법을 성취하라(갈 6:2).

전도자는 잃어버린 영혼을 위하여 짐을 지는 것이 분명히 도움이 될 것이다. 바울은 그의 동족에 대한 무거운 마음의 짐을 가지고 있었다(롬 11:14). 그러나 당신이 전도 사역을 시작하기 전에 마음의 짐을 가질 때까지 기다릴 필요가 없다. 하나님은 우리들의 무관심에 상관없이 복음 사역에 축복하실 것이다. 우리는 우리의 책임이 복음을 증거하는 것이므로 먼저 복음 증거하러 가야 한다. 이렇게 우리가 나갈 때 하나님은 우리에게 다른 사람들의 영혼들을 위한 짐을 지워주실 것이다.

(5) 기도하는 삶

너는 내게 부르짖으라 내가 네게 응답하겠고 네가 알지 못하는 크고 은밀한 일을 네게 보이리라(렘 33:3).

하나님은 기도에 응답하시는 하나님이시다. 우리는 영혼들을 위하여 기도할 때에 어떤 일이 일어나는지를 보게 될 것이다. 하나님은 우리가 하나님께 부르짖기를 명령하시며 또 그 기도를 통하여 크게 역사하고 계신다.

(6) 성령 충만한 삶

오직 성령이 너희에게 임하시면 너희가 권능을 받고 예루살렘과 온 유대와 사마리아와 땅끝까지 이르러 내 증인이 되리라 하시니라(행 1:8).

하나님이 성령을 부어 주시기를 기다리는 그리스도인은 얼마나 더 능력이 있겠는가! 스가랴서 4장 6절에서 "이는 힘으로 되지 아니하며 능력으로 되지 아니하고 오직 나의 영으로 되느니라."고 말씀하신 것을 볼 수가 있다. 하나님은 당신에게 성령으로 충만하게 해 주시기를 간절히 구하고, 그 기도대로 해 주실 것을 믿어라. 성령 충만을 구하라.

2. 전도자의 인격적인 준비

(1) 친절하고 즐거워하라

당신이 그들에게 주기 원하는 것 이전에 당신의 친절을 보여 주라. 친절한 태도는 전도 방문에서 무겁고 따분한 분위기를 막아줄 것이다. 그리고 이 친절한 태도는 얼음장같이 차가운 마음도 녹여줄 것이다. 잠언 18장 24절은 "어떤 친구는 형제보다 친밀하니라."고 말하고 있다.

(2) 미소를 지으라

소문만복래(笑門萬福來)라고 했다. 미소는 닫힌 문도 열게 할 수 있다. 미소는 낯선 사람이지만 주위의 관심을 끌게 한다. 당신이 미소를 지으려면 지을 수 있을 것이고 그것이 복음 전도에 크게 도움을 줄 것이다. 웃음을 선물하는 자는 웃음으로 거둘 것이다.

(3) 활발하라

우리는 활발한 자세를 가짐으로 스스로와 사람들을 즐겁게 할 수 있고 열정적으로 일할 수 있다. 누구나 무표정한 전도 심방이나 무기력한 악수는 좋아하지 않는다. 기운을 내라. 활발한 자세를 가져라.

(4) 공손하라

우리가 구원받지 못한 사람들을 대할 때는 예의 바르고 친절히 하는 것이 중요하다. 우리는 예절을 잘 지켜야 한다. 사람을 대할 때, 특히 구도자를 대할 때 신사적이고 사려 깊은 태도를 보여야 한다.

(5) 재치 있으라

재치라는 것은 적절한 때에 적절한 말이나 행동을 하는 지혜나 기술을 말한다. 그것은 '영적인 지성'으로 정의됐다. 당신이 꿀을 얻기를 원한다면 벌의 집을 차버리지 말아야 한다. 이 재치를 소유할 수 있도록 하나님께 기도하라. 재치의 반대는 품위가 없거나 세련되지 못한 것을 말할 수 있는 미련함이다.

(6) 담대하라

여호수아서 1장 7절에서 하나님은 "오직 강하고 극히 담대하여"라고 말씀하셨고, 사도 바울은 로마서 8장 31절에서 "만일 하나님이 우리를 위하시면 누가 우리를 대적하리요."라고 말하였다. 잠언 29

장 25절에서 "사람을 두려워하면 올무에 걸리게 되거니와."라고 하였다. 담대하라.

(7) 동정심을 가져라

이 동정심이란 말에는 '친밀한 느낌'이나 '관심을 보여 주는 것'이라는 뜻이 있다. 이 말은 듣는 것보다도 감각적으로 느끼는 것을 말한다. 이 말은 다른 사람이 슬퍼할 때 함께 우는 것을 말하며, 다른 사람이 기뻐할 때 함께 기뻐하는 것을 말한다. 이 말은 전적으로 다른 사람에 대한 공감을 말하는 것이다. 이것은 어떤 사람의 이야기를 몇 시간씩 앉아서 듣는 것을 말하는 것이 아니다. 그러나 그가 하고 싶은 말이 있을 때는 그 말을 듣고 돕는 것이 좋은 것이다. 이렇게 함으로 우리는 그들의 신임을 얻고 그들을 그리스도에게로 인도할 수 있다.

정리하기

1. 전도자는 영적으로 어떻게 준비해야 하는가?

2. 전도자의 인격에 대해 말해 보자.

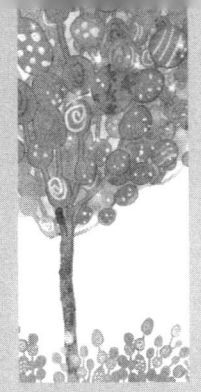

5. 전도 대상자

전도할 사람이 없어 고민된다?
이 단원을 읽어 보라.
전도할 사람이 매우 많다.

끈질긴 기도

조지 뮬러가 가장 시간을 많이 들인 기도 제목이 있습니다. 그것은 어렸을 때부터 같이 삶을 나누었던 다섯 친구의 구원 문제였습니다. 뮬러는 다섯 친구를 위해 계속 기도했습니다. 한 사람, 두 사람 믿기 시작했습니다. 그런데 끝까지 안 믿는 친구가 두 사람입니다. 뮬러는 이 두 친구를 위해서 얼마나 기도했는지 모릅니다. 무려 52년간 두 친구의 구원을 위해서 기도했습니다. 그래도 안 믿습니다.

뮬러는 이제 노년이 되어 병석에 눕게 되었습니다. 그리고 그는 서서히 자기 인생의 마지막 날이 가까워 오는 것을 느끼게 되었습니다. 어느 날 그는 있는 힘을 다해서 주변 사람들에게 부탁했습니다. "내가 오늘 우리 사랑하는 교회에서 말씀을 전할 수 있는 특권을 주십시오." 그는 자기 인생의 마지막 남은 힘을 가지고 간절하게 최후의 설교를 했습니다.

마지막 설교를 하던 그날 그의 한 친구가 거기에 참석했다가 뮬러 목사의 설교를 듣고 회개하고 예수를 믿게 되었습니다. 그래도 나머지 한 친구는 안 믿었습니다. 뮬러가 세상을 떠났습니다. 그 후에 그때까지 안 믿고 있었던 한 친구가 뮬러의 죽음 소식을 듣게 되었습니다. 그런데 특별히 그는 뮬러가 자기를 위해서 52년간이나 기도했다는 소식을 들었습니다. 뮬러가 죽은 바로 그해 그 소식을 들은 이 친구는 결국 예수를 믿게 되었습니다. 믿고 나서 그 친구가 영국 전역을 순회하면서 이런 간증을 했습니다. "뮬러 목사의 기도는 다 응답되었습니다. 그리고 저는 그 최후의 응답입니다. 당신의 모든 기도도 다 응답됩니다."

1. 전도 대상자 확보 요령

전도하고자 하는 마음으로 무장하여 전도의 기회가 내게 주어지기를 기다리지 말고 직접 나가 찾고 만들어야 한다.

- 인맥을 통해서
- 주변에 안타까운 일이 있는 모든 사람
- 교회 나온 새신자
- 주일학교 학부형
- 이사 온 가정
- 축호 전도
- 노방 전도
- 대중 전도
- 문서 전도 등

2. 대상자 선정의 4가지 원칙

· 원칙 하나, 잘 아는 사람부터 전하라(친구 전도, 관계 전도).
· 원칙 둘, 현재 복음에 대한 수용성이 큰 사람부터 전하라.
· 원칙 셋, 평상시 관심이 많은 자에게 먼저 전하라.
· 원칙 넷, 전도자의 집이나 교회에서 가까운 사람부터 전하라.

3. 전도 대상자가 될 수 있는 사람들

• 잃은 양이나 과거 신자

교회 학교 학생 카드 중 구도자 가족, 믿다가 낙심한 자, 첫사랑의 열정이 식은 자, 초신자로서 영접하지 못한 자, 직장이나 이사로 인해서 쉬고 있는 사람, 이단에 빠졌던 사람 등.

• 가족과 친척

조부모, 부모, 아내, 자녀, 친정 부모(장인, 장모), 형님, 오빠, 누나, 언니, 동생, 외가, 삼촌, 외삼촌, 사돈댁, 고모, 이모 등.

• 가까운 이웃

집주인, 세 든 사람, 앞집, 옆집, 뒷집, 같은 동, 같은 번지, 반상회 회원, 세탁소, 복덕방, 관리사무소, 이사 온 분, 자녀들의 친구,

주변 가게, 통장집, 반장집, 슈퍼, 기타 이웃 등.

• 친분

친구 중 구도자, 동창생, 선배, 후배, 고향 사람, 종씨, 친목회, 계모임, 믿다가 중도 포기한 사람, 전도회 회원이나 주변 사람들, 속회원 가족, 속회원 친척, 속회원 이웃 등.

• 지역

동사무소 직원, 파출소 직원, 경로당 노인, 청소부 아저씨, 우유 요구르트 판매원, 화장품 판매원, 신문 배달원, 학교 선생님, 유치원 선생님, 자모회, 학부모회, 미장원, 이발소, 채소 판매원, 파출부, 지역 유지 등.

• 직장 동료

직장 동료, 회장, 사장, 직속 상관, 부하직원, 기사, 수위, 단골손님, 종업원, 거래처, 직장 및 생업에 관련된 사람과 가족, 동료의 친구들, 직장 주변 사람, 다방 등.

• 기타(모르는 사람)

거리에서 만난 사람, 사거리, 정류장, 역전, 지하철, 개인택시, 취미그룹(수영, 바둑, 조기축구, 동아리 등), 버스 안, 축호 방문, 목욕탕,

휴가군인, 놀이터, 약수터, 우연히 인사를 나눈 사람 등.

정리하기

1. 전도 대상자를 확보하는 방법은 무엇인가?

2. 당신의 전도 대상자를 종류별로 그 이름을 구분하여 기록해 보
   라.

6. 전도와 기도

전도의 열매는
기도로 시작하여
기도 응답으로 거두는 것이다.

가장 귀중한 수첩

영국의 한 경건한 그리스도인 이야기입니다. 그는 기도의 사람으로 중국에서 활동하는 많은 선교 단체를 위해 집중적으로 기도했습니다. 그가 죽은 다음 그가 쓴 일기가 공개되었는데 그것은 거의 기도 일지나 다름없는 내용이었습니다.

그 일기장에는 중국 선교지의 이름이 스무 곳이나 적혀 있었는데, 놀랍게도 그가 기도한 시기쯤에 차례로 영적인 부흥이 일어났다는 사실을 발견하게 되었습니다. 한 사람의 기도가 그 멀고 먼 나라의 선교에까지 큰 역사를 일으킨 것입니다. 우리도 우리가 전도하려고 하는 사람의 이름을 기도 수첩에 적고 매일 중보기도를 드린다면 그들은 반드시 하나님의 자녀가 될 것입니다.

1. 구도자를 위한 기도

하나님은 구원받을 영혼을 우리 성도들에게 맡기셨다. 우리는 하나님이 우리에게 맡겨준 사람을 위해 누구에게나 전도해야 한다. 그리고 하나님이 그 영혼을 우리에게 맡겨주신 것은 우리를 그의 사역하는 도구로 사용하기를 기뻐하시며 우리를 통하여 일하시기를 원하신다. 많은 경우 영혼들이 실제로 기도로써 구원된다. 이 말씀은 한 편으로 기도해야 한다는 것과 또한 '올바르게 기도'해야 한다는 것을 말하는 것이다. 잃어버린 영혼을 구원하는데 필요한 기도의 요점들을 알아보자.

(1) 믿음의 기도

그러므로 내가 너희에게 말하노니 무엇이든지 기도하고 구하는 것은 받은 줄로 믿으라 그리하면 너희에게 그대로 되리라(막 11:24).

기도는 열쇠와 같은 것이다. 우리는 믿음으로 기도하여 하나님에 대해 잠겨있는 사람의 마음의 문을 열게 할 수 있다. 우리는 하나님이 우리의 전도 방문으로 그의 마음속에서 역사하시고 그를 구원하시기를 준비하시도록 믿음으로 기도해야 한다.

(2) 하나님이 모든 것을 하신다는 믿음의 기도

예수께서 그들을 보시며 이르시되 사람으로는 할 수 없으되 하나님으로는 그렇지 아니하니 하나님으로서는 다 하실 수 있느니라(막 10:27).

하나님은 불가능한 것이 아무것도 없다. 그런데 우리는 자주 하나님을 우리 자신의 규모와 능력만큼 깎아내리는 잘못을 저지른다. 우리는 가끔 어떤 사람이 "남편에게 말해 봐야 소용이 없어요. 그는 내 말을 듣지 않으려고 해요."라고 말하는 것처럼 우리도 그렇게 생각하고 있는 것이 사실이다. 하나님께 기도하라. 하나님은 하신다.

(3) 하나님의 영광을 위하는 기도

너희가 내 이름으로 무엇을 구하든지 내가 행하리니 이는 아버지로 하여금 아들로 말미암아 영광을 받으시게 하려 함이라(요 14:13).

우리는 그들이 더 좋은 남편이 되고, 아내가 되어야 하므로 그 영혼이 구원받아야 한다고 기도해서는 안 된다. 이런 기도는 인간 중심의 이기주의적인 기도다. 우리는 그들이 더 자기들의 죄 때문에 하나님의 영광을 가리는 일을 하지 않게 되기 위하여, 그들의 영혼이 구원받게 되기를 기도해야 한다.

(4) 하나님이 그들을 깨닫게 해달라는 기도

그러므로 내가 그들에게 비유로 말하는 것은 그들이 보아도 보지 못하며 들어도 듣지 못하며 깨닫지 못함이니라 이사야의 예언이 그들에게 이루어졌으니 일렀으되 너희가 듣기는 들어도 깨닫지 못할 것이요 보기는 보아도 알지 못하리라 이 백성들의 마음이 완악하여져서 그 귀는 듣기에 둔하고 눈은 감았으니 이는 눈으로 보고 귀로 듣고 마음으로 깨달아 돌이켜 내게 고침을 받을까 두려워함이라 하였느니라(마 13:13-15).

모든 죄인은 그들 자신이 죄인임을 깨닫게 하시는 성령님의 역사가 필요하다. 인간이 자신을 하나님과 사람에게 죄를 범한 죄인으로 인식하는 것은 불가능한 일이다. 성령님이 역사하시면 그리스도께서 그들의 심령에 역사하심으로 스스로가 죄인임을 알게 된다. 그러므로 우리는 성령님이 그들의 양심을 깨우치고 마음을 일구어 그들의 심령에서 죄를 깨닫게 하시기를 기도해야 한다. 우리는 이를 위하여 하나님이 그들에게 "듣는 귀"와 "믿는 마음"을 주시기를 기도해야 한다. 하나님이 그들에게 이렇게 영적인 것을 알게 하시기를 기도하라.

(5) 마귀의 올무에서 벗어나게 해달라는 기도

그들로 깨어 마귀의 올무에서 벗어나 하나님께 사로잡힌 바 되어 그 뜻을 따르게 하실까 함이라(딤후 2:26).

비록 사람들이 불신앙으로 사탄에게 잡혀있을지라도 모든 영혼은 하나님이 소유하고 계신다. 인간을 창조하신 분은 하나님이시다. 우리는 기도를 통하여 하나님이 그들을 바르게 소유하시도록 하여야 한다. 이것이 구원의 기초에 해당하는 기도다.

(6) 그 영혼 속에 사탄의 진을 파하게 하는 기도

우리의 싸우는 무기는 육신에 속한 것이 아니요 오직 어떤 견고한 진도 무너뜨리는 하나님의 능력이라(고후 10:4).

마귀는 구원받지 못한 사람들이 그리스도를 영접하지 못하게 하려고 그들의 마음속에 거짓말과 거짓 교리들과 장애물들과 다른 많은 강력한 진들을 치고 있다. 그리고 마귀는 복음의 영광스러운 빛이 그들에게 비취지 못하게 하려고 그들의 영적인 눈을 멀게 하였다. 우리는 기도를 통하여 마귀를 책망하고 그 죄인이 그리스도를 구세주로 믿지 못하게 하는 그의 거짓말과 왜곡된 생각들을 부숴버려야 한다. 기도함으로 이런 일이 가능하다.

(7) 인내의 기도

하물며 하나님께서 그 밤낮 부르짖는 택하신 자들의 원한을 풀어 주지 아니하시겠느냐 그들에게 오래 참으시겠느냐(눅 18:7).

인내하는 것은 '포기하는 것'이 아니다. 우리는 하나님을 설득하기 위해서가 아니라 우리의 대적인 원수 때문에 인내한다. 우리는 인내의 중보기도로 마귀의 세력을 물리치는 것이다. 우리는 기도를 통해 하나님의 통치영역에서 마귀를 떠나게 하는 것이다. 성경에 하나님이 다니엘의 기도를 첫날에 응답하셨다고 말씀했지만, 다니엘이 하나님의 응답을 받기 전에 3주간 동안을 기도하게 하셨다. 다니엘은 하나님의 응답을 받기 위하여 3주간 마귀의 세력과 씨름하며 하나님께 매달렸다.

2. 전도를 위한 기도

여자들과 예수의 어머니 마리아와 예수의 아우들과 더불어 마음을 같이하여
오로지 기도에 힘쓰더라(행 1:14).

(1) 기도보다 전도가 앞서지 말자.

· 주님은 기도하신 후 복음 전파를 시작하셨다(마 4:1-17).

· 사도행전의 전도폭발 역사가 있기 전에 교회의 기도가 있었다
  (행 1:14).

· 역사적인 선교사 파송 전에 교회는 기도했다(행 13:1-4).

(2) 시간을 정해 놓고

· 시간을 정해 놓고 하는 기도운동이 있다.

· 다니엘은 하루에 세 번씩 기도했다(단 6:10).

· 정한 기도시간에 성전으로 기도하러 갔다(행 3:1).

· 고넬료도 시간을 정해 놓고 기도했다(행 10:3).

· 안식일에 기도하러 가다가 전도했다(행 16:13).

· 바울이 기도하러 가다가 귀신을 쫓아냈다(행 16:18).

· 다윗은 새벽에 기도했다(시55:17).

(3) 연합하여 집중해서 기도하라.

· 두세 사람이 기도했다(마 18:18-20).

· 120명이 연합기도를 했다(행 1:14).

· 온 교회가 기도했다(행 4:31).

· 마가 다락방 교회가 기도했다(행 12:5, 12).

· 이스라엘 민족 전체가 기도했다(출 2:23-25).

· 미스바에서 기도했다(삼상 7:5-11).

(4) 성령으로 기도하라.

· 집중기도하는 사람은 이 수준에 도달하게 된다.

· 무시로 성령 안에서 기도했다(엡 6:18).

· 영으로 기도하고 또 마음으로 기도했다(고전 14:15).

· 쉬지 말고 기도하라고 했다(살전 5:17).

· 성령이 말할 수 없는 탄식으로 기도하신다(롬 8:26).

(5) 성령의 권능을 받으라.

· 전도자가 구하면 성령의 권능을 받게 된다.

· 성령의 권능을 주시는 것은 약속이다.

오직 성령이 너희에게 임하시면 너희가 권능을 받고 예루살렘과 온 유대와
사마리아와 땅끝까지 이르러 내 증인이 되리라 하시니라(행 1:8).

· 집중적이며 적극적으로 기도할 때 권능을 받는다.

그들이 다 성령의 충만함을 받고 성령이 말하게 하심을 따라 다른 언어들로

말하기를 시작하니라(행 2:4).

· 연합으로 기도할 때 주신다.

빌기를 다하매 모인 곳이 진동하더니 무리가 다 성령이 충만하여 담대히 하

나님의 말씀을 전하니라(행 4:31).

정리하기

1. 전도자가 구도자를 위해 기도해야 할 것은 무엇인가?

2. 전도자가 전도를 위해 해야 할 기도는 무엇인가?

제 4 부

전도의 실제

1. 전도의 원리

복음 전도에는
원리와 원칙이 있다.
가라, 제자 삼으라, 가르치라,
주님이 주신 권능을 사용하라.

소중한 밀알 하나

스코틀랜드의 시골 교회에서 있었던 일입니다. 주일 예배가 끝난 후 장로들이 모여 회의를 했는데 주요 안건은 담임 목사의 사임 권고였습니다. 장로 중 한 사람이 대표로 일어나 자신들이 목사의 사임을 원하는 이유를 설명했습니다.

"목사님은 연세가 너무 많으셔서 직무를 완전하게 수행하기에는 힘이 부족합니다. 더구나 지난 1년간 목사님이 전도한 사람은 오직 한 명뿐입니다. 그것도 어린 소년입니다. 결국 목사님은 어린 소년 하나를 전도한 것이 1년 동안에 한 일 전부입니다."

장로들이 모두 돌아간 후 노(老)목사는 조용히 생각에 잠긴 채 교회 부속 묘지를 거닐었습니다. 이제 자신이 할 일은 남아있지 않다는 생각에 참담한 기분이었습니다. 그때 누군가 목사의 옷소매를 잡아당겼습니다. 그는 목사의 전도로 교인이 된 소년이었습니다.

"로버트 군! 여긴 무슨 일로 왔지?"

"목사님의 전도로 저는 크리스천이 되었습니다. 이후로 저는 선교사가 되려고 생각하고 있습니다. 제가 준비하는 것을 도와주시겠어요?"

노목사는 쾌히 승낙했습니다. 바로 이 소년이 선교 역사의 위대한 장을 연 로버트 모패트입니다. 그는 아프리카 선교사로 활동하며 미개척지에 복음을 전파하는 일을 감당했습니다.

1. 제자 삼는 원리

그러므로 너희는 가서 모든 민족을 제자로 삼아 아버지와 아들과 성령의 이름으로 세례를 베풀고 내가 너희에게 분부한 모든 것을 가르쳐 지키게 하라 볼지어다 내가 세상 끝날까지 너희와 항상 함께 있으리라 하시니라(마 28:19-20).

(1) 너희는

주님의 전도는 그를 따르라고 몇몇 사람을 부르심으로 시작되었다. 주님의 관심은 군중을 이끌 프로그램에 있지 않았고, 그 군중이 따를 사람들에게 있었다. 주님께 헌신한 사람들이야말로 세상을 하나님께로 인도하는 주님의 유일한 방법이었다. 주님이 부르신 사람들은 결코 특별한 사람이 아니었다. 주로 갈릴리 출신의 어부들을 비롯해 박학 무식한 사람들이었다. 이 사실은 주님께 쓰임 받기를 원하는 사람은 누구를 막론하고 복음 전도를 위해 얼마든지 쓰임을 받을 수 있다는 사실을 의미한다.

주님은 부르신 제자들을 3년 동안 집중적으로 교육했다. 물론 주님은 그를 따르는 다수를 무시한 것은 아니었으나 근본적으로 소수에 집중하셨다. 왜 주님은 의도적으로 그의 생애를 소수에만 집중하셨을까? 이 질문에 대한 해답은 주님은 무리를 감동시키려 하지 않고 하나님 나라로 안내하려 하셨다는 것이다. 즉 주님은 군중을 하나님의 나라로 안내할 사람을 필요로 하셨다는 것이다. 그런데 오늘날에는 이상하게도 이 원리가 거꾸로 적용되고 있다. 일꾼을 키울 생각은 않고 군중에게만 관심이 집중된 것이다. 그러나 주님의 소수 집중 원리에 의하면, 즉 지도자만 주어진다면 군중은 손쉽게 얻을 수 있다. 복음 전도의 가장 실제적인 역사는 현장으로 나아가기에 적합하도록 훈련된 일꾼들에 의해 일어난다.

(2) 가서

복음 전도를 위한 두 번째 원리는 알맞은 시기에 올바른 곳으로 가는 것이다. 주님은 복음 전도를 위해 땅끝까지 가라고 명하셨다. 주님의 많은 비유 중 씨 뿌리는 비유를 기억하자. 주님은 씨를 뿌린즉 어떤 땅에서는 열매가 없으나 어떤 땅에서는 많은 결실을 할 것을 말씀하셨다(마 13:1-13). 우리는 주님의 말씀에 순종해 씨앗을 뿌리러 가야 한다. 어디든지 가야 한다. 열매가 많이 맺힐 수 있는 곳으로도 가야 하지만 사람 보기에 열매를 기대할 수 없는 곳으로도 가야 한다. 풍성한 열매를 거두기 위해서는 현장으로 나아가 많은 씨앗을 뿌려야 한다. 요한 웨슬레는 회심 이후 교회 강단에서 추방되어 설교할 수 없게 되자 영국 전역을 그의 전도의 장으로 삼았다. 웨슬레는 길거리, 광장, 시장, 정원, 언덕, 공원, 운동장, 해변, 무덤, 들판, 공장, 여관, 가정집 등 어디서나 설교하였다. 그리고 설교를 듣는 이들 중 믿는 자들을 현장에서 양육했다. 그런데도 복음에 수용적인 좋은 현장이 있음이 사실이다. 좋은 현장에 씨를 뿌릴 때 더욱 많은 열매가 나타날 것이다. 풍성한 수확을 위해서는 특별하게 좋은 현장에 씨를 뿌려야 할 것이다. 주님의 위대한 말씀인 "가라."는 명령에 순종하여 가는 곳에 주님은 합당한 영혼 구원의 열매를 주신다. 성도는 눈을 들어 추수하게 된 추수의 현장으로 예수 그리스도의 심장을 가지고 나아가야 한다.

(3) 제자 삼으라

전도의 세 번째 원리는 제자 삼기다. 현장으로 나아간 전도자는 하나님이 붙여 주시는 영혼을 하나님이 주시는 말씀(메시지)으로 양육하여 그리스도의 제자로 삼아야 한다.

전도자가 현장에서 사람을 만나 그를 제자 삼을 수 있는 방법을 요한복음 4장에서 찾아볼 수 있다. 먼저 작은 부탁을 통해 복음 전도의 기회를 포착해 접근하고 관심을 끌 만한 질문을 통해 문제점을 발견하면 마음을 상하게 하더라도 정확한 복음의 메시지를 전함으로 제자로 삼게 될 것이다.

제자 삼는 사역은 전도로부터 시작하는 것이 최상의 방법이다. 만일 우리가 제자 삼는 사역을 그리스도인만 중심으로 해 나간다면 하나님 나라에 들어갈 자녀들의 숫자는 조금도 늘어나지 않을 것이다.

제자로 삼기 위해서는 필수적인 것이 메시지다. 아무리 좋은 환경이나 좋은 방법을 동원한다고 하더라도 메시지가 시원치 않으면 훌륭한 제자를 만들 수 없다. 제자를 삼는 핵심 내용은 예수 그리스도의 복음 전도 메시지여야만 한다. 제자로 삼고자 하는 전도자는 성경의 메시지를 충분히 이해하고 있는 사람이어야 하며, 메시지를 적절하게 단계별로 가르칠 능력이 갖추어진 사람이라야 한다.

제자 삼기에 성공한 이후부터 복음 전도의 배가운동은 폭발적으로 나타나게 된다. 이것이 주님의 현장 전도 원리였다.

2. 성령의 권능을 사용하는 원리

> 오직 성령이 너희에게 임하시면 너희가 권능을 받고 예루살렘과 온 유대와 사마리아와 땅 끝까지 이르러 내 증인이 되리라 하시니라(행 1:8).

(1) 주님은 언제 권능을 주셨는가?

· 열두 사도를 부르실 때에(마 10:1).
· 믿는 자에게(막 16:16-18).
· 성령이 임하심으로(고전 12:7, 고전 2:12).

(2) **예수의 이름을 주라**(행 3:6, 행 4:12)

· 천하 사람 중에 가장 뛰어난 이름이 예수다.

· 하나님이 가장 높이신 이름이 예수다.

· 인간을 구원할 수 있는 유일한 이름은 예수뿐이다.

· 예수 이름으로 마귀는 나간다.

(3) **하나님의 능력을 구하라**(요 14:12-13)

· 하나님은 구하는 자에게 주신다.

· 구하는 자에게 성령을 주신다.

· 구하는 자에게 무엇이든 주신다.

· 예수 그리스도의 이름으로 구하라.

(4) **스스로 아무것도 할 수 없다고 생각하라**(요 5:30)

내가 아무 것도 스스로 할 수 없노라 듣는 대로 심판하노니 나는 나의 뜻대로 하려 하지 않고 나를 보내신 이의 뜻대로 하려 하므로 내 심판은 의로우니라 (요 5:30).

최고 능력자의 비결이 여기에 있다. 예수님은 한 번도 실패한 적이 없다. 무엇이든지 억지로 하려 하지 말고 성령의 역사하심을 따라서 하라.

(5) 어떻게 무엇을 전할까 염려하지 마라(마 10:19)

· 하나님은 전도자에게 말씀을 주신다.

· 말하는 이는 우리가 아니기 때문이다.

· 성령이 믿는 자 속에서 말씀하신다(눅 21:15).

· 전도할 때 주님을 의지하라. 성령을 의지하라.

· 하나님이 말씀하시는 것처럼 전하라(고전 3:6).

3. 전도의 원칙

> 너는 말씀을 전파하라 때를 얻든지 못 얻든지 항상 힘쓰라 범사에 오래 참음
> 과 가르침으로 경책하며 경계하며 권하라(딤후 4:2).

(1) 분명한 목표를 세우라

전도자는 실제로 전도에 들어가기 전에 무엇보다도 목표가 분명해
야 한다. 즉, 전도의 대상을 뚜렷하게 정해야 한다. 우리는 먼저 믿
지 않는 부모나 자녀가 예수님을 믿도록 해야겠다는 분명한 목표를
뜨거운 소원과 함께 세워야 한다. 가족들이 다 믿는 분들은 가까운
친척, 이웃들부터 한 사람씩 목표를 정해서 인도하기 바란다.

이렇게 목표가 분명하게 정해졌으면 다음으로 언제까지 전도해야
겠다는 기간을 정하라. 막연하게 만날 때마다 전도한다.는 마음을
가지면 그 결과도 막연하게 될 뿐이다. 기도하는 가운데 확신이 가

는 때를 정하고 집중적으로 전도한다면 더욱 효과적인 결과를 맺게
될 것이다. "나와 함께 일하는 OOO를 O월까지 예수 믿도록 인도한
다."는 구체적인 목표를 세우고 집중적으로 기도해야 한다.

(2) 기회를 포착하라

분명한 목표를 정했으면 이제는 그 목표를 달성할 기회를 만들어
야 한다. 에베소서 5장 16절의 "세월을 아끼라 때가 악하니라."는
말씀에서 "세월을 아끼라."는 말씀은 '기회를 사라.'는 말이다. 전도
자는 천하보다 귀중한 영혼을 살리기 위해서 대가를 치르더라도 기회
를 사야 한다. 기회는 저절로 오지 않는다. 우리가 기도하고, 노력하
고, 애쓰고, 행동할 때 하나님은 적절한 기회를 주신다.

그러므로 가능한 한 모든 사람과 화목하고 그들을 대접하면서 그
리스도의 복음을 전할 기회를 만들어라. 좋은 음식이나 물건이 있으
면 이웃에게 나누어 주고, 가난하고 어려운 사람들을 할 수 있는 한
힘껏 도우라. 구제가 구원 자체는 아니지만, 전도를 위해서 구제할
때 귀중한 영혼을 구할 수 있다.

반상회, 직장에서의 모임, 장거리 여행 시의 기차나 버스 안, 대
기실 같은 곳은 영혼을 전도하기 쉬운 곳이다. 한편 학생은 학교에서
친구들을 전도할 수 있을 것이다. 우리가 목표를 정하고 마음만 먹으
면, 그리고 열심히 구하면 기회는 얼마든지 다가오게 되어 있다.

(3) 기도와 금식으로 무장하라

전도의 성공 여부는 전도자가 얼마나 오랫동안 충분한 기도로 준비하느냐에 달려 있다. 특별히 금식하며 작정하고 기도할 때 우리가 대하지 못했던 놀라운 전도의 결과가 나타난다. 금식과 기도처럼 원수 사탄을 물리치는 강력한 무기는 없으며, 금식과 기도보다 하나님께 가까이 나아가는 더 좋은 방법은 없다. 예수님은 기도와 금식이 아니고서는 귀신이 쫓겨나가고 병이 낫는 일이 있을 수 없다고 하셨다(막 9:29).

하나님은 다른 사람의 영혼을 위해서 금식하며 기도하는 사람을 기뻐하신다. 자기 자신의 문제를 위해서 금식하며 기도할 때에도 응답해 주시는 하나님께서 하물며 전도를 위해서 금식하며 애타게 부르짖는 자의 기도를 들어 주시지 않겠는가? 반드시 응답하실 것이다. 주위에 병들고 어려움에 부닥친 자가 있으면 믿음을 가지고 그들을 위해 하루 한 끼, 일주일에 하루만이라도 금식하면서 그 영혼을 위해 기도하라. 좋으신 하나님이 그 희생의 기도에 좋은 것으로 응답하실 것이다. 기도는 성공적인 전도의 열쇠다.

(4) 복음을 분명하게 전하라

복음을 전할 때는 확신 없는 태도로 우물쭈물하지 말고 담대하고 자신 있게 전해야 한다. 복음은 전하는 자와 듣는 자에게 있어서 죽고 사는 문제 이상의 것임을 깨닫도록 진지하고 분명하게 전해야 한다. 말은 많이 했지만 무슨 소리인지 종잡을 수 없으면 안 된다. 하나님의 사랑과 인간의 죄와 형벌, 그리고 예수님의 구원 은총을 일관성 있게 전해야 한다. 자주 전도에 임하여 훈련과 경험을 쌓아라.

복음을 전할 때는 가능하면 성경을 이용해서 장, 절을 같이 찾아가며 상대방이 소리 내어 읽도록 하는 것이 좋다. 무슨 소리인지 귀찮아서 건성으로 받아들이지 않도록 성령의 인도와 확신에 따라 말씀을 사용해야 한다. 성령의 인도로 잘 선택하여 인용한 말씀보다 더 사람의 마음을 찌르고 치료하며 위로하는 말씀이 이 세상에 없다는 사실을 명심해야 한다.

(5) 간증을 사용하라

전도에 있어서 예수님의 복음과 함께 효과적인 간증을 사용하는 것만큼 좋은 방법은 없다. 성령의 인도가 없는 성경 말씀은 자칫하면 이해하기 어렵고 딱딱한 말이 되기 쉽다. 반면 자기가 생생하게 체험한 간증을 고백하는 것은 실제로 듣는 사람들에게 큰 감동을 줄 수 있다. 왜냐하면 간증은 말로만이 아닌 삶의 변화를 생활과 행동으로 보여줄 수 있기 때문이며, 이는 더욱 효과적인 전도를 할 수 있게 한다. 말씀을 잘 모르더라도 예수님을 개인적으로 확실히 만나고 영적으로 죽었다가 다시 살아나는 체험을 했다면 훌륭한 전도자가 될 수 있다.

전도자는 변호사가 아니라 증인이다. 그러므로 성경과 기독교를 변증하려고 하지 말고 자신이 그리스도를 통해 듣고, 보고, 느끼고,

변화된 체험을 있는 그대로 보여 줄 수 있어야 한다. 예수님을 믿음으로 영혼이 구원받은 것, 가정이 평화로워진 것, 질병이 나은 건강한 모습을 보여 주는 것, 이런 것들이 곧 살아 계신 예수 그리스도를 증거하는 방법이다.

간증은 개인적이고 구체적인 것으로 너무 길지 않게 해야 한다. 그리고 간증은 항상 그리스도가 중심이 되어야 한다. 사탄은 때때로 우리의 간증을 통하여 우리 자신이 영광을 받도록 종용하며 끊임없이 유혹할 때가 있다. 그러므로 주의해야 한다. 훌륭한 간증은 듣는 자의 마음을 움직일 것이다.

(6) 마음 문을 열게 하라

복음을 전할 때 듣는 사람 자신이 죄인인 것과 하나님의 사랑과 예수님의 보혈 공로가 필요하다는 것을 깨닫도록 하기 위해서는 그의 마음 문을 열도록 해야 한다. 전도자가 전도하기 시작할 때부터 주님의 복음을 겸손하고 진지하게 듣는 사람이라면 이미 그 마음의 문이 열려 있다는 증거다. 또한 그러지 않더라도 잠깐이나마 주의 깊게 복음을 듣는다면 그는 마음의 문을 열 가능성을 가진 사람이다.

전도자는 복음을 전하는 처음부터 끝까지 상대가 열린 마음의 상태가 되도록 끊임없이 기도해야 한다. 왜냐하면 건성으로가 아니라 진실로 하나님의 말씀을 깨달으려면 마음의 문을 활짝 열어 놓아야 하기 때문이다.

복음을 전하는 중간에 상대가 받아들이지 않을 때는 다시 전 단계로 돌아가서 진지하게 말씀을 전하고 그의 반응을 주시해야 한다. 물론 억지로나 강제로 할 수는 없다. 상대가 절대로 받아들이지 않을 때는 겸손한 자세로 마치고 다음 기회로 미루는 방법을 택해야 한다.

복음을 듣는 사람뿐만 아니라 전하는 자도 먼저 열린 마음이어야 한다. 열린 마음이란, 성령님이 역사하실 수 있는 마음 상태를 의미한다. 성령님은 우리 인간이 한계가 있고, 부족하다는 사실을 깨닫게 해 주신다. 또한 성령은 죄를 깨닫게 하시고 책망하시고 진실을 드러내신다. 대개 전도할 때 전도자가 말씀을 전하는 가운데 은혜를 받게 되면 상대방도 역시 같은 은혜를 받아 마음 문을 열기 마련이다.

전도는 토론이 아니다. 토론은 대개 마음 문을 닫아 놓게 한다. 그러나 전도자의 겸손한 자세는 듣는 이의 마음을 열게 한다. 우리는 그 열린 문을 통하여 예수 그리스도를 그의 개인적인 구주로 전할 수 있다.

(7) 입으로 시인하게 하라

복음을 듣는 자가 마음 문을 열고 말씀을 인정하게 되면 전도자는 그가 입으로 시인하도록 해야 한다. 왜냐하면 예수님을 따르고 하나님을 믿는다는 것은 말씀을 듣고 순종하여 그대로 행하는 것을 의미하기 때문이다. 입으로 시인한다는 것은 하나님과 사람 앞에서 예수를 자신의 주인으로 인정한다는 것을 뜻한다. 그러므로 복음을 듣는 자가 진정으로 자기의 죄를 깨닫고 말씀을 받아들였다면 그 사실을 입으로 시인하고 예수님을 영접하는 기도를 해야만 구원을 받게 된다. 성경은 이에 대해 "네가 만일 네 입으로 예수를 주로 시인하며 또 하나님께서 그를 죽은 자 가운데서 살리신 것을 네 마음에 믿으면 구원을 받으리라 사람이 마음으로 믿어 의에 이르고 입으로 시인하여 구원에 이르느니라(롬 10:9-10)."고 가르치고 있다.

주님을 입으로 시인하여 영접하는 결심의 기도 한 가지 예를 소개한다.

> "사랑하는 예수님, 저는 죄인입니다. 저는 지금까지 어디에서 와서 무엇 때문에 살며 어디로 가는지 알지 못하고 방황하며 살았습니다. 이제 저의 모든 죄를 고백하고 회개하오니 용서해 주세요. 십자가의 보혈로 저의 죄를 깨끗이 씻어 주세요. 저를 위하여 죽으시고 저를 위하여 부활하신 예수님을 저의 주인으로 모셔 들입니다. 지금부터 천국 갈 때까지 저를 인도하여 주세요. 저를 구원하여 주시니 감사합니다. 하나님의 자녀로 삼아 주시니 감사합니다. 예수님의 이름으로 기도합니다. 아멘."

전도자는 상대가 직접 예수님을 구주로 시인하는 기도를 하도록 하는 것이 좋다. 그리고 만일 상대방이 기도하기를 꺼린다면 최소한 전도자가 하는 기도를 따라 하도록 권면하는 것이 필요하다.

입으로 시인하게 한 후에는 상대방이 예수님을 영접하여 구원받은 사실을 확인시키고, 구원 후의 결과에 관해서 설명해 주는 것이 필요하다. 아울러 초신자로서 행해야 할 여러 가지 신앙생활의 규범을 가르쳐 주는 것도 필요하다.

(8) 확실히 믿을 때까지 계속해서 전도하라

전도를 하는 기쁨과 보람은 자신이 전도한 사람이 신앙생활을 잘하며 주님을 위해 열심히 봉사하는 모습을 볼 때다. 전도한 사람은 전도자의 열매와 같으므로 전도자는 열매가 많을 때 농부가 기뻐하는 것처럼 전도 받은 사람이 복음으로 자랄 때 감사와 기쁨을 누리게 된다. 그러나 전도를 한다고 해서 다 주님을 영접하는 것은 아니다. 오히려 믿는 사람보다 안 믿는 사람이 더 많을 수도 있다. 성경에서도 하나님은 모든 사람이 구원받기를 원하고 계시지만 다 구원받는 것이 아니며, 주여, 주여 하는 자마다 다 천국에 들어가는 것이 아니라고 분명히 기록하고 있다.

그러므로 전도에 실패했다고 실망하지 말라. 전도에는 실패가 없다. 만일 우리가 잘못된 복음을 전해서 한 영혼을 실족하게 했다면 형벌을 받아 마땅하지만, 반대로 순수하게 올바른 복음을 전했음에도 불구하고 상대의 마음이 완악하여 복음을 받아들이지 않았을 때는 실망하거나 낙담할 필요가 없다. 최후로 그가 구원을 받을 것인지 아닌지는 하나님의 역사하심에 달려 있지 우리에게 달린 것은 아니기 때문이다.

우리가 인내심을 가지고 계속해서 주의 복음을 전하다 보면 결국에는 주님께로 돌아오게 되는 경우가 많다. 그러므로 한두 번 전도한 후 결실이 없다고 물러서서는 안 된다. 하나님은 뒤로 물러서는 자를 기뻐하지 않으신다. 열 번 아니라 백 번이라도 할 수만 있으면 복음을 전하라. 상대방이 귀찮아서라도 복음을 받아들이게 될 것이다. 하나님이 전도자의 열심을 보시고 그 영혼을 구원하실 것이다.

씨를 뿌리면 어떤 씨앗은 참새가 쪼아 먹기도 하고, 가시덤불이 성장을 가로막기도 하며 햇볕에 타 죽기도 한다. 그러나 옥토에 떨어진 씨는 싹이 나고 꽃이 피고 열매를 맺을 것이다. 하나님은 선을 행하되 낙심하지 않고 인내하는 사람에게 복 주시기를 기뻐하신다.

> 우리가 선을 행하되 낙심하지 말지니 포기하지 아니하면 때가 이르매 거두리라(갈 6:9).

4. 전도 대상자

> 이르되 주 예수를 믿으라 그리하면 너와 네 집이 구원을 받으리라 하고(행 16:31).

(1) 만민에게 전하라

그리스도가 없는 모든 마음은 곧 선교지(宣敎地)며, 그리스도를 모신 모든 마음은 곧 선교사다. 이 말은 곧 예수님을 믿지 않는 모든 사람에게 전도해야 하며, 예수님을 믿는 모든 사람은 전도자가 되어야 한다는 뜻이다.

이 세상에는 두 가지 종류의 사람이 있다. 예수님을 믿는 사람과 예수님을 믿지 않는 사람이다. 그 사람의 잘나고 못남에 관계없이 이 세상 모든 사람은 이 두 집단 중 하나에 속하게 마련이다. 그러므로 첫 번째 부류인 믿는 자는 두 번째 부류인 믿지 않는 자에게 복음을 전해야 한다.

예수님이 장사된 지 사흘 만에 부활하시고 승천하실 때 제자들에게 명하신 말씀(막 16:15)은 천하 만민에게 복음을 전하라는 것이었다. 이 말씀에는 전도에 관한 모든 내용이 들어 있다. "너희" 즉 주님을 믿고 따르는 성도는 전도자이다. "온 천하"는 선교지이다. "만민에게"는 전도 대상자다. 그리고 "복음을 전파하라."는 것은 전도의 내용을 의미한다. 이 말씀은 전도를 가장 함축성 있고 간결하게 표현한 문장이다.

또한 예수님은 복음 전파를 명하실 때(행 1:8), 먼저 가정과 이웃을 전도하고 나아가 우리 사회와 국가, 이웃 나라, 그리고 온 세상 땅끝까지 단계적으로 전하라고 하셨다.

그러므로 우리는 먼저 내 가족과 친척, 이웃에서부터 전도하기 시작해서 세계 지도를 펼쳐 놓고 전 세계를 향하여 기도하고, 또 선교 사역에 참여해야 한다. 비록 우리가 직접 외국에 나가 선교사로 복음

을 전하지는 못할지라도 기도와 물질 후원으로 선교 사역에 동참할
수 있다.

(2) 영적으로 죽은 자에게 전도하라

죄로 말미암아 영이 죽은 사람들은 인생이 어디서 와서 무엇 때문
에 살며 어디로 가는지 삶의 목적과 의미를 모른 채 술에 취한 듯, 꿈
속에 잠긴 듯, 정신이 혼미한 가운데 인생 일장춘몽이라면서 하루하
루 먹고 마시면서 그저 되는 대로 살다가 죽으면 그뿐이라고 생각한
다.

때때로 종교심이 있고 생각이 깊은 사람들은 자신들의 삶과 인생
에 대해서 참된 의미와 진리를 추구해 보지만 그 또한 죽음 앞에 무
력할 뿐이니 그들의 모든 수고가 헛될 뿐이다. 종교도, 철학도, 문
학도, 세상의 그 어떤 것도 인간의 궁극적인 문제에 대해서 완전하고
시원스런 대답을 주지 못한다. 그들에게는 허무한 절망과 무의미와
죽음에 대한 끊임없는 두려움이 있을 뿐이다. 그리고 인간은 그 가운
데서 세상의 향락을 누리는 죄와 함께 악순환을 거듭할 뿐이다.

이처럼 그 영이 죽고 육만 살아 활개 치는 인간들의 모든 죄를 용
서하시고 구원하시기 위해 하나님이 친히 이 땅에 오셨는데 그분이
바로 예수 그리스도시다. 그러므로 우리는 영이 죽어 육신의 정욕과
안목의 정욕과 이생의 자랑으로만 살아가는 자들에게(요일 2:16) 복음
을 전해야 한다. 영적으로 죽은 자들은 세상 명예와 재물만을 인생의

목적으로 아는 사람들과 그런 종류의 지식을 가장 권위 있는 것으로 믿고 의지하는 사람들을 말한다. 우리 주위에 그러한 사람들이 있으면 바로 생명과 빛이 되시는 예수 그리스도를 소개해야 한다.

(3) 질병으로 고통받는 자에게 전하라

우리는 누구보다도 병든 사람에게 그리스도의 복음을 전해야 한다. 왜냐하면 예수 그리스도의 복음에는 병든 자를 치료하는 신유의 능력이 있기 때문이다.

> 믿는 자들에게는 이런 표적이 따르리니 곧 그들이 내 이름으로 귀신을 쫓아내며 새 방언을 말하며 뱀을 집어올리며 무슨 독을 마실지라도 해를 받지 아니하며 병든 사람에게 손을 얹은즉 나으리라 하시더라(막 16:17-18).

인간의 질병은 근원적으로 아담이 범한 죄로 말미암은 것이다. 따라서 병은 죄의 결과로 마귀가 가져다준 사망의 저주다. 그러므로 지병의 치료 또한 마땅히 그리스도의 십자가 대속의 은총 안에 포함된 것이다. 특히 인간의 힘으로 고칠 수 없는 질병은 하나님의 권능으로 치료해야 한다.

"예수를 믿고 구원을 받으면 병이 낫습니다."

이것이 바로 우리가 전할 복음의 메시지이다. 우리가 믿는 복음은 영혼 구원의 복음일 뿐만 아니라, 신유의 복음도 되기 때문이다. 많은 사람이 예수님을 믿고 병이 낫는다는 사실을 믿으려고 하지 않는다. 그러나 성경 곳곳에 예수님의 피와 이름으로 질병의 근원인 원수 마귀를 쫓아내는 말씀이 증거되어 있다. 예수님도 공생애 기간 거의 매일같이 병자를 고치시고, 귀신을 쫓아내셨으며, 죽은 자를 살리셨다. 그리고 우리의 구주가 되신 예수님은 오늘날도 성령을 통해 역사하신다. 왜냐하면 예수 그리스도는 어제나 오늘이나 영원토록 같으시기 때문이다(히 13:8).

예수님이 이 땅에 오신 이후 오늘날까지 수많은 성도가 예수님의 복음으로 온전한 구원을 얻고, 병을 치료받는 사건들이 계속되고 있으며, 앞으로도 계속될 것이다. 그러므로 깨닫지 못하고 믿음이 없어 의심하는 자의 비난에 귀를 기울이지 말고 병든 자들에게 예수 그리스도의 치료 복음을 전해야 한다.

(4) 가난한 자에게 복음을 전하라

이 세상에서 가난만큼 인간을 비참하고 비굴하게 만드는 것은 없다. 가난 때문에 사람들은 양심을 팔고 영과 육에 상처를 입으며 다른 사람을 해치고 죽이기까지 한다. 가난은 또한 인간이 인간답게 사는 대신 수치와 부끄러움과 탄식 가운데 부정적이고 비판적인 삶을 살게 한다.

이 가난의 문제는 역사 이래로 모든 국가와 개인이 해결하려고 몸부림쳐 온 과제다. 그러나 물질의 풍요를 자랑하는 오늘날에도 이 가난의 문제는 해결되지 못하고 있다. 아직도 세계 곳곳에 먹지 못해 굶어 죽어가는 사람이 부지기수다.

가난한 이들에게 먼저 복음을 전해야 하는 이유는 무엇일까? 그것은 예수 그리스도의 복음은 가난한 자를 부요하게 하는 능력을 갖추고 있기 때문이다.

> 우리 주 예수 그리스도의 은혜를 너희가 알거니와 부요하신 이로서 너희를 위하여 가난하게 되심은 그의 가난함으로 말미암아 너희를 부요하게 하려 하심이라(고후 8:9).

예수님은 부요하신 분이다. 그분은 하늘과 땅과 그 가운데 있는 모든 만물을 지으시고 소유하신 하나님이시다. 그런데도 예수님은 모든 것을 버리시고 초라한 말구유에서 태어나셨으며 평생을 가난하게 보내셨다. 그것은 그의 가난함으로 인하여 우리로 부요하게 하기 위함이었다.

가난도 질병과 마찬가지로 죄의 형벌로 다가온 저주다. 아담과 하와가 죄를 범하여 타락함으로 저주를 받아서 가시와 엉겅퀴가 있는 땅을 경작하고 땀 흘려 수고해야 식물을 취할 수 있게 되었다고 성경은 기록하고 있다(창 3:18, 19). 그런데 예수님은 우리를 죄의 형벌에서 해방하기 위해 십자가에 달리셨다. 그러므로 죄의 형벌인 가난도 예수 그리스도의 구속 은총으로 해결 받을 수 있다. 따라서 우리는 가난한 이웃에게 그리스도의 부요하게 하시는 복음을 전함으로써 그들이 가난의 문제를 온전하게 전할 수 있도록 해 주어야 한다.

(5) 외롭고 소외된 자에게 복음을 전하라

우리가 예수님의 기쁜 소식을 전해 주어야 할 또 다른 사람들은 외롭고 소외된 자들이다. 우리 주위에는 외롭고 쓸쓸하고 소외된 사람들이 많이 있다. 과부와 고아가 있고, 자식에게 버림받은 노인들이 있고, 깨어진 부부와 그 자녀들이 있다. 이러한 외부적인 단절로 외로운 자뿐만 아니라, 내적인 외로움과 성격 때문에 고독으로 몸부림치는 사람들도 있다.

사랑이 메말라 결핍된 시대에 인생의 실패와 시련으로 낙담하며, 믿었던 이웃에게 배반당하고 절망하는 자들에게 필요한 것이 무엇일까? 그것은 바로 잃은 양을 찾아 가시덤불 속으로 기꺼이 찾아오시는 목자 되신 예수 그리스도의 부드러운 음성, 곧 예수님의 복음이다.

> 주의 성령이 내게 임하셨으니 이는 가난한 자에게 복음을 전하게 하시려고 내게 기름을 부으시고 나를 보내사 포로 된 자에게 자유를, 눈 먼 자에게 다시 보게 함을 전파하며 눌린 자를 자유롭게 하고 주의 은혜의 해를 전파하게 하려 하심이라 하였더라(눅 4:18-19).

예수님은 이 땅에서 하나님의 뜻을 이루시는 동안 언제나 외롭고 소외된 자들을 위해서 일하셨다. 가난하고 멸시받고 천대받는 사람들, 세리와 죄인들, 모든 사람이 피하는 문둥병자, 과부와 고아들, 갈 곳이 없어 방황하는 무리를 만나셨고 그들의 삶을 변화시켜 주셨다. 예수님은 그를 따르는 자들을 가리켜 "나의 친구"라고 부르셨고, 친구를 위해 목숨을 버리면 이보다 더 큰 사랑이 없다고 하신 후, 그들을 구원하시기 위해 십자가에 못 박혀 죽으심으로써 친구 되심을 증명하셨다.

그러므로 우리는 인간적인 방법과 수단으로는 채워지지 않는 외로움과 고독에 빠진 사람들과 사회적으로 소외된 자들에게 참된 위로자시며 친구 되시는 예수 그리스도를 전해야 한다.

⑹ 참 만족과 기쁨이 없는 자에게 전하라

전도자는 참 만족과 기쁨과 평안이 없는 자들에게 예수 그리스도의 평강과 화평의 복음을 전해야 한다. 이 세상의 모든 사람이 겉으로 보기에는 모두 행복해 보이지만 저마다 문제가 있으며 마음속에 참 기쁨과 만족이 없다. 물론 세상이 주는 기쁨이 전혀 없는 것은 아니다. 어떤 일을 성취하는 기쁨이 있고, 남을 위해 일하는 보람도 있고, 돈을 버는 즐거움이 있고, 생활이 주는 쾌락이 있다. 그러나 이 모든 것들은 잠시 있다가 사라지는 안개와 같다.

세상의 모든 기쁨과 행복은 쉽게 사라져 버리기 마련이다. 설사 계속된다 하더라도 인간의 욕망은 한이 없으므로 더욱 큰 만족과 기쁨을 추구하게 된다. 성경은 이러한 인간의 일시적인 행복을 가리켜 "왕성하게 자라나 곧 마르고 마는 풀"과 같다(벧전 1:24, 25)고 했다.

그러므로 세상의 것으로 참된 만족과 기쁨을 누리지 못하는 사람들에게는 주의 말씀 곧 예수 그리스도의 복음을 받아들이는 것이 필요하다. 예수님을 마음에 모시고 누리는 기쁨은 체험해 본 사람들만이 알 수 있다.

하나님이 주시는 기쁨은 이 세상의 것과 비교될 수 없을 뿐만 아니라, 세상의 환경적 조건들을 초월한다. 예수 그리스도의 평안을 소유한 자는 주위 환경과 관계없이 "부요한 자(고후 6:10)"다.

그러므로 우리는 지식을 소유했으나 만족이 없고, 물질이 풍부하나 행복하지 못하며, 명예를 얻었으나 기쁨이 없는 우리의 이웃들에게 참 기쁨과 만족과 행복의 소식을 전해 저들도 우리와 같은 축복의 대열에 동참할 수 있도록 최선을 다해야 한다.

(7) 형식적인 그리스도인에게 전하라

우리가 전도해야 할 사람은 교회는 나가지만 실제로는 주님과 개인적인 관계가 있지 않으며, 그 마음과 삶 속에 그리스도의 영인 성령이 역사하시지 않는 사람들이다.

오늘날 성도들 가운데 실제로 그의 삶에서, 가정에서, 직장에서, 학교에서, 사람들 앞에서 예수 믿는 것을 부끄러워하고 오히려 숨기려는 사람들이 많이 있다. 예수님을 믿는 것인지 안 믿는 것인지 불확실한 사람들이 있어 오히려 복음 사역에 방해가 되는 경우가 있다. 이처럼 그리스도인으로서 분명한 태도를 보이지 못하는 자와 교회를 향하여 성경은 "내가 네 행위를 아노니 네가 차지도 아니하고 뜨겁지도 아니하도다 네가 차든지 뜨겁든지 하기를 원하노라 네가 이같이 미지근하여 뜨겁지도 아니하고 차지도 아니하니 내 입에서 너를 토하여 버리리라(계 3:15-16)."는 무서운 경고의 말씀을 기록하고 있다. 예수님께서도 "나더러 주여 주여 하는 자마다 다 천국에 들어갈 것이 아니요 다만 하늘에 계신 내 아버지의 뜻대로 행하는 자라야 들어가리라(마 7:21)."고 하셨다.

그러므로 우리는 다른 교회 성도들을 일부러 전도할 필요는 없지만, 만약 형식적으로 교회 생활만 하면서 실제로는 참된 신앙과 생명력을 가지지 못한 신자들이 주위에 있다면 권면해야 한다. 그래서 그들의 삶이 성령 충만하여 예수님을 믿는 것이 본업이요, 일하는 것이 부업이 되는 예수 그리스도 중심의 삶이 되도록 인도해야 할 것이다.

5. 전도의 시기

너는 말씀을 전파하라 때를 얻든지 못 얻든지 항상 힘쓰라 범사에 오래 참음과 가르침으로 경책하며 경계하며 권하라(딤후 4:2).

(1) 때를 얻든지 못 얻든지 전도해야 한다

전도는 우리의 최우선적인 사명이다. 따라서 우리는 사명을 완수하기 위해 언제나 전도해야 한다. 이 땅에 사는 동안 우리는 무시(無時)로 전도해야 한다. 전도는 우리가 기분이 좋을 때, 혹은 마음이 내킬 때 하는 것이 아니다. 때를 얻든지 못 얻든지 우리는 전도해야 한다.

예수님은 십자가에 달려 죽으시는 고통의 순간에도 "이르되 예수여 당신의 나라에 임하실 때에 나를 기억하소서(눅 23:42)."하는 한 강도의 외침을 외면하지 않으시고 구원의 은총을 베푸셨다. 예수님은 복음을 전함에 있어서 언제나 시간에 제한을 두지 않으셨다. 따라서 우리도 그 예수님을 본받아 영혼을 구하는 일에 시간의 제한을 두지 않고 언제든지 힘차게 주의 복음을 전해야 한다.

(2) 성령의 인도에 따라서 전도해야 한다

빌립은 주의 사자의 명령을 따라 광야로 가서 에디오피아의 국고를 맡은 내시를 만나게 되었다. 그리고 빌립은 그에게 성경을 풀어 가르쳐 주고 세례를 베풀었다(행 8:26-39). 이처럼 전도의 기회는 전도자가 미처 생각하지 못했을 때 생길 수도 있다. 그 기회는 하나님의 섭리에 따라 성령님이 마련해 주시는 것이므로 그 기회를 놓치지 말고 복음을 전해야 한다.

"보내심을 받지 아니하였으면 어찌 전파하리요 기록된 바 아름답

도다 좋은 소식을 전하는 자들의 발이여 함과 같으니라(롬 10:15)."고
한 것처럼 하나님이 전파하라고 하신 그때가 전도를 할 수 있는 시간
이다. 여기서 우리가 주의해야 할 일은 복음을 억지로 듣게 해서는
안 된다. 우리는 우리의 힘과 능력으로 전도하는 것이 아니라는 것을
명심하고 늘 성령의 인도하심을 구해야 한다. 그리고 하나님이 전도
할 문을 열어 주사 그리스도의 비밀을 말하게 하시기를(골 4:3) 기다려
야 한다.

6. 전도 장소

(1) 가정에서 전도해야 한다

그리스도인은 자신의 가족에 대한 전도를 소홀히 해서는 안 된다.
예수님은 복음을 예루살렘과 온 유대, 그리고 사마리아와 땅끝까지
전하라고 말씀하셨다(행 1:8). 그러므로 우리는 먼저 자신의 가족과
친척들에게 복음을 전함으로 가정이 온전히 구원받게 해야 한다. 왜
냐하면 예수 그리스도의 복음으로 하나 되지 않으면 화목한 가정을
이룰 수 없기 때문이다. 가정을 돌아보는 최고의 방법은 가족을 주님
께로 인도하는 일이다.

(2) 장거리 여행하는 교통편에서 전도해야 한다

복음은 비행기, 기차, 버스 또는 자동차를 함께 타고 가는 사람들

에게 전달될 수 있다. 옆자리에 앉은 사람이 우연히 같은 차를 탔다고 생각할 수도 있지만, 그저 우연이라고만 할 수 없다. 왜냐하면 그 것은 그들 가운데 예수 그리스도의 복음이 있어야 하는 사람들이 있기 때문이다. 만일 이 세상에서 슬픔과 고통을 당해 괴로워하는 이들에게 그리스도의 복음을 전하고 그들을 바른길, 생명의 길로 인도한다면 얼마나 복된 만남이 되겠는가?

그러므로 우리는 교통편을 이용할 때 그저 시간을 보낼 것이 아니라 마음속으로 성령께 간절히 기도하여 그리스도의 복음을 전해야 할 사람이 누구인가를 묻고 그 음성을 따라 전해야 할 것이다.

(3) 거리에서 전도해야 한다

예수님과 사도들은 전도의 장소로 특별한 곳을 택하지 않았다. 그들은 거리나 우물가, 바닷가, 산, 들판 등 복음이 있어야 하는 사람들이 있는 곳이라면 가리지 않고 복음을 전했다. 마찬가지로 우리도 길거리나 공원, 놀이 시설이나 역 등 복음이 필요한 곳이라면 어디든지 가리지 않고 하나님의 인도하심에 따라 복음을 전해야 한다.

(4) 직장에서 전도해야 한다

세상에서 빛과 소금의 역할을 해야 하는 성도들은 자기 삶의 터전에서 열심히 복음을 전해야 한다. 예수님을 구주로 영접한 지 오래되었음에도 불구하고 같은 직장에서 일하는 동료들이 그 사람이 예수를 믿는지 안 믿는지 모르고 있다면 그것은 신앙생활의 열매를 나타내지 못했다는 증거다.

같은 직장에서 일하는 동료에게는 다른 직장에 있는 사람보다 복음을 전할 기회가 훨씬 많다. 그리고 그 사람에 대해서도 잘 알고 있으므로 어렵지 않게 복음의 접촉점을 찾을 수 있다. 이렇게 같이 일하는 동료들을 주께로 인도하면 직장에서 신앙생활을 하기가 훨씬 쉬워질 것이다. 그러므로 예수님을 믿는 성도들은 주일에만 그리스도인으로 행세할 것이 아니라 자신이 일하는 직장에서도 담대하게 복음을 증거하는 증인의 삶을 살아야 한다.

(5) 병원에서 전도해야 한다

그리스도인인 의사나 간호사, 간병인 등은 복음을 전할 수 있는 최적의 장소에 있다. 환자들은 대부분 병으로 인해 몸과 마음이 약해져 있으므로 복음을 쉽게 받아들이는 경향이 있다. 환자들은 육체적으로 고통스럽고 정신적으로 불안한 상태이며 때로는 절망 가운데 우는 일도 있다. 이럴 때 그들을 위해 정성껏 기도해 주고 말씀을 전한다면 쉽게 마음을 열고 복음을 받아들이게 될 것이다.

정리하기

1. 제자 삼는 원리를 마태복음 28장 19-20절을 중심으로 기록해
보라.

2. 주께서 전도자에게 주신 권능은 어떤 것인가?

2. 전도 방법

다양한 전도 방법을 안다는 것은
내게 가장 적합한 전도 방법과
상황에 합당한 전도법을 알아
어떤 환경에서도 전도한다는 것이다.

여호와의 증인 전도

저는 아주 어려서부터 교회에 다니기 시작했습니다. 그러나 확실한 믿음이 없었습니다. 10년 전 새벽, 하나님은 비로소 저를 깨우셨습니다. 윤리적으로나 도덕적으로 지은 죄가 없었기 때문에 저는 저 자신이 죄인이라는 사실이 이해가 되지 않았습니다. 그러나 그날 저는 비로소 제가 하나님 앞에서 죄인이라는 사실을 깨닫게 되었습니다. 십자가에 죽으신 예수님을 생각하니 저의 죄인 됨과 제가 죄에서 구속함을 당하였다는 것을 확실히 알게 되었습니다. 구원의 확신을 확인한 다음부터 그 은혜가 너무도 감사해서 복음을 전하지 않고는 견딜 수가 없었습니다. 그래서 목사님께 훈련받은 사영리를 가지고 각 가정을 찾아다니며 만나는 사람마다 복음을 전했습니다. 전도 중 하나님은 간암에 걸린 한 할아버지를 성령의 역사를 통해 고쳐 주셨습니다. 94세 되신 할머니의 병도 고쳐주셨습니다.

하나님은 '여호와의 증인' 신도도 전도할 수 있게 해 주셨습니다. 우연한 기회에 한 아주머니를 전도하게 되었는데 그분은 자신보다 우선 여호와의 증인을 믿는 아들 내외를 전도해 달라고 부탁했습니다. 저는 그 아주머니 아들 집을 방문하여 이야기를 나누었습니다. 그러던 중 그들이 제게 먼저 왕국 회관에 한번 나오면 교회에 나온다고 말하기에 교회에 먼저 나오면 제가 왕국 회관에 나가보겠다고 이야기했습니다. 그날부터 약속한 주일까지 그 아들 내외를 위해 열심히 기도했습니다. 약속한 그 주일에 그들은 교회에 나오지 않았습니다. 그러나 포기하지 않고 기도했습니다. 결국 그 다음 주일 교회 뒷좌석에 그 부부가 앉아 있는 것을 보았습니다. 그날 예배만 드리고 돌아간 부부는 그다음 주일에 다시 교회에 나왔고, 드디어 새신자로 등록하게 되었습니다. 저는 정말 감사해 이 모든 영광을 하나님께 돌렸습니다. 얼마간의 시간이 지난 다음 교회에서 그 부인을 만났는데 지금 유치부 교사로 봉사하고 있다는 말을 들었습니다. 이 모든 것이 하나님의 은혜와 성령의 도우심인 줄 깨닫고 하나님께 다시 한 번 감사와 영광을 돌렸습니다. (이선희 집사님의 전도)

1. 성경적 전도의 유형

(1) 와보라, 가보자 전도
· 빌립형
　　나다나엘이 이르되 나사렛에서 무슨 선한 것이 날 수 있느냐 빌립이 이르되 와서 보라 하니라(요 1:46).
· 사마리아 여인형
　　여자가 물동이를 버려 두고 동네로 들어가서 사람들에게 이르되 내가 행한 모든 일을 내게 말한 사람을 와서 보라 이는 그리스도가 아니냐 하니 그들이 동네에서 나와 예수께로 오더라(요 4:28-30).

· 안드레형

요한의 말을 듣고 예수를 따르는 두 사람 중의 하나는 시몬 베드로의 형제 안드레라 그가 먼저 자기의 형제 시몬을 찾아 말하되 우리가 메시야를 만났다 하고 (메시야는 번역하면 그리스도라) 데리고 예수께로 오니 예수께서 보시고 이르시되 네가 요한의 아들 시몬이니 장차 게바라 하리라 하시니라 (게바는 번역하면 베드로라)(요 1:40-42).

교회에 출석한 지 얼마 되지 않는 분들도 잘하는 전도다. "우리 교회 좋으니까 가보자. 교회 가면 당신의 병 고칠 수 있다. 가보자. 교회가면 복 받는다. 가보자. 오늘 우리 교회에서 잔치한다. 한번 와봐라!" 등 주로 가보자 와보라의 가장 고전적이고 손쉬운 전도 방법이다.

(2) 선포 전도

불특정 다수를 향하여 거리에서, 강단에서, 혹은 버스나 지하철에서 우리가 가진 복음의 내용을 확실하고도 효과 있게 외치는 것을 말한다. 이것은 선포하는 그 자체로서 만족하는 전도를 말한다. 길거리에서 전도지를 나누어 주는 것도 일방적인 선포전도에 해당한다. 이것은 꼭 전도해서 회심시키고 그 결과에 대하여 끝까지 책임을 지고 전도해야 한다는 생각에서 벗어나게 해 준다. 복음을 선포하는 것만 으로도 충분히 하나님의 말씀에 대한 순종이라는 생각이 깔린 전도 방법이다. 우리의 많은 전도가 이러한 선포 전도다.

한국 초대교회의 최봉식 목사, 이유빈 등이 대표적이다.

> 요나가 그 성읍에 들어가서 하루 동안 다니며 외쳐 이르되 사십 일이 지나면
> 니느웨가 무너지리라 하였더니(욘 3:4).
> 그 때에 세례 요한이 이르러 유대 광야에서 전파하여 말하되 회개하라 천국
> 이 가까이 왔느니라 하였으니(마 3:1-2).

(3) 설득 전도

· 복음 제시 전도를 말한다.
· 복음을 전해 예수를 주와 그리스도로 소개하여 결심에 이르도록
  도와준다.
· 찾아가는 전도 (예수님의 사마리아 성 우물가 전도)
· 찾아온 사람 전도 (예수님의 니고데모 전도)

이는 복음을 삶 속에서 보여 주거나, 선포하는 것을 훨씬 뛰어넘어 복음을 들은 구도자들이 마음의 결정을 하도록 유도하며 설득시켜서 예수 그리스도를 입으로 시인하고 영접하는 데까지 반응하도록 하는 것이다. 사람들이 어느 정도 반응을 보인다면 그가 그리스도 앞으로

나오도록 촉구해서 복음의 핵심적인 진리에 부딪히도록 그들과 대화를 통하여 설득시켜야 한다고 생각하는 이 접근 방법은 모든 전도에 있어 결론적인 방법이라고 할 수 있다. 사실 모든 전도는 항상 설득 전도를 전제로 하고 있어야 한다. 그리고 전도 훈련을 받는 것은 이렇게 설득 전도를 시키는 것을 목적으로 하는 것이다. 축호 전도, 개인 전도, 구원 상담 등이 여기에 해당한다.

(4) 두란노 서원식 전도

바울의 두란노 사역을 통한 복음 전도 방식이다. 고정된 장소에서 정해진 시간에 계속해서 모여 교제하고 성경을 공부하는 것이다. 복음 전파, 결신, 양육, 재생산이 전반적으로 이루어진다. 초대교회에서는 주로 가정집에서 예배, 기도, 성경공부, 교제, 전도가 통합적으로 이루어졌다(마가 어머니의 다락방, 행 12:12).

> 바울이 회당에 들어가 석 달 동안 담대히 하나님 나라에 관하여 강론하며 권면하되 어떤 사람들은 마음이 굳어 순종하지 않고 무리 앞에서 이 도를 비방하거늘 바울이 그들을 떠나 제자들을 따로 세우고 두란노 서원에서 날마다 강론하니라 두 해 동안 이같이 하니 아시아에 사는 자는 유대인이나 헬라인이나 다 주의 말씀을 듣더라(행 19:8-10).

2. 한국 교회의 대표적인 전도법

(1) 사영리

사영리는 C.C.C.(Campus CrusA.D.e for Christ) 운동으로 "너희는 온 천하에 다니며 만민에게 복음을 전파하라."는 주님의 명령에 따라 2차 대전 후 허무와 퇴폐현상이 휩쓸던 미국 캘리포니아 주의 U.C.L.A.에서 1951년 빌 브라이트 박사에 의해 시작되었다. 한국은 김준곤 목사에 의해 1958년에 대학생을 중심으로 시작되었다. 첫 번째 원리는 신론, 두 번째 원리는 인간론, 세 번째 원리는 기독론, 네 번째 원리는 구원론, 다섯 번째는 구원을 확신시키는 방법, 여섯 번째는 신앙의 성장원리와 교회의 중요성을 이야기한다.

(2) 전도폭발

제임스 케네디 박사(D. James Kennedy)는 미국 조지아 주의 어거스타에서 태어나 지금은 플로리다 주에 있는 코럴릿지 장로교회에서 20여 년 동안 목회를 하고 있으며 교인들에게 전도폭발 교재를 만들어서 전도 훈련을 시켜왔고 전도폭발 훈련을 통해 성장한 대표적인 교회로 잘 알려져 있다. 전도 내용은 다음과 같다.

1단계 서론: 전도자와 전도 대상자와의 우호적인 관계를 통해서 영적인 상태를 진단하고 필요성을 느끼게 한다. 전도폭발에서는 이

단계를 매우 중요시한다.

2단계 복음제시: 실질적 복음을 전하는 부분이다. 5개 부분으로 나누어 적절한 예화와 함께 구원의 원리를 가르친다. 이 때 거절하면 기도하고 마친다. 계속 관심을 두고 돌본다.

3단계 결신: 성령의 도움으로 의지적인 결단을 하게 하고 구원의 확신을 하게 한다. 방법은 4영리와 같다.

4단계: 결신한 사람에게 성장을 위한 5가지 단계를 소개한다.

기타: 질문지 전도 방법도 있고 여러 상황에서 복음을 전도하는 방법도 있다. 대상에 따라 여러 전도지를 사용한다.

(3) 연쇄 전도 훈련

연쇄 전도 훈련은 전도폭발 훈련과 내용이 비슷하다. 침례교에서 전도폭발을 모체로 하여 수정 보완된 복음 전도자 훈련 프로그램이다.

(4) 다리 전도 훈련

이 전도법은 네비게이토 선교회의 창시자인 도슨 트로트맨이 정리하여 자신의 성경공부반 회원들에게 가르치던 복음 전달의 6요소를 도슨과 그 이후 세대가 발전시켜 확립한 것이다.

1단계: 모든 사람이 죄를 범했다(롬 3:23, 사 53:6).

2단계 : 죄의 형벌은 사망과 심판이다(히 9:27).

3단계 : 그리스도가 대신 형벌을 받으셨다(롬 5:8).

4단계 : 선행으로는 구원을 받지 못한다(엡 2:8, 9).

5단계 : 그리스도를 모셔야 구원을 얻는다(요 1:12).

6단계 : 구원의 확신을 해야 한다(요일 5:13).

(5) 사닥다리 전도 훈련

성결교단의 임평구 목사가 도안한 전도 방법으로 기타의 전도 방법 이론과 비슷하다. 그림으로 하는 전도 방법으로 복음을 어떻게 전해야 하는지 쉽게 구체적으로 가르쳐준다.

1단계 : 자신의 구원 간증과 구원 사닥다리에 대해.

2단계 : 구원의 확신에 관한 질문을 드린다.

3단계 : 구원의 필요성에 관하여 설명한다(히 9:27).

4단계 : 구원의 근거에 대하여 설명한다(요 14:6).

5단계 : 구원의 도리를 설명한다(요 3:16, 행 3:19).

6단계 : 구원 받기를 촉구한다(요 5:24, 롬 8:1-2).

7단계 : 구원의 결단을 촉구한다(요 1:12, 계 3:20).

8단계 : 구원의 확증과 성숙을 가르쳐 준다(요 5:24).

(6) 이슬비편지 전도

기존의 전도 방법이 주로 물량적이고 전시적이고 일회성 행사에 그치고 엄청난 힘을 쏟아부어 전도하지만 별로 사역의 열매가 없는 점을 고려하여 규장문화사의 여운학 장로가 예쁜 엽서를 통해서 각 계층의 사람에게 마음의 문을 열게 하고 주님께로 인도하는 문서 전도 방법이다. 편지를 보내기 위해서는 일단 밖에 나가서 전도하면서 대상자를 정한다. 사랑의 전도편지를 소개하고 받아 볼 의사가 있는지를 확인한다. 의사가 결정되면 다양한 내용으로 편지를 보내면서 마음의 문을 열도록 한다. 7통씩 보내고 중간에 전화로 잘 받아보고 있는지를 확인한다.

(7) 총동원 전도

일정을 정해 사람들을 교회로 초청하는 한국에서 가장 많이 활용된 전도 방법이다. 많은 시행착오와 부작용을 가져왔으나 그래도 모범적으로 잘 전도해서 부흥하는 교회도 많이 있다.

(8) 다락방 전도

부산 동삼교회 류광수 목사가 개발한 전도 프로그램으로 영향력 있고 충성스러운 자를 선별하여 훈련해서 그가 속한 직장이나 가정 등을 중심으로 한 지역, 한 지역을 복음화한다는 방법이다. 이단 시비에도 불구하고 전도 방법으로는 취할 점이 많다.

(9) 축호 전도

이 훈련은 대부분의 한국 교회가 시행하고 있는 가장 보편적인 전도 방법의 하나다. 가가호호 가정을 방문하면서 복음을 전해서 주님을 믿도록 하는 것을 말한다. 축호 전도에는 일정한 형식이 없다. 각 교회에서 형편에 맞게 활용하고 있으므로 어떤 원칙을 정할 수도 없다. 교회마다 대부분 일정한 요일과 시간을 정하고 실시하고 있으며, 위에 기술한 다양한 전도 이론을 적용하여서 복음을 전하게 된다.

3. 일반적인 전도 방법

(1) 관계 전도

관계 전도란 인간관계를 통한 전도 방법이다. 구원받은 사람은 복음 전도를 할 때 그 우선순위를 자신을 중심으로 한 동심원을 따라 결정하면 된다. 즉 가족, 친족, 친한 친구들, 이웃, 직장 동료, 아는 사람들, 모르는 사람들의 순서로 전도 대상이 확대되어 나간다. 관계를 통한 전도는 다소 시간이 걸릴지 모르지만, 그 열매가 가장 확실한 방법이며 전도의 열매는 거의 관계 전도를 통해 일어난다. 가장 권장할 전도 방법이다.

(2) 문서 전도

문서 전도는 전도용 문서를 통해 전도하는 방법을 말한다. 문서 전도의 매개체로서는 문서(성경, 신앙 서적 등), 각종 전도지, 전도용 소책자(사영리 등), 설교 테이프 등이 있다.

문서 전도는 한 번에 많은 사람들에게(시간의 효율성), 한 곳에서 세계의 여러 지역에 동시에(지역의 다양성), 정기적으로 반복해서(전도의 계속성, 반복성), 독자들에게 편리하게(전도의 편리성) 복음을 전할 수 있다. 또한 전도자가 직접 갈 수 없는 곳에는 우편을 통해 전도할 수 있고 가판대를 통해 배포할 수 있으며(전도의 대체성) 비교적 가격이 저렴하다(전도의 경제성).

(3) 방문 전도

방문 전도란 교회의 모든 신자가 그리스도의 증인이 되어 그리스도의 이름으로 그리스도의 영광을 위하여 잃어버린 자들을 방문하여 복음을 전하는 전도 방법이다. 이 전도 방법은 단순한 복음의 선포만이 아닌 전도자가 구도자를 인격적으로 만나 개인 대 개인이 대화하며 전도하는 것이다. 방문 전도는 방문하여 사람을 만나는 각 가정에 있는 사람들에게, 혹은 방문하는 장소에 들려 복음을 전해 주고 인격적인 만남을 통해 잃어버린 영혼을 찾아내는 데 가장 효과적인 방법의 하나다.

(4) 노방 전도

노방전도는 거리나 시장, 공터 그리고 야외에서 그리스도를 전파하는 것을 말한다. 이 전도의 방법은 "주인이 종에게 이르되 길과 산울 가로 나가서 사람을 강권하여 데려다가 내 집을 채우라(눅 14:23)."는 예수님의 비유 중에서도 발견된다. 노방 전도는 주로 소외된 지역, 유동 인구가 많은 지역, 교회에 갈 수 없는 사람들이 사는 지역에서 효과적인 전도 방법이다. 노방 전도를 하면 영적으로 침체하여 있는 교회의 영적 분위기가 고조된다. 또한 성도들은 영적인 능력을 갖추게 되고 열린 마음을 갖게 된다. 그리고 활동의 기회가 없었던 새로운 일꾼들을 발굴할 기회를 마련해 준다. 노방 전도는 불특정 다수에게 복음을 전한다는 특징이 있다.

(5) 능력 전도

능력 전도란 성령의 은사와 능력을 통해 하나님의 임재를 초자연적인 방식으로 드러내면서 복음을 증거하는 것을 의미한다. 이 능력 전도는 사탄의 세력과 싸워 하나님의 백성을 구해내는 영적인 전쟁을 효과적으로 수행할 수 있는 전도 방법이다. 주로 귀신 들린 사람, 병든 사람, 영적인 문제가 심각한 사람들을 그 대상으로 한다.

(6) 병원 전도

환자는 육체적, 정신적으로 극도의 위축을 받는 상태이므로 다른 사람의 말 한마디에도 삶의 장래가 좌우될 만큼 큰 영향을 받는다. 병원 전도는 바로 이런 사람들, 하나님의 생명 말씀을 갈망하는 마음을 가진 사람들에게 생수를 주는 기쁨을 준다. 그러므로 병원은 언제든지 복음을 전하기에 효과적인 장소다. 병원 전도는 전도자가 위로 및 봉사를 위한 방문을 통해 환자들과 만나 위로하고 복음을 전하는 방법이 가장 자연스럽다.

(7) 교도소 전도

교도소 전도는 경찰서 유치장 전도, 구치소 전도, 교도소 전도로 나눌 수 있다. 경찰서 유치장은 아직 죄가 확정되지 않은 용의자들의 집합 장소로 이곳에 수용된 사람들 대부분은 죄인 같은 마음을 갖게 된다. 이러한 심리 상태에 있는 사람들을 방문하여 따뜻한 위로와 복음을 전해 준다면 그들은 분명 감동과 변화를 받게 될 것이다.

구치소는 일단 죄가 있다고 판단돼 경찰에서 호송되어 검찰에 의해 조사를 받고, 재판을 받기 위해 대기하고 있는 곳이다. 이곳에 일단 수용되면 대부분 유죄 판결을 받기 마련이고 그중에는 억울한 누명을 쓰고 온 사람도 있을 것이다. 이들을 면회하여 이들에게 복음을 전하면 마음의 갈등과 슬픔 속에서 예수님의 위로를 받게 될 것이다.

교도소는 기결수들이 복역하는 곳이다. 이곳에 면회 가서 이들에게 전도하고 복역 기간에 성경이나 신앙 서적을 읽을 수 있도록 전달해 준다면 복역 기간을 무료하게 보내지 않을 것이다. 또한 사회에서 소외당할 것을 우려하여 고민하는 이들에게 하나님의 새로운 계획을 일깨워 줌으로 기대와 소망을 가질 수 있도록 해줄 것이다. 그리고 사형수에게는 천국의 소망을 줄 것이다.

(8) 보육원 및 양로원 전도

보육원과 양로원은 가족들과 결별하여 외로운 생활을 하는 사람들이 사는 곳이다. 이들에게 있어서 외부인의 방문은 그 무엇보다도 반가운 일일 것이다. 방문할 때 전도자는 선물을 준비하는 것이 좋다. 이 기회를 이용해 그들에게 영원한 부모가 되시고 있을 곳을 마련해 주시는 하나님을 소개한다면, 이들에게 더없는 기쁨과 소망을 안겨주게 될 것이다. 이러한 방문이 단 한 번에 그치지 않고 정기적으로 계속된다면 많은 영혼을 구원할 수 있을 것이다.

4. 나이별 전도

(1) 어린이 전도

12세 이하의 아이들에게 복음을 전하는 것을 말한다. 성경은 "마땅히 행할 길을 아이에게 가르치라 그리하면 늙어도 그것을 떠나지 아니하리라(잠 22:6)."고 했다. 그러므로 하나님이 인생들에 알리신 생명과 진리의 길인 복음을 인생의 시작 단계인 어린이들에게 전하는 것은 모든 일에 앞서 반드시 행해져야 할 일이다. 예수님을 영접한 어린이들은 영혼이 구원받을 뿐만 아니라 하나님의 영광을 드러내는 데 사용될 수 있다. 그들의 재능을 일찍 발견하여 훈련함으로써 그들의 전 생애가 하나님을 섬기는 데 헌신될 수 있도록 할 수 있다.

어린이를 전도할 기회는 예수님을 영접한 부모가 있는 가정과 교회 학교, 어린이 성경학교, 어린이를 위한 특별 모임 등을 통해 이루어질 수 있다. 가정이나 교회에서의 예배 시간, 성경 읽기, 영적인 일에 관한 대화, 기도, 찬송가나 복음 성가 부르는 것 등은 한 어린이가 예수님을 영접하는 데 큰 영향을 미친다. 또한 교사의 밝고 경건한 생활도 영향을 준다. 전도자가 어린이들에게 복음을 전할 때도 역시 기도로 준비해야 하고 간단하며 쉬운 용어를 사용해야 한다. 또한 전도자는 전도하는 데 사용할 자료(멀티미디어 자료, 그림책, 어린이용 소책자 등)를 준비해야 한다.

교회 학교에서 공개적으로 복음 잔치에 초대할 때 어린이들을 고개 숙이게 하거나 눈을 감도록 해서 예수님을 구주로 영접하도록 할 수도 있다. 그러나 어린이에게 영접의 결단을 강요해서는 안 된다. 그리고 복음에 응한 어린이와 대화할 때, 그들의 믿음의 기초가 그리스도에게 있는가를 확인하는 것이 중요하다. 만일 어린이가 그리스도를 개인적으로 영접했다면 어린이에게 그리스도가 자신의 구세주이심을 고백하도록 격려하는 것이 좋다. 또한 전도자는 결신한 어린이가 영적인 성숙에 이르기까지 지도해야 한다.

(2) 청소년 전도

13세부터 25세까지의 청소년기에 해당하는 사람들은 신체적, 정신적으로 성숙하여 가고 자아가 형성되어 가는 과도기다. 또한 인생의 장래를 설계하는 단계에 있다. 그러나 만일 그들의 계획이 성립되지 못했을 때는 인생에 대해 좌절하거나 포기하기까지 한다. 그러므로 청소년들이 예수님을 구주로 영접하도록 하여 성경의 가르침 속에서 성장하게 하는 것은 매우 중요한 일이다. 전도자는 복음을 통해 정체성의 위기에 있는 청소년들에게 해답을 줄 수 있다. 또한 청소년기는 과도기로 불안정한 시기다. 자칫 방황하거나 좌절하고 인생을 포기할 위험이 있는 그들에게 인생의 방향과 비전을 제시해 줄 수 있다.

청소년들은 자신의 정체를 알려고 한다. '나는 누구인가?'라는 내면의 질문을 하게 되는 것이다. 그러므로 전도자는 청소년들이 갖는 의문들을 인식하고 그들의 질문에 대답해 줄 수 있어야 한다. 그리고 청소년 자신이 이 문제에 대한 해답을 성경 속에서 찾을 수 있도록 지도해야 한다. 성경공부를 하는 동안 청소년들은 사실을 배울 뿐만 아니라 그리스도에 대해 결단할 때 기초가 될 지적이고 감정적인 태도를 형성하게 된다. 왜냐하면 진리의 말씀이 죄를 깨닫게 하고 삶을 변화시키기 때문이다.

성경공부를 할 때 전도자는 가르치려는 자세보다는 친구나 상담자와 같은 입장에서 이들과 함께해야 하며 배우는 자세를 취해야 한다. 그렇게 할 때 이들이 그리스도를 영접하는 동기를 유발하는 데 도움이 된다. 또한 이때의 분위기가 복음의 호소를 받아들이게도 할 수 있고 거부하게도 할 수 있으므로 부드럽고 안정감 있는 환경의 분위기 조성이 중요하다. 청소년들이 구원받게 하는 가장 좋은 방법의 하나가 청소년 그리스도인들이 청소년들에게 전도하는 것이다.

⑶ 중, 장년층 전도

청년기 이후부터 60세 이전의 중, 장년기는 청년기에 세워 놓았던 모든 계획을 실현해 보려고 노력하는 때다. 중년기는 신체적, 정신적인 면이 성인으로서 원만히 발달한 시기로 자신의 주관과 목표를 세워 활동하는 때다. 반면 장년기 후반부, 즉 갱년기에 접어들면서는 모든 일에 결단력을 잃고 현실에서 하루하루를 이어나가고자 하는 무사 안일주의적인 사고가 지배하는 때기도 하다. 이러한 시기에 있는 사람들에게 복음을 전하는 것을 중, 장년층 전도라고 말한다. 전도자는 이들에게 복음을 전함으로 가정과 사회에서 이루어야 할 계획이 많아 부담감에 억눌려 있는 사람들에게 안식을 줄 수 있으며 인생의 전환점에서 허무함과 좌절을 느끼는 사람들에게 새로운 의욕과 삶의 방향을 제시해 줄 수 있다.

중, 장년층 사람들에게 전도할 때에는 먼저 실제적인 면에서부터 시작해야 한다. 즉, 마음의 평강, 가정의 행복이 최우선임을 강조해야 한다. 사회와 국가의 최소 단위인 가정의 안정 없이는 사회와 국가의 안정도 없다는 원리에 따라 가정의 안정은 오직 하나님으로부터 나오며 이 하나님을 가정의 주인으로 모실 때 가정의 행복이 보장된다는 것을 강조해야 한다. 또한 이 시기에는 참으로 신뢰할 만한 가장 좋은 친구인 예수 그리스도를 알게 하는 것이 중요하다.

예수님은 고통 받는 우리를 쉬게 하시는 참 친구다. 그러나 이에 앞서 예수님이 그들의 친구임을 알게 하기 위해서는 전도자가 모범을 보여야 한다. 특히 장년기 후기의 사람들은 활동에 장애가 일어남에 따라 약해진 마음에서 삶의 문제를 심각하게 생각하게 된다. 이때 전도자는 인생의 유한성과 허무함, 생명 문제를 바로 깨달을 수 있도록 설명해 주어야 한다. 그래서 예수님을 통하여 얻게 되는 새 삶과 영생을 소유할 수 있도록 도와주어야 한다.

(4) 노년층 전도

60세 이상의 노년기는 인생의 황혼기를 맞아 자신의 인생을 정리하는 때다. 이 시기의 사람들은 완고하지만, 감정은 오히려 예민해져 있는 상태다. 또한 이들은 모든 일에 자기와의 유화를 바라고 있으며 만일 거기에 모순이 생기면 슬퍼하고 자기중심적으로 된다.

이러한 시기에 있는 사람들에게 복음을 전하는 것을 노년층 전도라고 하는데, 전도자는 이들에게 인생에 있어 구원받을 마지막 기회임을 알려 주어 내세를 준비하고 후손들에게 믿음의 유산을 물려줄 수 있게 해야 한다.

노인들에게 복음을 전하기 위해 전도자는 이들과 많은 대화를 가져야 한다. 또한 음식을 장만해서 같이 먹기도 하며 계속된 만남과 친교를 이루어야 한다. 그러면서 지속해서 기도하고 복음을 증거해야 한다. 복음 증거 시 교회 내의 바람직한 노인상을 보여 주고 인생의 종말과 심판에 대하여, 믿음의 효력에 대하여 강조해야 한다. 한편, 노인들은 생명에 대한 무한한 애착을 두고 있어서 죽음이라는 매우 급한 문제를 심각하게 생각하고 있다. 그러므로 예수님을 믿어야 영혼이 구원받으며 사후에도 영생 복락을 얻게 됨을 가르쳐 주어야 한다.

5. 특정 대상을 위한 전도

(1) 친척들과 가까운 친구들을 위한 전도

친척들과 가까운 친구들에게 복음을 전하는 일은 그들이 우리가 일상적으로 어떻게 살아왔는가를 알고 있으므로 일반적으로 더 어렵다. 그들은 우리가 갑자기 변화되어 새로운 피조물이 된 것을 인정하기가 어렵다. 친척들과 가까운 친구들에게 복음을 전하여 구원하는 데는 낯선 사람보다는 더 좋은 기회를 가질 수가 있는 것도 사실이다. 그러나 먼저 당신이 그들에게 당신의 심령 속에 그리스도가 살아 계시다는 것을 보증할 수 있어야 한다. 그들이 당신의 신앙고백이 정말로 정직하고 진실하다는 확신을 하게 된다면 당신은 그들을 쉽게 전도할 수 있다. 여기에 친척들과 가까운 친구들을 전도할 수 있는 세 가지 큰 요점들이 있다.

· 당신 속에 거하시는 예수님을 보여 주라.

당신은 당신이 하나님께 대한 신앙고백을 한 것을 실제로 그들에
게 보여 주어야 한다. 그들 앞에서 다른 사람들에 대한 저속한 말이
나 비평하는 말이나, 말다툼이나, 험담이나 큰소리가 없어야 한다.
당신에게 이런 습관이 있다면 그들은 당신이 말하는 것을 들어주지
않을 것이다.

당신은 그들 앞에서 꾸준한 선한 생활을 통하여 당신 자신을 보증
하여야 한다. 예수님은 거라사의 귀신들렸던 사람에게 "집으로 돌아
가 주께서 네게 어떻게 큰 일을 행하사 너를 불쌍히 여기신 것을 네
가족에게 알리라(막 5:19)."고 말씀하셨다. 우리도 하나님이 우리의
마음속에서 역사하신 일들을 우리의 친척들과 가까운 친구들에게 보
여 주어야 한다.

· 그들에게 좋은 일을 하라.

그들에게 계속 봉사의 일을 하면서 그들을 섬기라. 그들이 당신에
게 기대하지도 않는 작은 일들이라도 봉사하라. 당신이 믿음으로 변
화된 확실한 증거는 당신이 할 수 있는 대로 그들에게 봉사하고자 하
는 마음가짐이다. 우리는 다른 사람에게 좋은 일을 하려고 하지만 우
리의 가까운 가족일 때는 우리가 얼마나 인색하고 머뭇거리고 있는
가! 그러나 그들에게 확신시킬 수 있는 것은 당신이 그들이 필요로 하
는 무엇을 해 주는 것이 대단히 중요한 일인 것이다. 이런 아량이 그

들에게 감동을 줄 것이다.

그들과 함께 있을 때 먼저 자원하여 당신의 몫을 기쁨으로 감당하고, 다른 사람의 몫도 도와주라. 친척들이 당신이 좋게 생각할 수 있는 것이 무엇인지를 의식적으로 생각하고 실행하라. 실제로 그들에게 무엇인가 좋은 일을 할 수 있는 것을 찾아라. 당신의 시간과 돈을 들여 그들에게 작은 일이라도 좋은 일을 하도록 자신을 희생하도록 하라. 이렇게 함으로 당신은 당신의 심령 속에서 무엇인가 변화가 일어난 것을 그들에게 증거하게 되는 것이다.

이것이 실제로 우리 주님이 "사랑 안에서 서로 봉사하라."고 명령하신 말씀이다. 예수님이 우리에게 말씀하신 대로 우리는 자신을 부인하고 종이 되어야 한다. 그들에게 제일 좋은 의자를 드리고 음식도 먼저 먹게 하고, 더운 날에는 시원한 냉수를 먼저 마시게 하라. "사랑 안에서 섬기기를 서로 먼저 하라." 이렇게 함으로 그들이 당신의 말에 귀를 기울일 것이고 그들을 그리스도에게로 인도할 수 있을 것이다.

· 그들을 괴롭히거나 정죄하지 말라.

그들을 정죄하거나 괴롭게 하면 그들은 당신 주변에 머물러 있기가 싫을 것이다. 그들을 함부로 판단하거나 비판을 하면 당신과 그들 사이에 담이 쌓이게 될 것이다. "당신도 알다시피 당신의 생활자세가 틀렸어요."라든가, "당신이 담배를 피우고 술을 마시고 춤추러 다니는 것은 결코 해서는 안 될 일입니다."라든가, "당신은 교회로 가야해요."라든가, "당신은 왜 그런 생활 방법을 청산하려는 용기를 내지 못해요?"라고 하는 말 등을 하지 말아야 한다.

이렇게 말하면 그들이 당신에게만 화내는 것이 아니라 교회에 대하여서도 적대감을 가지게 된다. 이런 말들은 그들에게 당신은 그들보다 더 거룩하게 살고 있다는 인상을 주게 되며, 그들은 당신이 그들보다 한 차원 높은 위치에 서려고 한다는 것을 느끼게 될 것이다. 당신은 이런 태도를 보이려고 하는 것이 아니라고 할지라도 그들이 이렇게 받아들인다면 그들은 당신에게서 멀어질 것이다. 그러면 당신은 그들을 구원할 기회를 잃어버리게 될 것이다.

친척들과 가까운 친구들에게 인내하는 것이 중요하다. 그들에게 우리들의 심령 속에서 그리스도가 우리를 하나님의 사람으로 변화시키신 것을 지켜보는 데 몇 달이 걸릴 수도, 몇 년이 걸릴 수도 있다. 변화된 생활을 지속한다면 그들은 당신의 말을 들으려고 할 것이므로 그들에게 이런 것을 보여 주어야 한다. 그러므로 그들을 사랑하고 섬기라. 그들을 섬기면서 당신이 보완할 것들을 찾아보라. 이렇게 하면 당신은 그들을 그리스도에게로 인도할 근거를 마련하게 될 것이다.

그들이 당신이 진실하다고 믿게 되고 당신의 말을 들으려고 한 후에 그들에게 구원의 복음을 증거하라. 그들에게 당신이 다른 죄인에게 했던 것과 같이하라. 문제는 그들이 당신의 말을 듣게 하는 데 있다.

(2) 직장 친구들을 위한 전도

직장에서 당신과 함께 일하는 사람들에게 전도하는 일은 어떤 면에서는 다른 낯선 사람들을 전도하는 것보다 더 힘든 것이 사실이다. 이것은 전도 방문을 나가서 증거하고 그 사람을 떠나는 것과는 다른 것이다. 당신은 주중 대부분 시간을 온종일 그와 함께 지내게 된다. 그는 당신이 말한 대로 살고 있는가를 가장 잘 아는 사람이다. 그러므로 여기서 직장에서 그들을 전도할 수 있는 세 가지 방안들을 제안한다.

· 행복하고 기쁨으로 충만하라.

항상 감사하고 기쁨이 넘치는 생활을 하려고 애쓰라. 그들에게 당신의 생활과 직장의 모든 분야에서 성실하게 살고 있음을 보여 주라. 직장 동료들 앞에서 당신의 문제들을 과장하지 말라.

사도 바울은 우리가 사도행전 27장에서 볼 수 있는 대로 폭풍 속에서도 배에 탄 276명의 승객 앞에서 용기 있는 신앙을 보여 주었다. 그는 그들에게 용기를 내도록 격려하였고, 그들 모두가 용기를 얻을 수가 있었다. 그는 자기가 믿는 하나님이 살아계시고 자신이 하나님과 개인적인 관계를 맺고 있음을 그들에게 보여 주었다.

· 직장에서 당신의 책임을 다하라.

직장에서 당신의 책임을 다하기 위해 양심적으로 부지런히 일하

라. 직장에서 정직하고 강인한 성격을 보여 주며 열심히 일하라. 우리는 로마서 12장 11절에서 "부지런하여 게으르지 말고."라고 하신 말씀을 볼 수가 있다. 직장에서 게으른 그리스도인은 그리스도를 욕되게 한다. 그는 교회의 전도 활동을 방해하는 자가 될지도 모른다. 당신이 직장에서 책임을 전가하고 다른 사람들에게 짐을 지우는 것을 직장 동료들이 보면 그동안 전도한 것들은 소용이 없게 될 것이다. 그는 당신을 정직하지 못하며 게으르고 자신이 맡은 일을 회피하는 사람으로 평가할 것이다. 그러면 당신은 그를 그리스도에게로 인도하지 못할 것이다.

당신의 상관과 책임자들을 존경하라. 이것은 성경의 교훈이다. 에베소서 6장 5-6절의 말씀처럼 사도 바울은 우리가 우리의 고용주에게 최선을 다하여 그리스도에게 대하듯 하라고 말씀했다. 바울은 고용인들에게 상전들이 보지 않을 때도 열심히 일하라고 격려하였다. 당신은 그리스도를 위하여 일할 때처럼 언제나 기쁨으로 열심히 일하라. 그리스도인이 그의 고용주를 무시하고 다른 사람들과 함께 그를 비판한다면 그것은 결과적으로 자기를 해치는 일이 될 것이다. 당신은 다른 사람들과 달라져야 한다는 것을 기억하라. 그들은 당신의 언행을 유심히 주시하고 있다.

· 독선적인 태도를 주의하라.

직장 동료들이 당신을 경멸하는 일이 있다면 그것은 당신이 그리스도인으로 행세하면서 독선적이고 바리새적이며 "나는 너보다 낫다."는 자세를 가졌기 때문이다. 이런 잘못된 자세는 당신 자신이 정기적으로 조사해 보는 것이 좋다. 이런 자세를 경계해야 한다. 이런 자세는 당신과 직장의 동료들 사이에 벽을 쌓게 되어 전도의 좋은 기회를 놓치게 된다. 이런 잘못된 마음을 가지게 되면 그들을 전도할 기회를 놓칠 뿐만 아니라 그들이 기독교 전체를 나쁘게 말하게 된다.

독선의 반대는 겸손인데, 그리스도인들은 우선 겸손해야 한다. 겸손은 당신 자신이 절대적으로 아무것도 아니라는 것을 알 때의 마음가짐인 것이다. 겸손은 당신이 그리스도 안에 있어서 이제는 당신에게 가장 좋은 것은 예수님뿐이라는 것을 알게 되는 것이며, 하나님의 은혜가 아니면 자기는 지옥에 갈 수밖에 없다는 것을 아는 것이다. 겸손한 사람은 "나는 당신만 못합니다. 나의 마음은 당신들과 같이 악하고 부족합니다. 내가 당신들과 꼭 한 가지 다른 것은 내가 그리스도를 구세주로 영접한 일이고 예수님이 나를 다른 사람으로 만들어 준 것뿐입니다."라고 말한다.

그리고
· 본을 보여야 한다.
· 솔선수범하라.
· 항상 희생하는 쪽을 택하라.
· 신앙 이야기는 자주 하지 말고 결정적일 때 하라.

· 공과 사를 분명하게 구분하라.

· 한 번에 한 사람씩 집중적으로 전도하라.

· 회사를 위해서 최선을 다하라.

· 진실성과 겸손함을 보여라.

(3) 타 종교를 가진 사람에 대한 전도

· 먼저 그들의 신뢰를 얻어라.

잘 대해 주고 친절히 하면서 영혼 구령 사역에서 하지 말아야 할 모든 금지사항을 잘 지켜야 한다. 그들이 자기들의 신앙에 열심을 내지는 않더라도 그들의 신앙을 비판하지 않도록 특별히 조심하라. 그들을 궁지에 몰아넣지 말아야 하며 당신의 말을 듣도록 그들의 동의를 얻도록 하라.

· 그들을 교인으로 만들려고 하지 않는다고 말하라.

이 말씀의 참뜻은 우리는 누구든지 먼저 그를 자기 교파의 사람으로 만들려고 하는 것이 아니라 그리스도를 믿게 하는 데 있다는 것이다.

(4) 질병이나 어려운 문제로 고통을 당하는 사람에게 전도

사람은 모두 약해졌을 때 누구에게 의지하게 되고 종교를 찾게 되는 것이 공통된 심리기도 하다. 중병이 걸렸거나 사업이 큰 어려움에 놓여 있다든지, 자기 힘으로 도저히 극복할 수 없는 어려운 문제에 봉착했을 때 누군가의 도움을 받고자 하고 또 위로를 받기를 바란다. 주위에 질병이나 고통당하는 자가 있으면 하나님이 나에게 전도 대상자로 주셨다고 여기고 전도하여야 한다.

(5) 참 만족이 없는 사람에게 전도

세상에서 참된 만족을 누리지 못하는 사람들에게 복음을 전해서 마음에 예수님을 모셔서 참 기쁨과 만족을 누리게 하여야 한다.

(6) 이웃집 전도

만나면 먼저 친절하게 인사하고 보다 빨리 친숙해질 수 있도록 편안하게 대해 준다. 우리의 생활환경이 갈수록 이웃 간의 대화와 사귐이 차단되는 실정이지만, 전도를 위해서는 먼저 닫혀 있는 서로의 마음을 열어야 한다. 마음을 열기 위하여 음식을 만들면 솜씨야 있건 없건 이웃들과 함께 나누는 일에 인색하지 말아야 한다. 이웃의 대소사에 얼굴만 내미는 정도가 아니라 직접 손을 걷어붙이고 돕기도 해야 한다. 이렇게 이웃과 친숙해진 다음에는 조금씩 하나님과 예수님 그리고 교회에 대한 자랑을 시작해야 한다.

이웃 전도의 주의할 점

· 금전거래를 하지 말라.

· 겸손하여야 한다.

· 삶의 본을 보여 주어야 한다(솔선수범).

· 항상 손해 보는 쪽에 있어야 한다.

· 조급하거나 서두르지 말라.

· 서서히 그리고 조리 있게 끈기를 가지고 설득하라.

(7) 아파트 전도

아파트 전도를 하려면 우선 밑에서부터 올라갈 것인가 아니면 위에서 내려올 것인가를 결정해야 한다. 일단 결정했으면 마음을 든든히 먹고 시작해야 한다.

위에서 내려오기로 했다면, 아파트 맨 위층에서부터 초인종을 눌러 보고 나온 사람과 이야기를 하게 된다.

"딩동!"

"누구세요"

"예. ○○교회에서 나왔습니다. 혹시 예수 믿으십니까?"(문을 열려면 ○○○로 왔습니다.)

이렇게 물어보면 대부분 답은 이렇다.

"아저씨 됐어요. 우리 불교예요." 대개는 불교도 아니면서 "됐어요. 가세요. 우린 안 믿습니다."라고 할 때가 있다. 이때 주의할 점은 절대 억지로 "그래도 한번 열어 보세요."라고 하지 말라는 것이다.

"딩동!" 하고 초인종을 눌렀을 때 뭐라고 하는지 듣고 판단해서 "그래도 믿어 보십시오. 너무 좋습니다." 그리고 문틈에 주보를 꽂아 놓고 오면 된다. 여기에도 요령이 필요하다. 주보를 넣을 때 우유를 넣는 주머니에 넣지 말고 문과 문 사이에 반쯤 꽂아 놓는다.

(8) 새로 이사 온 집 전도

이사할 때 짐도 날라주고, 이삿짐을 정리한다고 심신이 피곤해 있는 사람에게 음식과 음료수를 대접하면서 자연스럽게 접근하여 대화를 시작하라. 요즘은 이삿짐센터를 통해 이사하는 경우가 많으므로 새로 이사한 사람을 정기적으로 파악하여 한 달 정도 매주 한 번씩 방문하여 관심을 보이는 것이 좋다.

(9) 경로당 노인들 전도

· 노인들과 많은 대화를 가져야 한다.
· 가능한 옛날 음식을 대접하면 매우 좋아한다.
· 계속된 만남을 가져라.
· 방문할 때 노인들의 입에 맞는 음료수를 가져가라.

(10) 고향 사람들 전도

요즘 많은 사람이 고향을 떠나 객지에 살고 있다. 그래서 고향 사람을 만나면 반갑고 옛날의 향수를 다시 되새기게 된다. 고향 사람들은 좋은 전도 대상자다. 전심전력으로 권면하고. 변화된 모습을 보여 주면 전도가 쉽게 이루어진다. 고향 사람의 명단을 전도 수첩에 적어 놓고 기도하자. 고향 사람들 전도는 본인의 생일날이나 특별한 날을 잡아 초대하는 방법을 사용하는 것도 좋다.

(11) 예비 된 영혼 전도

교회를 정하지 못한 사람. 아니면 이사 온 지 얼마 되지 않은 사람 들이다. 또 드물게는 이런 사람도 만나게 된다. "나는 이제 예수밖에 믿을 게 없다."며 두 손 두 발 다 든 사람들이다. "교회에 나가고 싶 었는데 주위에서 같이 가준다는 사람이 없었다."는 사람도 있다. 이 런 경우는 시간이 아주 중요하다, 시간이 곧 전도요, 영혼 구원이다. 이런 사람은 빨리 찾아야 한다.

정리하기

1. 당신이 즐기는 전도 방법은 어떤 것인가?

2. 당신의 주요 전도 대상자는 어떤 사람들인가?

3. 개인 전도

주님은
열두 제자를, 니고데모를
사마리아 여인을, 삭개오를
개인적으로 만나 전도하셨다.

전도하는 선생님

한 젊은이가 불교 가정에서 태어나 그 영향을 받고 성장했습니다. 그는 부산의 범어사라는 절을 세운 불교 중학교에 들어갔습니다. 매년 열심히 공부해서 장학생으로 범어사 스님에게 가서 장학금을 받고는 했습니다. 3학년이 되었을 때 불교 학생회장이 되었습니다. 종교 수업에 스님이 불교에 대해 강의하러 오셨습니다. 그 때 이 학생이 뽑혀 나가 목탁을 치면서 반야심경을 선창합니다. 그러면 학생들이 따라합니다.

그런데 미션스쿨인 브니엘 고등학교에 입학하게 되었습니다. 그런데 이번에는 종교 수업시간에 전도사님이 기독교와 성경, 그리고 하나님에 대해 강의를 하셨습니다. 그럴 때면 듣지 않으려고 맨 뒤에 앉아 수학책이나 펴 놓고 딴짓을 했습니다. 그런데 친구들이 열심히 듣는 것입니다. 속이 상하고 자신이 불교 학생이라는 것을 드러내기 위해서 종교 시간만 되면 자신의 양손에 염주를 하나씩 묶고 앞자리로 나가서 앉았습니다. 그리고 전도사님이 한마디 하시면 꼭 "그건 아닌 것 같은데요. 틀린 것 같은데요."라며 계속 강의를 방해했습니다. 그러나 그 전도사님은 한 번도 화를 낸 적이 없습니다.

어느 날 그 전도사님이 죽음에 대해서, 죽으면 천국에도 가고 지옥에도 가는 것에 대해서 말씀하셨습니다. 그런데 이상하게

도 지옥에 관한 이야기를 들을 때 '나 같은 사람이 지옥에 갈수도 있겠구나.'라는 두려움이 생겼습니다. 자기도 모르게 수업이 끝나고 전도사님을 찾아갔습니다. 그러고는 지금까지 행한 무례를 사과하고 자기가 예수를 믿으려면 어떻게 해야 되느냐고 물었습니다. 결국 그 전도사님을 통해 예수님을 믿고 영접했습니다. 그리고 인생이 완전 바뀌었습니다. 그는 지금도 전도사님이 계신 곳에 들어갈 때 자기 손목에 있던 염주를 확 빼 버렸던 일을 기억하고 있는데, 이것이 자기 생애의 극적인 변화였다는 것입니다.

이후로 그는 전도하는 학생이 되어 수많은 친구를 전도했습니다. 그리고 같은 재단의 브니엘 예술고등학교에 수학 선생이 되어 열심히 전도했습니다. 무려 13년 동안 학생 800명을 전도했습니다. 그가 간증한 내용이 『열혈 청년 전도왕』이라는 책으로 발간되었습니다. 그가 브니엘예술고등학교의 수학 선생인 최병호 씨입니다. 그는 지금도 전도에 힘을 다하고 있습니다.

하나님은 자기 형상대로 지으신 한 사람 한 사람을 사랑하신다. 복음서를 읽으면 예수님이 각 사람에게 깊은 관심을 두고 계시다는 사실을 알 수 있다. 세리, 도둑, 창녀, 어부, 맹인, 젊은 부자, 관원, 종교 지도자, 어린이, 주부, 병자 등 누구든지 예수님은 그들 하나하나를 돌아보셨다. 잃어버린 양과 잃어버린 드라크마, 그리고 탕자의 비유(눅 15장)들은 모두 하나의 주된 교훈, 즉 "죄인 하나가 회개하면 하늘에서는 회개할 것 없는 의인 아흔아홉을 인하여 기뻐하는 것보다 더하리라."는 것을 강조하고 있다.

많은 사람 앞에서 일시에 복음을 선포하는 것을 대중 전도라 한다면 개인 전도는 문자 그대로 개인이 개개인에게 복음을 전하는 것이다. 사마리아 수가 성 야곱의 우물가에 물을 길으러 왔던 여인을 전도하신 예수님, 예수님의 복음을 들은 여인이 동네에 들어가 사람들을 예수 그리스도께로 인도한 사실, 또 예수님을 만나 영혼의 평안을 얻은 갈릴리 어부 안드레가 형제 베드로에게 가서 그를 예수님께로 인도한 것, 빌립이 나다나엘에게 전도한 행위가 모두 그 예다. 예수님은 또한 제자들에게 사람 낚는 어부가 되게 하겠다고 약속하셨다. 예수님 자신도 사람을 낚는 어부셨다. 바로 이것이 개인 전도다.

복음을 전한다는 것은 하나님의 뜻을 개개인을 찾아가 '권면하고 명한다.'는 뜻도 포함하는 것이다. 이러한 개인 전도는 하나님이 그리스도인에게 부여한 위대한 특권이며 의무다.

1. 개인 전도를 위한 준비

전도를 위한 준비로서는 먼저 누구를 전도할지 작정하고 그 이름을 기록해 둔다. 또한 그를 위해 매일 기도하며 만날 기회를 찾는다.

확신이 설 때까지 계속한다. 개인 전도를 할 마음만 가지고 있으면 반드시 전도의 기회가 온다. 외관상으로는 전혀 그렇게 보이지 않더라도 근본적으로는 모든 사람이 하나님을 찾고 있다. 실제 전도에 나가기 전에 철저한 준비를 하는 것은 놀라운 승리를 약속한다. 죽을 수밖에 없는 믿지 않던 영혼들이 나의 전도를 받고 하나님께 나아와 새사람으로 변화되고 아름답게 신앙생활을 하는 구원받은 성도의 모습을 상상하며 하나님께 전적으로 의지한 가운데 철저히 준비하라. 준비가 되었으면 나가야 한다.

⑴ 만나라

나가서 만나라! 가서 만나야 한다. 아무리 준비를 철저하고 완벽하게 할지라도 실제로 나아가 전하는 행위가 없을 때 그 준비는 무익한 것이다. 그동안 기도로 준비한 구도자를 만나면 친숙하고 진실하게 행동해야 한다. 친밀한 만남이 이루어지고, 진실하게 행동해야 구도자가 마음을 열어 계속 대화할 수 있게 된다. 또한 신뢰를 얻도록 노력해야 한다. 사람들은 정직한 것을 찾는다. 우리는 권위와 지도력을 가진 특권층을 포함한 거의 모든 사회계층에 만연된 부정직성으로 신뢰감이 상실된 시대를 살고 있다. 사람들은 이럴 때일수록 신뢰할 수 있는 사람을 그리워한다. 상대방의 신뢰를 얻지 못하면 대화가 중단되고 복음 전달은 어렵게 된다. 어떤 말을 해도 전도자를 신뢰할 수 있을 정도의 관계가 된다면 반드시 전도의 열매를 하나님께 드리게 된다.

(2) 동성 우선의 법칙

가능한 동성끼리 만나서 전도하는 것이 좋다. 그러나 남녀가 함께 전도하러 갈 때에는 누구를 만나도 좋다.

(3) 한 번에 한 사람을 만나라

한 사람이 한 사람씩 개인적으로 만나 복음을 전해야 한다. 많은 사람을 놓고 전도하면 한 번에 많은 사람을 전도할 것이 아니냐는 생각을 할지도 모르지만 그렇지 않다. 반드시 한 사람이 한 사람씩, 한 팀이 한 사람씩 만나야 한다. 실제 전도에서도 여러 명을 놓고 전도할 때 여러 명이 함께 영접하기도 하고 결신하는 경우도 있지만 이런 경우는 매우 드물다. 복음을 전할 때는 모두가 잘 듣는 것 같았는데 영접 기도를 하자고 결단을 촉구하면 개인적으로는 기도하고 싶은 마음이 역력히 보이고 느껴지는데도 서로 눈치를 보느라고 결단하지 못하는 사례들이 많다. 복음 전도는 다분히 개인적이어야 한다.

(4) 복음만 전하라

복음만 전하도록 한다. 변론하지 말고, 부정하지 말고, 창피를 주지 말고, 곁길로 들지 말고, 오직 목표하고 있는 복음만 전해야 한다. 접촉하는 데 있어서 상대방이 어떤 질문, 어떤 언어, 어떤 태도로 나온다 해도 거기에 반발해 상대방의 마음을 상하게 한다면 더 이상의 대화는 없다. 혹 전도 대상자가 변론하는 말을 하며 여러 가지 방법으로 전도자의 마을을 상하게 해도 꾹 참고 또 참아야 한다.

(5) 핍박을 두려워 말라

우리는 복음을 전할 때 많은 사람에게 핍박과 무시와 멸시를 당하게 된다. 그러나 우리가 핍박과 무시를 당하고 거부를 당한다 하더라도 그것이 무슨 상관이 있겠는가? 우리가 예수님이 당하신 고통과 거부됨을 조금이라도 이해한다면 우리가 당하는 것은 다른 사람들이 그들 안에 새 생명을 발견할 수 있게 하기 위한 조그만 대가에 불과하다. 이러한 마음으로 전도했을 때 많은 사람을 그리스도께 인도할 수 있다.

2. 예수님의 개인 전도

(1) 예수님의 개인 전도 사례
· 어부를 제자로 부르심(마 4:18-22).
· 세리를 제자로 부르심(마 9:9-12, 눅 19:1-10).
· 니고데모를 부르심(요 3:1-15).
· 수가 성 우물가의 여인을 부르심(요 4:1-43).

예수님의 생애 중 대부분 사건은 개인적인 만남으로 이루어졌다. 약 3년 동안의 공생애 기간 전도자로서 멸망할 영혼들을 구원하시기 위해 일하셨던 것을 신약성경에서 볼 수 있다.

기회가 있을 때마다 많은 군중을 대상으로 전도하시며 또 개인적으로 전도하셨다. 예수님의 개인 전도는 그 의의가 매우 중요하기 때문에 가장 좋은 전도의 모범이 된다.

예수님이 행하신 개인 전도는 전도의 명령을 받은 우리에게 말할 수 없는 큰 표본이요, 가능성이요, 나도 할 수 있다는 자신감을 느끼게 한다. 예수님을 본받아 효과적인 개인 전도를 해야 한다.

(2) 예수님의 개인 전도 방법

- 사람을 직접 찾아가셨다(요 4:4).
- 둘씩 짝지어 보냈다(눅 10:1).
- 다양한 방법으로 직접 인도하셨다(눅 10:5, 요 4:7).
- 문제를 파악하여 해결하셨다(눅 13:6).
- 전도 비용에 동참하게 하셨다(눅 10:17).

(3) 개인 전도 요령

- 분명한 목표를 세우라(빌 2:13).
- 기회를 포착하라(엡 5:15-16).
- 예수의 이름으로 마귀의 세력을 묶으라(막 16:17).

· 복음을 분명하게 전하라(롬 10:14-15).

· 간증을 활용하라(요 1:13).

· 마음을 열도록 하라(계 3:20).

· 입으로 시인하게 하라(롬 10:9-10).

· 확실히 믿을 때까지 계속 전도하라(갈 6:9).

(4) 축호 개인 전도하는 방법

· 전도는 2인 1조가 좋다. 합심 기도를 하고 가라.

· 한 사람이 전도할 때 다른 한 사람은 재치 있게 도우라.

· 작은 성경을 사용하라.

· 전도 소책자, 필기구, 전도 보고서를 지참하라.

· 전도 시간은 1일 1-2시간이 좋다.

· 기도로 시작하고 기도로 마쳐라.

· 전도 보고서를 기록할 때 전도 대상자 앞에서 꺼내놓고 이름을 적지 말라. 기도해 주겠다고 작은 메모지 등에 내용을 적은 후 나중에 옮겨 적는다.

· 여러 팀이 함께 같은 지역을 방문할 경우 중복을 피하고자 스티커를 준비하고 방문 후 문 앞에 붙여 놓는다.

· 여러 명을 만나려 하지 말고 한 사람이 결신(決信)에 이르도록 애쓰라.

정리하기

1. 당신이 개인적으로 전도한 사람들의 이름을 기록해 보라.

2. 당신이 전도해야 할 사람들의 명단을 기록해 보라.

4. 방문 전도하는 방법

방문 전도는
두 사람이 한 팀을 이루어
주도면밀한 계획을 세워서
나가야 한다.

이사는 전도하려고 가는 것이다

미국에 사는 훼일 콕스라는 예수님을 잘 믿는 자매가 있었습니다. 이 자매는 정든 고향을 떠나 오클라호마로 이사하게 되었습니다. 그녀는 낯선 곳에 가자 자연히 교회 출석이 뜸해지고 기도가 잘 안 되며 신앙이 잠들고 식어 가는 것을 느꼈습니다.

그러던 어느 날 그녀는 교회에 출석해서 다시 결심과 각오를 새롭게 하고 재 헌신을 함으로 하나님을 위해 힘차게 일해 보겠다고 작정했습니다. 그리고 그녀는 내일부터 한 집을 정해 놓고 그 가정을 방문하고 그를 위해 기도한다.고 결심했습니다. 그녀는 자신이 작정한 것을 놓고서 하나님 앞에 엎드려 간절히 기도하기 시작했습니다.

기도하는 동안에 그녀는 자신이 계획하던 백인 가족에게 가서 전도할 것이 아니라. 아무도 찾지 않는 가난한 흑인 가족을 위해서 전도하라는 하나님의 음성을 듣게 되었습니다. 그리하여 그 자매님은 자신의 고집을 꺾고 성령의 인도하심을 좇아서 그 이웃에 사는 한 가난한 흑인 집을 찾아갔습니다. 그 집에 들어가 보니 부인은 병들어 죽어가고 있었으며, 이미 같은 병으로 가족 셋을 잃어버리고 절망에 처해 있었습니다. 그래서 이 자매님은 침상에 누워 있는 그 자매님에게 예수 그리스도의 구원과 사랑과 천국에 대해 복음을 전파하게 되었습니다. 그러자 그 남편이 이와 같은 사랑을 보고 마음에 큰 감동하여 그 자리에 무릎을 끓어 죄를 자백하고 예수 그리스도를 구주로 모시게 되었다고 합니다. 그 이후부터 시작해서 그 가족은 완전히 중생하게 되었고 하나님의 은혜를 받아 놀라운 복을 받게 되었으며 병도 치료받게 되었습니다. 그리고 그 가정이 놀라운 예수 그리스도의 복음의 증거자가 되었다고 합니다.

1. 방문하기 전에 준비할 것

· 방문할 대상자에게 미리 연락하라.
· 경비원이 지키는 아파트나 먼 곳은 미리 약속하라.
· 약속 시간을 철저히 지키라.
· 대상자의 기본적인 정보를 미리 알고 가면 좋다.
· 주차를 잘 시켜라.
· 작은 성경을 가방에 넣고 가는 것이 좋다.

2. 방문 전도자의 몸가짐과 복장

(1) 품위 있는 몸차림
· 화장: 온화하고 밝은 색조로 화장한다.

· 머리: 머리는 단정하게 하여 깔끔한 인상을 준다.

· 구두: 구두는 항상 깨끗하게 손질한다.

(2) 단정한 복장

· 검소하고 깨끗하며 단정한 옷차림을 해야 한다.

· 여성의 스타킹은 평범한 것으로 사용한다.

· 여성의 액세서리는 지나치지 않도록 한다.

· 가방은 활동하기 편한 것으로 깨끗하게 한다.

· 너무 짧은 옷, 검은색 옷은 되도록 피하라.

(3) 입 냄새 나는지 조심하라

· 대화 중에 입에서 악취가 나면 실례가 된다.

· 신경 써서 양치질하라.

· 껌이나 구강청정제 등을 사용하라.

3. 현관 앞에서

· 방문에 앞서 몸차림과 복장을 다시 한 번 점검하라.

· 대원들끼리 나누는 대화는 조용히 하라.

· 방문 시 현관문 앞에서 함부로 웃지 말라.

· 주인이 보는 앞에서 메모하지 말라.

· 방문 대상자의 문패를 다시 확인하라.

· 초인종은 가볍게 2번 정도 누른다.

· 초인종을 누른 뒤 도망치거나 머뭇거리지 말라.

· 현관문 앞에는 여자 대원이 잘 보이는 위치에 선다.

· 현관을 들어서면 반드시 문을 닫는다.

· 들어서면 밝고 상냥한 목소리로 "실례 합니다." 하고 자신 있고 당당하게 말한다. 그러나 거만해 보이지 않아야 한다.

4. 현관에 들어가서

· 현관에서 상대방과 대화할 때 상대방이 권유할 때까지는 먼저 거실이나 방에 들어가지 않는다.

· 비나 눈이 오는 날씨에는 자신의 옷과 구두가 깨끗한지 다시 확인하고 흙이 묻어 있지 않은가를 살펴본다.

· 신발은 현관문 쪽으로 가지런히 정리하고 들어간다.

5. 구도자의 집에 들어가서

(1) 친숙하게 자신을 소개하라

당신은 처음 몇 분 동안은 그 방안에서 주인공이 될 것이다. 맑고 밝은 모습을 하라. 상냥하고 친절한 태도를 가지며, 공손하면서 예절을 지키라.

(2) 전도 대상자 옆에 앉아라

두 사람이 함께 방문했을 때는 말을 해야 할 사람이 그 전도 대상자 옆에 앉아라. 이렇게 앉음으로 두 사람이 한 자리에서 같이 얼굴을 대하여 말할 수 있고. 동반자는 그 맞은편에 앉게 한다.

(3) 당황해하는 집에 대한 사과의 말을 받아들이지 말라

그 집주인이 "집이 너무 지저분하지요? 너무 부끄러워요."라고 말할 때 "그렇게 나쁘지 않은데요. 저의 집도 마찬가지입니다."라는 식으로 대답하지 말아야 한다. 그 대신에 신속히 화제를 바꾸어 "벽의 그림이 참 아름답군요."라고 말하거나, 아이 중의 하나를 가리키면서 "아이가 참 총명해 보이네요."라고 관심을 다른 곳으로 돌리는 말을 하는 것이 좋다.

(4) 그 집안에서 칭찬할 것을 찾아라

당신이 그 집으로 들어가면서 그 집안을 살피고 칭찬하기에 가장 적당한 것을 찾아라. 아첨하는 말을 하는 것은 쉽게 드러나고 기분을 상하게 하므로 당신이 칭찬할 때에는 진실하게 하라. 그 집안에서 어린아이라든가 그림이나 가구나 카펫 등에 대한 거짓 없는 칭찬은 온화한 대화의 길을 열어줄 것이다. 이런 말들은 그들을 안심시키고 당신에 대하여 기분 좋게 대하게 할 것이다. 적당한 칭찬은 고래도 춤 추게 한다!

(5) 텔레비전을 끄게 하라

일반적으로 텔레비전은 사람들의 시선을 집중시키는 강력한 역할을 한다. 따라서 텔레비전이 켜져 있는 집에서는 전도를 위한 진지한 대화를 진행해 나가기가 거의 불가능하다. 전도를 목적으로 방문한 집에 텔레비전이 켜져 있으면 주인에게 정중하게 잠깐 텔레비전을 꺼 주겠느냐고 부탁하라. 그러면 대부분 수락한다.

(6) 5분 또는 10분 동안은 일반적인 대화를 하라

잠깐 일반적인 대화를 하는 것은 복음 전도를 위해 대화의 분위기를 조성할 수 있도록 하며 복음을 전할 때 복음을 들을 수 있도록 하는 전주곡이 되기 때문에 매우 중요하다. 당신이 대화의 분위기 조성을 하지 못하면 성경을 읽어 주는 기회조차 잃어버리게 될 것이다.

(7) 떠날 때까지 교회나 교인에 관한 이야기는 삼가라

당신이 처음 이 집에 들어올 때 벌써 교회에서 왔다고 말하였으므로 떠날 때까지 그 말을 다시 하지 않아도 충분하다. 우리는 기본적으로 그들이 예수님께 대하여 관심을 가지도록 해야 한다. 보통 사람들은 교회에 출석하는 것으로 이미 구원을 받았다고 생각하기 때문에 우리는 이런 잘못을 더 저지르지 말아야 한다.

(8) 자연스럽게 영적인 대화로 전환하라

일반적인 대화를 너무 길게 하지 말아야 한다. 당신이 잠깐 일반적인 이야기를 한 다음에 영적인 대화를 시작하도록 시도해야 한다. 분위기 조성을 위한 이와 같은 대화는 20분을 초과하지 않게 해야 한다.

(9) 종교적인 전문어를 사용하지 말라

예컨대 형제님, 자매님, 집사님, 성령 충만, 구속의 은총, 찬양합시다. 주여! 할렐루야, 아멘 등을 주의하라. 특히 '형제님, 자매님' 같은 호칭은 구도자들에게 거부감을 주기 쉽다.

(10) 이야기할 때 너무 가까이 앉아서 말하지 말라

너무 가까이서 대화하면 침을 튀기거나 이성(異性)일 경우 오해의 소지가 있다. 복음을 설명하기에는 1미터 내외가 적합하다.

6. 구도자의 집에 들어가지 말아야 할 때

(1) 가족이 식사 중일 때

가족들이 식사 중이라면 "가족들이 식사하고 계시는군요. 방해하고 싶지 않습니다. 후에 다시 오도록 하겠습니다. 즐거운 시간 보내세요."라고 인사한 후 떠난다. 그들은 당신이 이렇게 말하는 것에 감사할 것이다. 당신이 다음에 다시 방문할 때에 더 따뜻하게 영접받을 기회들을 얻게 될 것이다.

(2) 그 집에 손님이 많이 왔을 때

다른 사람들이 많이 있는 곳에서는 한 사람을 그리스도에게로 인도하는 일이 대단히 힘들다. 이럴 때에는 전도 대상자를 부끄럽게 만들 수 있는 어려움이 있다. 이럴 때는 "오늘 저녁에는 손님들이 많이 계시군요. 방해하고 싶지 않으니 다음에 다시 방문해도 좋겠지요?"라고 말하는 것이 좋다.

(3) 그 집에 부인이 혼자 있을 때

남자 전도자가 방문했을 때 그 집에 부인이 혼자 있다면 전도자는 동반자가 함께 가지 않은 한에서는 의심의 여지가 없이 그 집에 혼자서 들어가지 않는 것이 현명하다.

(4) 그 가족들이 외출하려고 할 때

그 가족이 사전의 약속 때문에 외출하려고 할 때는 다음에 다시 방문할 것을 제의하라. 전도 대상자가 약속이 있다고 분명히 말하였는데도 그에게 당신의 방문을 부득이 요청하면 분명히 그런 행동을 달갑게 여기지 않을 것이다.

그런데 때로는 들어가지 말아야 할 때임에도 불구하고 성령님이 역사하고 계심이 분명한 경우에는 곧바로 그 집에 들어가서 그 영혼을 그리스도에게로 인도해야 한다. 이런 상황에서 전도 대상자가 정말로 깊은 관심을 가지고 당신이 그 집에 들어오기를 원하고 있으면 들어가서 그들을 예수님께로 인도해야 한다.

(5) 대화할 때

대화할 때는 자연스럽고 부드러운 자세로 해야 한다. 상대방을 궁지에 몰아넣지 말고 설교하지 말라. 존댓말을 사용하고 의미 없는 상투어를 피해야 한다(할렐루야, 아멘 등). 공포를 주거나 위협하지 말아야 한다(지옥 간다, 저주를 받는다는 등). 하나님은 사랑이심을 기억하자.

(6) 복음 전달

전도할 때 가장 중요한 것 중 하나가 바로 복음을 전달하는 일이다. 복음을 통해서만 인간이 변화되고 회심할 수 있기 때문이다. 실제 전도 현장에서 복음을 전할 때 믿지 않던 구도자가 복음을 듣고 지난날을 돌아보며 통곡하면서 예수님을 구주로 영접하는 일들이 빈번하다. 전도하기 위해서는 기회를 잘 포착하고 기회가 포착되었으면 주제에서 벗어나지 말고 복음을 설명해야 한다.

주제를 벗어나지 않고 복음을 설명하고 난 후에는 복음을 수용하는 정도에 따라 구도자가 결단할 수 있도록 한다. 복음을 들은 사람들의 반응은 다양하다. 전해 준 복음을 완전히 믿기로 한 경우라면 구도자가 자신의 신앙을 고백할 수 있도록 도와줘야 한다. 아무리 복음을 잘 전해도 대상자가 자신의 복음으로 받아들이는 신앙고백에 이르지 않으면 구원을 받을 수 없기 때문이다. 신앙고백이 이루어지면 함께 기도한다. 기도는 전도자가 먼저 하나님께 도움을 청하는 기도를 드리고 나서 함께 따라서 기도하도록 하여 영접하도록 하고 전도자가 그를 위해 기도하면 된다.

복음을 전했는데 잘 이해하지 못했다면 그 이해하지 못한 부분을 중심으로 다시 복음을 설명하여 이해하도록 하는 것이 좋다. 가끔 복음을 전했으나 받아들이기를 분명하게 거부하거나 유보하는 때도 있다. 이런 경우는 대단히 조심해야 한다. 자칫 강요하다가 관계가 단절되는 때도 있고, 주어진 기회를 놓칠 수도 있기 때문인데 기도로 준비하고 기도하는 자세로 전도에 임해야 한다. 아직은 시기상조라고 여겨지면 다음 기회를 위해 교회 참석을 권유하거나 방문 약속을 하는 것이 좋다. 구도자의 대부분은 장시간 성경공부를 통해 신앙고백에 이르는 수가 많다. 단번에 해치우려는 조급한 마음은 일을 망치기 쉽다.

(7) 구원 확신 설명

복음을 개인이 진심으로 영접한 경우에는 구원받은 자가 된 것이다. 함께 예수를 믿는다고 영접 기도를 했다고 할지라도 아직은 영적인 어린아이이기 때문에 전도자가 그 자리에서 당신이 왜 구원받았으며 영접 기도 후 지금 당신이 한 일에 대해서 어떤 변화가 일어났는가 하는 것을 성경 말씀을 통해서 확신시켜 주어야 한다(요 3:16, 5:24, 6:47, 요일 5:13).

"당신은 구원받았습니다. 구원은 천국 백성이 되는 것이며, 영생을 얻는 것입니다. 구원을 받은 순간 당신은 하나님의 자녀로 새롭게 태어났습니다."라고 영적인 출생 사실을 분명하게 알려줘야 한다.

(8) 즉시 양육

처음 주님을 영접한 사람은 영적인 어린아이다. 단계적인 양육과 성장이 지속해서 계속되어야 하겠지만 전도할 때는 그럴만한 시간과 여유가 없으므로 기본적인 양육을 해야 한다. 아이가 태어나면 정상적인 사람으로 자라도록 보살펴야 하듯이, 구원을 받은 이도 그 믿음이 성장할 수 있도록 교회, 기도, 성경, 예배, 전도 등에 관해 설명해 주어야 한다.

(9) 전도가 끝난 뒤

· 그 집 문 앞에서 함부로 떠들거나 웃지 말라.
· 전도 대상자를 위해 간절히 기도하라.
· 당일 밤과 주일이 되기 전에 전화를 해라.

· 주일 아침 직접 연락하여 교회에 함께 나오라.
· 새신자가 교회에 오면 당황하지 않도록 안내하라.
· 교역자와 해당 부서장에게 직접 인사시켜라.
· 주중에 다시 안부 전화와 심방을 하라.
· 첫 심방 때는 조그만 선물을 준비하면 더 좋다.

(10) 동반자가 해야 할 일

함께 전도를 나가는 동반자는 전도하는데 서로 도움이 되라고 나가는 것이다. 동반자는 일반적인 예비 담화에 가담하며, 전도자와 대상자가 대화할 수 있도록 환경을 만들어 줘야 한다. 영적 대화가 시작되면 침묵을 지키고, 방해자의 접근을 막고, 관심을 두고 기도하며 지켜보아야 한다. 기도할 때는 반드시 눈을 뜨고 평상적인 모습으로 기도해야 한다.

두 명이 한 조가 되어 전도를 나갔다고 두 사람이 모두 한 사람에게 전도(복음 전달)할 수는 없다. 일반적인 대화에는 함께 협력해도 되지만 일단 복음을 전달하는 영적 대화가 시작되면 침묵을 지키면서 복음 전달이 성공적으로 이루어질 수 있도록 기도하며 복음 전달을 가로막는 요소들을 순간순간 처리해 줘야 한다. 예를 들면, 누가 찾아오면 내다보고, 아이들이 울면 아이를 돌봄으로써 전도가 효과적으로 이뤄지도록 도와주어야 한다. 또 복음 전달을 하는 중에 끼어들지 말아야 한다. 혹 복음을 전하고 있는 전도자가 실수로 대화의 방향이 다른 곳으로 간다고 하더라도 절대로 끼어들어서는 안 된다. 끼어들어 동반자가 말을 하면 전도의 열매를 거두기 힘들다. 서로서로 협력해서 전도해야 성령의 역사 속에 영혼을 구원할 수 있다.

정리하기

1. 방문하기 전까지 해야 할 것을 써 보라.

2. 방문해서 구도자를 만난 경우 어떻게 해야 할 것인지 써 보라.

5. 전도 순서

전도에도 순서가 있나?
순서가 있다!
순서만 지키면 전도는 저절로 된다.
전도 대상자부터 파악한다. 그런 다음 ….

거두시는 분은 하나님

킴볼(Ezra Kimball)이라는 시카고의 한 주일학교 교사가 거리의 부랑아이며 거지처럼 더러운 한 소년을 교회로 인도하였습니다. 킴볼은 예수님을 믿은 지 10년만에 겨우 한 사람, 그것도 부랑 소년 하나를 교회에 인도할 수 있었는데, 바로 이 소년이 무디(Moody)였습니다. 무디는 미국과 캐나다에서 수십만 명을 그리스도께로 인도한 대 전도자입니다.

예수님은 말씀하셨습니다. "한 사람이 심고 다른 사람이 거둔다 하는 말이 옳도다(요 4:37)." 거두시는 분은 하나님이시므로 우리는 열심히 씨를 뿌려야 합니다.

1. 기본적인 전도 순서

· 전도 대상자를 기록한다(가까운 사람부터).

· 기도하며, 집을 돈다(여리고 작전).

· 찾아가서 사랑을 베푼다(생활 속에서 친밀한 관계).

· 전도한다(복음 제시, 초청).

· 교회로 인도한다.

· 신앙이 성장하도록 보살핀다.

2. 전도의 단계

· 나가라.
· 전도하고자 하는 대상자를 만나라.
· 신뢰 형성 단계: 만났으면 대화를 해야 한다.
· 복음 전달 단계: 예수 그리스도의 복음을 증거한다.
· 결실 단계: 복음을 전한 후 함께 기도하여 예수님을 개인의 구주로 영접하게 한다.
· 양육 단계: 결신한 사람을 교회로 인도하여 양육하여 성장케 한다. 믿음에서 떠나지 않고 혼자서도 신앙생활 할 수 있는 단계까지 보살핀다.
· 승리하는 삶의 단계: 전도된 사람이 장성한 분량, 장성한 그리스도인으로 성숙하여 다른 사람을 전도할 수 있는 단계다.

위의 전도 단계는 전도자가 책임지고 수행해야 할 전도자 책임의 단계다. 이 단계를 인내와 사랑과 보살핌으로 이끈다면 전도된 새신자는 승리하는 삶을 살게 되어 하나님께 영광을 돌리게 된다.

3. 전도할 때 주의 사항

· 항상 미소를 지어라.

· 성령님의 능력을 의지하라.

· 사랑으로 친구처럼 대하라.

· 자연스럽고 침착하게 대하라.

· 긴장하지 말고 담대하게 대하라.

· 확신 있게 대하라.

· 실례되는 말을 하지 말라.

· 존댓말을 쓰라.

· 입에서 냄새가 나지 않게 하라.

· 강요하거나 구걸하는 태도로 하지 말라.

· 복장은 단정하게 하라.

· 거부당해도 좋은 인상을 남기고 헤어져라.

4. 전도할 때 첫 번째 말

· 종교에 관한 관심이 있으신지요?

· 저는 ○○○교회 교인입니다.

· 저는 ○○○교회에서 나왔습니다.

· 잠시 전해 드릴 것이 있어서 왔습니다.

· 잠시 시간 좀 내실 수 있습니까?

· 기독교에 관하여 말씀드리려 하는데요.

· 당신은 구원받았습니까?

· 지금 당장 세상이 끝난다면 천국에 갈 수 있나요?
· 이런 작은 책자를 보신 적이 있으십니까?
· 혹시 새 생명에 대해서 들어보신 적이 있으십니까?
· 내가 만난 예수님에 대해 말씀드려도 될까요?
· 죽은 후 어떻게 되는지 생각해 보셨습니까?

5. 전도자 수칙

· 기도로 시작해서 기도로 마쳐라.
· 복음을 처음으로 받았을 때와 같이 전하라.
· 무익하고 쓸데없는 잡담을 피하라.
· 이성에게 전도할 때에는 특별히 주의하라.
· 두 명씩 짝지어 나가라(눅 10:1).
· 두려워 말고 담대하라(신 31:6).
· 한 생명을 귀중히 여기라.
· 옷차림을 깨끗하게 하고 단정히 하라.
· 어려운 말을 삼가라.
· 미소 띤 얼굴로 전하라.
· 대화 중 입에서 냄새가 나지 않도록 주의하라.
· 다른 교회나 교인에 대해 비판하지 말라.
· 작은 성경을 항상 휴대하라.

· 전도는 실패가 없음을 항상 확신하라.
· 전도 노트를 만들어 이름을 적고 기도하라.
· 결신 후 양육에 책임을 지라.
· 교회로 인도할 때는 직접 찾아가서 인도하라.
· 시간을 정확히 지키라.
· 믿은 사람으로서 본을 보이라.

6. 복음을 말하는 방법

· 차근차근 분명하게 전달하라.
· 자신의 음성 어조, 표정으로 전달하라.
· 논쟁적인 어조의 태도를 하지 말라.
· 틀렸다는 말보다는 흥미롭다는 말로 대응하라.
· 하나님이 이해를 주시도록 기도하라.
· 교회에 오면 병이 낫는다, 물건 팔아 주겠다는 등 지킬 수 없는 말을 하지 말라. 복음의 진수만을 전하라.

7. 전도의 결과

· 인간의 영혼을 구원한다(행 2:37, 롬 1:16).
· 인간의 육신을 구원한다(행 3:58).

- · 가정을 구원한다(행 16:31).
- · 주님께 기쁨이 된다(눅 10:21).
- · 하나님께 기쁨이 된다(눅 15:7-10).
- · 전도자에게 기쁨이 된다(눅 10:17).
- · 멸망을 예방한다(겔 33:9.11).
- · 교회 부흥이 온다(행 2:47).
- · 생명책에 기록된다(눅 10:20).
- · 민족이 구원된다(요 4:38).
- · 하늘의 상급이 크다(단 12:3, 살전 2:19-20).

정리하기

1. 일반적인 전도 순서를 말해 보자.

2. 전도의 단계를 말해 보자.

6. 새신자 양육

태어난 아이는
부모가 길러야 한다.
전도한 새신자는
전도자가 양육해야 한다.

목사와 주정뱅이

김익두 목사님이 부흥회를 인도하려고 고개 너머의 교회로 가는데, 너무 더워서 산꼭대기에 올라가서는 그만 웃옷을 다 벗고 나무 그늘에서 평안히 쉬게 되었습니다. 그때 맞은편에서 술에 취한 사람이 비틀거리면서 올라오는 것이었습니다. 그 사람은 김익두 목사에게 다가오자마자 시비를 걸었습니다.

"왜 당신이 여기 먼저 올라왔느냐?"

말 같지 않은 소리로 자꾸만 시비를 거는 것이었습니다. 말대꾸를 안 하니까 이 술 취한 사람은 김익두 목사님에게 온갖 폭언과 함께 폭행을 가하기 시작했습니다. 목사님은 한마디 말없이 당하고 있을 뿐이었습니다. 힘이 없어서라면 어쩔 수 없겠지만, 주먹깨나 쓰는 사람이 말없이 맞고 있으니 그 심정이 오죽했겠습니까? 얼마 지나자 목사님은 조용히 일어나 말했습니다.

"형님 다 때렸소?" 그랬더니, 그 사람은 "다 때렸다. 왜?" 하며 다시 달려들려고 했습니다. 그때 목사님이 정색하면서 그 사람에게 말했습니다. "예수는 내가 믿고, 복은 자네가 받았네 그려."

잠시 후 "내가 김익두라는 사람이요."라고 말하자 그 사람은 김익두라는 말에 안색이 변하기 시작했습니다. 이때 김익두 목사님은 이렇게 말했습니다. "내가 예수 믿기 전이라면 당신 오늘 장례를 치를 것인데, 내가 예수 믿은 덕에 당신이 오늘 산 줄을 아시오." 그때야 그 사람은 머리를 땅에 대고 "형님, 저 어찌하면 되겠습니까?" 하며 빌었습니다. 그러자 목사님은 "무얼 어떻게 해, 따라와." 하며, 자기 부흥회 하는데 데리고 가서 자리에 앉혔다고 합니다. 이 사람은 나중에 예수님을 믿고 훌륭한 장로가 되었습니다.

복음을 증거하여 사람들을 그리스도께 인도했다고 해서 전도자의 사명이 완수된 것은 아니다. 전도자가 새신자를 돌보고 양육하는 것이 더욱 중요하다. 새신자는 아직 자립할 능력이 없으므로 마땅히 보호를 받아야 한다. 사탄은 우는 사자 같이 이제 처음으로 그리스도의 사람이 된 이들을 넘어지게 하려고 기회를 엿보고 있다. 따라서 전도자는 먼저 기도로 마귀의 세력을 묶고 말씀으로 권면하며, 성령 가운데서 기쁨으로 충만한 생활을 하도록 인도해야 한다.

1. 구원의 확신을 하도록 도와야 한다

죄를 용서받고 하나님의 자녀가 되었다는 구원의 확신은 기독교 신앙의 중심이다. 아직 구원의 확신이 없는 사람은 진정한 의미에서 그리스도인이라고 할 수 없다. 오늘날 어떤 그리스도인들은 오랫동안 교회에 다니고 있으면서도 자신이 구원을 받았는지 받지 않았는지 확신하지 못하고 있다. 이런 사람들은 갈대와 같아서 삶 가운데 근심과 걱정과 핍박이 다가오면 미련 없이 교회를 떠나고 예수님을 부인한다. 또한 이런 사람들을 성령이 그 안에 거하실 수 없으므로 열매를 맺지 못하고 그리스도의 복음을 전하지 못한다.

어떻게 구원의 확신을 얻을 수 있을까? 구원의 확신은 사람이 임의로 원한다고 해서 얻어지는 것이 아니다. 구원은 하나님으로부터 주어지기 때문에 하나님의 말씀과 성령님의 감동 감화하심으로 얻을 수 있다. 하나님은 우리에게 구원의 길을 이미 성경 가운데 알려 주셨다. 그러므로 그것을 믿고 입으로 시인하는 자마다 성령님이 그의 영혼 속에 새 영을 불어넣으시며 구원의 사실을 깨닫게 하시고 확신하게 한다.

> 네가 만일 네 입으로 예수를 주로 시인하며 또 하나님께서 그를 죽은 자 가운데서 살리신 것을 네 마음에 믿으면 구원을 받으리라 사람이 마음으로 믿어 의에 이르고 입으로 시인하여 구원에 이르느니라(롬 10:9-10).

이렇게 우리가 믿는 바를 입으로 시인하고 확고히 붙잡으며 성령님이 임하셔서 우리 마음속에 평안과 기쁨으로 구원의 확신을 주실 것이다. 구원의 확신이 다가온 날, 바로 그날이 우리의 영적인 생일이다. 하나님의 자녀로 태어난 것이다.

하나님께 감사하리로다 너희가 본래 죄의 종이더니 너희에게 전하여 준 바
교훈의 본을 마음으로 순종하여 죄로부터 해방되어 의에게 종이 되었느니라
(롬 6:17-18).

이렇게 새신자가 예수님을 마음에 구주로 믿고 입으로 시인함으로
구원의 확신을 얻고 나면 전도자는 큰 기쁨의 단을 거두게 된다. 그
렇게 되도록 전도자는 새신자를 인도해 주어야 한다.

2. 하나님의 말씀을 가르쳐 주어야 한다

구원의 확신이 새싹과 같다면 말씀 안에서 성장은 식물이 꽃 피고
열매 맺는 것과 같다. 하나님의 성령으로 영이 살아나는 영생을 얻었
으면 우리는 당연히 하나님 나라의 양식을 먹어야 한다. 우리가 먹어
야 할 하나님 나라의 양식은 하나님의 말씀이다.

예수께서 대답하여 이르시되 기록되었으되 사람이 떡으로만 살 것이 아니요
하나님의 입으로부터 나오는 모든 말씀으로 살 것이라 하였느니라(마 4:4).

새신자가 주 안에서 자라기 위해서는 정기적으로 하나님의 말씀을
읽고 영양을 섭취해야 한다. 교회에 나와서 말씀을 듣고 먹으므로 성
장하기도 하지만, 전도자가 처음 몇 개월 동안은 정기적으로 하나님

의 말씀 가운데서 새신자에게 꼭 필요한 말씀들을 가르쳐 주고 깨닫게 할 필요가 있다. 우리가 성경을 가르쳐야 하는 이유는 성경은 하나님의 말씀으로 성도들의 생각을 깨끗하게 하며 믿는 자의 영적인 양식이 되기 때문이다.

> 이는 곧 물로 씻어 말씀으로 깨끗하게 하사 거룩하게 하시고 자기 앞에 영광스러운 교회로 세우사 티나 주름 잡힌 것이나 이런 것들이 없이 거룩하고 흠이 없게 하려 하심이라(엡 5:26-27).

그러므로 전도자는 새신자에게 하나님의 말씀을 부지런히 가르쳐 그가 올바로 성장할 수 있도록 도와주어야 한다.

3. 교회 생활에 적극적으로 참여하게 해야 한다

그리스도인의 영적인 성장은 예수님 안에 있을 때 가능하다. 교회는 눈에 보이지 않는 영적인 예수님의 몸이다. 그 몸의 지체된 그리스도인들은 마땅히 머리 되시는 예수님 안에 있어야 한다. 예수님은 자신을 포도나무로, 성도를 가지로 비유하시면서 이렇게 말씀하셨다.

> 내 안에 거하라 나도 너희 안에 거하리라 가지가 포도나무에 붙어 있지 아니

하면 스스로 열매를 맺을 수 없음 같이 너희도 내 안에 있지 아니하면 그러하리라 나는 포도나무요 너희는 가지라 그가 내 안에, 내가 그 안에 거하면 사람이 열매를 많이 맺나니 나를 떠나서는 너희가 아무 것도 할 수 없음이라(요 15:4-5).

성도들이 포도나무 되시는 예수님 안에 거하기 위해 주의 이름으로 모이는 교회 생활에 부지런해야 한다. 교회는 주의 성령이 거하고 하나님의 말씀이 선포되며 영육이 치료 되는 역사가 일어나는 곳이다. 그러므로 새신자의 영적인 성장에 있어서 교회 생활이란 절대적인 위치를 차지하고 있다.

또 약속하신 이는 미쁘시니 우리가 믿는 도리의 소망을 움직이지 말며 굳게 잡고 서로 돌아보아 사랑과 선행을 격려하며 모이기를 폐하는 어떤 사람들의 습관과 같이 하지 말고 오직 권하여 그 날이 가까움을 볼수록 더욱 그리하자 (히 10:23-25).

그러므로 새신자를 양육하기 위해서는 주일마다 교회에 출석하고 수요 예배, 기도회, 소그룹 예배 등에 참석하게 하며 속히 가정 예배를 시작하도록 권면해야 한다.

4. 성령 충만을 받게 해야 한다

전도자는 새신자들을 가능하면 신속하게 성령 충만을 받을 수 있도록 인도하고 도와주어야 한다. 성령님은 성도들의 생각과 생활 속에 거룩함을 가져다주시며(살후 2:13), 성도들이 어려운 일을 당하여 낙심할 때에 위로하고 도우신다.

> 이와 같이 성령도 우리의 연약함을 도우시나니 우리는 마땅히 기도할 바를 알지 못하나 오직 성령이 말할 수 없는 탄식으로 우리를 위하여 친히 간구하시느니라(롬 8:26).

성령 충만한 성도만이 능히 악한 사탄의 궤계를 물리치고 승리할 수 있으며 아름다운 성령의 열매를 맺을 수 있다. 따라서 전도자는 새신자가 하루빨리 성령을 받고, 성령 충만할 수 있도록 적극적으로 도와야 한다.

5. 예수님을 전하게 해야 한다

신앙생활은 흐르는 물과 같다. 전도할 줄 모르는 성도는 항상 말씀을 받아먹기만 하고 나누어 줄 줄 모르면, 곧 비만증에 걸려 허약한 신앙이 되고 만다. 신앙생활에서 가장 좋은 신진대사 방법은 전도하는 것이다. 전도할 때 나의 신앙에 새로운 확신이 다가온다. 전도할 때 구속의 은혜에 대해 다시 한 번 감격하게 된다. 전도할 때 성령께서 나의 마음을 얼마나 지혜롭게 깨우쳐 주셨는가를 깨닫게 된다. 전도할 때 나의 마음속에서 솟아오르는 성령의 기쁨을 느끼게 된다.

주의 복음은 세대를 두고 전파되어야 하며, 이곳에서 저곳으로 땅 끝까지 전파되어야 한다. 새신자는 다시 전도자가 되어야 하고 전도자는 다시 새신자를 길러내야 한다.

> 누구든지 주의 이름을 부르는 자는 구원을 받으리라 그런즉 그들이 믿지 아니하는 이를 어찌 부르리요 듣지도 못한 이를 어찌 믿으리요 전파하는 자가 없이 어찌 들으리요 보내심을 받지 아니하였으면 어찌 전파하리요 기록된 바 아름답도다 좋은 소식을 전하는 자들의 발이여 함과 같으니라(롬 10:13-15).

정리하기

1. 새신자가 전도하도록 해야 하는 까닭은 무엇일까?

2. 새신자를 양육하는 방법을 간단히 기록해 보라.

부 록

인천제일교회 전도 프로그램
복음 전도 예문/전도폭발 예문
이단 사이비 종교를 어떻게 대처할까?

부록 1

인천제일교회 전도 프로그램

1. 초창기 전도

· 담당 / 교구별
· 장소 / 교구별 전략 지역

인천제일교회는 교회 설립 초기부터 전도를 교회 사역의 핵심으로 삼았다. 초창기에는 가정마다 찾아가 복음을 전하는 축호 전도에 주력했다. 그리고 이를 통해 성도들의 전도 열의도 높아졌고, 많은 열매를 맺었다. 축호 전도는 속회전도와 더불어 인천제일교회가 실시한 전도의 효시였던 셈이다. 세월이 흘러 축호 전도가 예전과 달리 어려워진 것도 사실이다. 아파트촌이 형성되면서, 출입 자체가 불가능한 곳이 많아졌기 때문이다. 그런데도 본 교회는 지금도 축호 전도에 힘쓰고 있다.

축호 전도를 지속해서 하다 보니, 다양한 전도 방법을 개발하게 되었다. 현재 인천제일교회 전도는 축호 전도, 노방 전도, 전도 대회, 속회전도 등 여러 가지 전도 방법을 시기와 형편에 맞게, 그리고 대상에게 맞게 실시하고 있다.

2. 화요 전도

﹑담당 / 교구별
﹑장소 / 교구별 전략 지역

화요 전도는 본 교회의 주력 전도다. 본 교회는 화요일은 전도하는 날로 정해서, 전도 대원들을 모집하고, 누구든지 전도하고 싶은 분들은 화요일에 나와서 하루를 전도로 봉사한다. 전도 대원들은 매주 화요일 오전 10시에 교회에 모여 성경공부와 기도회를 한 후, 11시에 전도 현장으로 나가서 3시까지 전도 활동을 한다. 전도는 교구별로 선정한 전도 전략 지역을 중심으로 진행되며, 전도 후 다시 교회로 돌아와서는 평가회 및 기도회를 한 후 해산한다.

이 전도 활동을 통해 교회는 지속적인 열매를 맺고 있다. 교회 등록 인원의 절반 이상이 화요 전도를 통해 얻은 열매다. 여기서 거두어진 열매는 그 지역의 속으로, 성경공부반으로 인도된다.

3. 수요 심방전도

、담당 / 속장

수요일은 속회별로 전도하는 날이다. 수요일 속장 교육을 마친 후 속별로 연합하여 심방하며 전도한다. 속장들끼리 자신들의 담당 지역을 함께 전도하고, 장기 결석자와 믿음이 연약한 성도를 집중적으로 심방한다. 이와 같은 심방전도를 통해 여러 가지 형편 때문에 교회를 멀리하던 분들이 새롭게 신앙을 회복한다.

4. 금요 속회전도

、담당 / 각 속별 전도

속회를 마친 후 속별 전도 대상자 명단을 놓고 기도하며 전도한다. 속원들은 전도 대상자를 위해 미리 기도하고 친교를 가졌다가 적당한 기회에 함께 심방하여 열매를 맺는다. 또한 속회는 속장이 앞장서서 속원들과 함께 지역을 정해 복음을 전한다. 전도된 사람은 바로 그 속에 속하게 되며, 성경공부반으로 인도된다.

5. 금요 교사 전도

、담당 / 교사

교회 학교 교사들의 아동 전도 프로그램이다. 금요일 오전에 모여 기도하고 전도를 준비한다. 그리고 교회 근처에 있는 초등학교 앞에서 전도한다. 전도된 아이들은 교사들의 심방 후 교회에 나오게 된다. 본 교회에는 어린이 전도에 사명감을 가지고 전도하는 분들이 많다.

6. 토요 전도대

、담당 / 전도학교 수료생

성도들이 복음에 대해 담대히 전할 수 있도록 다양한 전도 프로그램을 진행하고 있으며, 특별히 교회 자체적으로 이론과 실제를 겸한 전도학교를 실시하고 있다. 그리고 이를 공부한 수료생들을 중심으로 토요일 오후에 모여 전도하고 있는데, 이를 통해 전도학교의 연속성을 이루고 있다.

7. 토요 교회 학교 전도

、담당 / 교사, 아동

교회 학교 교사와 아동이 연합하여 전도 활동을 한다. 금요 교사 전도를 통해 전도된 아동, 교회 학교 아동들의 전도 대상자 등을 토요일 오후에 교회로 초청하여 영화, 레크리에이션 등을 통해 자연스럽게 복음을 전한다. 그리고 이때 참석한 아동들을 주일에 교회로 인도한다.

8. 주일 남성 전도

、담당 / 남성 성도

주일에 실시하는 노방 전도, 축호 전도는 남성들이 중심이 되어 진행한다. 남선교회, 청장년선교회, 장년회 등 기관별로 주일 오후에 전도 활동을 하고 있다. 남성들은 대부분 직장인이기 때문에 평일에는 거의 시간을 내기 어려운 관계로 주일 오후를 이용해서 전도 활동을 한다. 이 활동을 통해 남성 성도들의 신앙이 자라며 전도의 열매를 맺고 있다.

9. 인천시 복음화 전도 축제

ㆍ시기 / 매월 1회 2일간
ㆍ장소 / 인천시 전 지역

교회가 총동원되어 아침부터 저녁까지 오직 전도만 한다. 인천시 복음화를 목표로 하는 전도다. 많이 기도하고 준비한 결과 현장에서 거두는 결실이 많다. 그로 인해 인천제일교회는 교회와 멀리 떨어져 사는 성도들이 많은 편이다. 전 교인들이 교구장을 중심으로 교구별 책임 지역에서 전도한다.

10. 1일 전도 여행

ㆍ시기 / 봄, 가을에 한 번씩 공휴일을 정하여
ㆍ장소 / 전국에 있는 교회 한 곳을 선정하여,
　　　　 그 교회와 연합하여 전도

2주 전에 지역 교회와 전도를 위한 훈련을 한다. 그리고 당일 새벽에 출발하여 낮 12시까지는 전도 훈련을 하고, 오후에는 지역 교회와 연합으로 전도한 후에 전도 보고대회를 갖는다. 전도된 새신자는 해당 교회에 인계한다.

성도들은 일단 가면 아주 열심히 전도한다. 성도들은 이를 통해 자신이 사는 곳을 넘어 온 나라가 전도의 현장임을 알 수 있으며 땅끝까지 복음을 전하라는 주님의 명령에 순종하는 법도 배우게 된다. 실제로 전도의 열매도 많다.

1일 전도는 이 외에도 전도 여행 준비, 전도대 조직 정비 및 전도 훈련에 있어 필요한 부분들의 보완 등 다양한 효과를 거두게 한다. 또한 본 교회는 물론 지역 교회 안에도 전도에 힘을 쓰고자 하는 움직임과 함께 전도대가 만들어지는 경우도 많다.

11. 전도 여행

ㆍ시기 / 8월 둘째 주 3박 4일
ㆍ장소 / 전국에 있는 교회 한 곳을 선정하여,
　　　　그 교회와 연합하여 전도

전국의 중소도시를 중심으로 한 교회를 선정하여 실시한다. 모든 경비는 전도 여행에 참여한 개인이 부담하며 오전에는 전도 훈련과 전도 실습, 오후에는 축호 전도, 밤에는 인구 밀집지역 전도 및 새신자 초대 행사, 평가회 등으로 진행된다. 이를 통해 본 교회와 지역 교회에 전도의 불이 더욱 붙게 된다.

12. 예수 사랑 전도 축제

、시기 / 봄, 가을로 각 5-6주
、장소 / 교구별 거점 지역 및 학교 등

봄과 가을에 각각 5-6주 정도 예수 사랑 전도 축제를 진행한다. 이때는 교회 학교는 물론 전 교구가 전도에 온 힘을 쏟는 때다. 매일 매일 전도와 대상자 심방 등을 진행하며 매주 전도 인원과 대상자를 확인한다.

교구별로 거점전도, 노방 전도, 대상자 심방 등을 진행하며 교회 학교에서는 학교 앞 전도, 방과 후 심방, 캠퍼스 전도 등을 진행한다. 이를 통해 전 교인의 신앙이 성장하고 전도의 큰 열매도 맺게 된다.

13. 아파트 전도

인근에 아파트 단지가 조성되면서 그곳으로 이주한 본 교회 교인들을 중심으로 아파트 전도가 시작되었다. 그 후 새로운 아파트 단지가 조성될 때마다 아파트 전도가 이루어지고 있으며 그곳들을 중심으로 전도와 예배가 활성화되면서 많은 열매를 거두고 있다.

14. 농어촌 전도

100개 교회 돕기 운동의 일환으로 농어촌 지역과 도시의 개척 교회를 돕기 위해 초창기부터 시작했다. 이는 농어촌에서 이주해 온 성도들로 인해 도시 교회가 부흥되었기에 농어촌 교회에 그 빚을 갚는다는 심정으로 시작한 것이다. 매달 선교비를 지원하고 있으며, 필요에 따라 교회를 증축하는 등의 각종 지원을 하고 있다.

15. 전도학교

· 일정 / 토요일 오전 10시-오후 2시
· 기간 / 단계별로 12주
· 단계 / 1-3단계

그동안 본 교회에서는 복음에 대해 확신을 하고 담대하게 전할 수 있도록 각종 전도 세미나, 외부의 전도 프로그램 등을 가지고 성도들을 꾸준히 훈련해 왔다. 그러다가 2004년부터는 전도에 대한 이론과 실제를 교회 자체적으로 개발하여 전도학교를 개설하였으며 이를 통해 실력 있는 전도자들을 계속해서 배출하고 있다.

부록 2

복음 전도 예문 / 전도폭발 예문

1. 첫인사

· 전도자의 판단에 따라 구도자와 첫인사 과정은 때에 따라 생략하고 복음 전도로 곧장 들어갈 수 있다.

(1) 일상적인 삶을 나누며 마음 문을 연다

(복음 전도에 있어서 가장 중요한 부분이다. 이 부분의 성공은 복음 전도의 성공과 직결된다. 최대한의 예절, 상대방과 관련된 부분에 대한 칭찬이 필수적이며 전도자의 교회 배경은 때에 따라 처음에는 숨길 필요가 있다.)

전도자: 딩동!

구도자: 누구세요?

전도자: 안녕하세요! 우리는 제일교회에서 나왔습니다. 여기가 최소영 씨 댁입니까?

구도자: 그런데요.

전도자: 지난번에 우리 교회에 한번 다녀가셨다고 목사님께서 꼭 찾아뵙고 인사드리라고 해서 왔습니다. 잠깐 들어가도 되겠어요?

구도자: 예, 들어오세요!

전도자: 감사합니다.

구도자: 이리 앉으세요.

전도자: 시간을 내주셔서 감사합니다. 저는 제일교회에 다니는 ○○○이라고 하고요, 같이 오신 이 분은 ○○○이고, 이 분은 ○○○ 씨십니다. 지난 주일 우리 교회에 출석하셨는데, 꼭 한번 찾아뵙고 싶었습니다. 벽에 걸린 사진을 보니 남매를 두신 것 같은데 참 다복해 보이는군요. 꽃꽂이가 아주 잘 어울리네요. 꽃꽂이 배우셨어요?

구도자: 예, 얼마 전에 취미 겸 배웠어요.

전도자: 얼마나 배우면 저렇게 잘할 수 있어요?

구도자: 잘하긴요. 2-3개월 하면 웬만큼은 해요.

전도자: 꽃을 좋아하시는 분들은 성격이 아름답다는데, (소영 씨)도 성격이 참 고우신 것 같군요.

구도자: 감사합니다.

(2) 교회 배경을 파악한다

(교회 배경, 기타 종교 배경을 파악한다.)

전도자: 이전에 교회에 다녀 보신 적은 있으세요?

구도자: 네! 어렸을 때 한두 번 가 본 적이 있고, 지난번에 친구의

권유로 ○○교회에 한번 가보았어요.

(3) 우리 교회에 대해 알고 있는지 파악한다

(교회에 대해 그들이 받은 첫 인상과 생각을 파악.)

전도자: 아! 그러셨군요. 그런데 우리 교회에 오셨을 때 첫인상이 어떠셨어요?

구도자: 좀 당황했지만 모두 밝고 기쁘게 노래하는 모습이 보기 좋았어요.

(4) 믿기 전과 믿은 후의 삶에 대해 간증한다

전도자: 그래요. 우리 교회에 처음 나오신 분들이 그런 말씀을 많이들 하세요. 그분들이 그처럼 밝고 기쁨이 있는 것은 그분들이 영생을 하고 있기 때문이랍니다. 제가 (소영 씨)를 처음 뵙지만, 제가 영생을 얻고 내 삶이 온통 바뀌었던 사건을 잠깐 말씀드려도 되겠습니까?

구도자: 네 말씀하세요.

〈간증〉

(3분 이내로 미리 준비된 내용만 전한다.)

영생을 얻기 전 저는 ...... (어두웠던 삶의 개념 하나를 선정하여 제시한다.) 그러던 어느 날 저는 영생을 얻었습니다. 영생을 얻은 이후 저는 ......(어두웠던 사람에 대응되는 밝은 개념을 예증한다.) 그것은 제가 오늘 밤이 세상을 떠난다 할지라도 천국에서 눈뜰 확신이 있기 때문입니다.

잇는 말: 제가 오늘 소영 씨를 처음 뵙지만, 질문을 하나 드려도 되겠습니까?

구도자: 예.

(5) 신앙 상태를 파악하기 위한 진단질문

(신앙생활 경험자에게는 구원의 확신이 분명한가?)

전도자: 사실 우리 인생은 오는 순서는 정해져 있지만 가는 것은 그렇지 않아요. 이것은 가정입니다만,

(질문): (소영 씨), 만일 살다가 오늘이라도 이 세상을 떠나신다면, 영생하는 천국에 들어갈 수 있다고 생각하십니까? **(신앙생활 경험자에게 는 이렇게 물어 본다. "천국에 들어갈 것을 확신하고 계십니까?")**

구도자: 글쎄요.

전도자: 네, 그러시군요. 저도 영생을 얻기 전에는 그랬어요.

그런데 성경에 "내가 너희에게 이것을 쓴 것은 너희로 하여금 너희 에게 영생이 있음을 알게 하려 함이라(요일 5:13)."고 했어요. 하나님 이 우리에게 영생, 즉 영원한 생명이 있다는 사실을 성경을 통해 알 려주고 계시답니다. 제가 어떻게 영생을 얻게 되었는지 말씀드려도 되겠습니까?

구도자: 예.

잇는 말: 제가 (소영 씨)를 처음 보았을 때 꼭 하고 싶은 말이 있었는

데 (소영 씨)의 대답을 듣고 보니 (소영 씨)께서 지금까지 들으신 것 중에 가장 기쁜 소식을 전해 드릴 수 있겠군요.

2. 복음

(1) 복음은 하나님이 주시는 선물이다

전도자: 그 기쁜 소식이란 하나님이 (소영씨에게) 영생을 선물로 주시기를 원하고 계신다는 것입니다.

1. 성경에 "하나님의 선물은 그리스도 예수 우리 주안에 있는 영생이니라(롬 6:23)."고 말씀하고 있습니다. 하나님은 영생을 우리에게 선물로 주신다는 것이지요.

사실 우리가 살면서 생명과 관계되는 가장 중요한 것들은 다 거저 받습니다. 예를 들면 우리를 숨 쉬게 해 주는 공기, 밝은 햇빛, 마시는 물, 심지어 우리의 생명까지도 거저 받았어요. 그런데 가장 중요한 영원한 생명도 우리에게 선물로 주신다는 것입니다.

2. 천국은 값을 지불하고 살 수 없고, 노력해서 얻을 수도 없고 오직 선물로만 받을 수 있습니다. 성경에 "너희는 그 은혜에 의하여 믿음으로 말미암아 구원을 받았으니 이것은 너희에게서 난 것이 아니요 하나님의 선물이라 행위에서 난 것이 아니니 이는 누구든지 자랑하지 못하게 함이라(엡 2:8-9)."고 말씀하고 있어요.

잇는 말: 그러면 왜 우리는 천국을 값을 치르고 받을 수 없고 선물

로만 받아야 할까요? 이것은 성경이 인간에 대해서 말씀하고 있는 것
을 이해하면 잘 알 수 있습니다.

(2) 인간

전도자: 인간은 죄인입니다. 성경에 보면 "모든 사람이 죄를 범하
였으매 하나님의 영광에 이르지 못하더니(롬 3:23)."라고 말씀하고 있
습니다.

1. 사람들은 죄라고 하면 텔레비전이나 신문에 나오는 살인, 절
도, 폭행 등 구체적인 범죄 행위를 떠올립니다. 그런데 성경에는 죄
를 행동으로 짓는 죄인 살인, 폭행, 사기와 말로 짓는 죄인 욕, 거짓
말, 이간질, 심지어는 착한 일인 줄 알면서도 하지 않는 것도 죄가 되
고, 마음으로 죄를 짓기도 하는 것입니다. 성경에 보면 "여자를 보고
음욕을 품은 자마다 이미 간음했다."고 하였고, "누구든지 형제를 미
워하는 자는 살인했다."고 하며, 재물을 보고 욕심이 생기면 도둑질
했다고 하거든요. 그런데 하나님은 죄 중에서 가장 큰 죄는 하나님을
믿지 않는 죄라고 합니다. 이처럼 우리 인간은 하나님의 기준으로 보
면 모두가 죄인입니다. 이런 기준에서 볼 때 저는 하루에도 많은 죄
를 짓고 사는 것 같아요. 소영 씨는 어떠세요?

구도자: 저도 그래요.

전도자: 아 그러세요! 소영 씨 솔직히 말씀해 주셔서 고맙습니다.

2. 그렇다면 우리 인간이 얼마나 선해야 영생을 얻고 천국에 들어

갈 수 있을까요? 성경에 보면 "하늘에 계신 너희 아버지의 온전하심과 같이 너희도 온전하라(마5:48)."고 말씀하고 있어요. 하나님은 우리에게 천국에 들어가려면 전혀 죄를 지어서는 안 된다고 요구하십니다. 그러나 아무도 이 요구에 도달할 수 없고, 따라서 영생을 얻고 천국에 갈 수 없습니다. 그리고 죄의 삯은 사망(롬 6:23), 즉 죽음입니다. 그리고 한번 죽는 것은 사람에게 정해진 것인 줄은 모두가 다 아는데 죽음 후에는 심판이 있다는 사실에 대해서는 잘 모르고 있습니다(히 9:27). 사람이 죽어 몸은 썩지만, 영혼은 죽지 않고 심판을 받습니다.

잇는 말: 그러면 왜 하나님은 죄인인 우리가 마땅히 받아야 할 심판 대신 영생을 선물로 주시려고 할까요? 이것은 성경이 하나님에 대해서 말씀하고 있는 것을 이해하면 잘 알 수 있습니다.

(3) 하나님의 사랑과 공의

전도자: 1. 성경에 "태초에 하나님이 천지를 창조하시니라(창 1:1)."고 말씀하셨고, 천지를 창조하신 하나님은 사람을 하나님의 형상을 따라 만드셨습니다(창 2:26). 하나님은 하나님을 닮게 만드신 사람을 너무너무 사랑하십니다. 성경에 "하나님은 사랑이심이라(요일 4:8)."고 하셨고, 어미가 자식을 사랑하는 것보다 하나님은 우리를 더 사랑한다고 하셨습니다(사 49:15). 하나님은 우리를 너무나도 사랑하시기 때문에 우리 죄를 벌하시기를 원치 않으십니다.

2. 그런데 "하나님은 사랑이심이라."고 말씀하신 그 같은 성경이, "하나님은 또한 의로우시므로 우리에게 있는 죄를 반드시 벌하셔야만 한다."고 말씀하셨습니다. 성경에 "형벌 받을 자는 결단코 면죄하지 않고 … 보응하리라(출 34:7하, 개역한글)."고 말씀하고 있습니다. 인간은 죄인입니다.

잇는 말: 하나님은 사랑이시라 우리를 벌하시는 것을 원치 않으시지만, 하나님은 또한 의로우시므로 우리의 죄를 반드시 벌하셔야만 하는 이 문제를 예수 그리스도 안에서 해결하셨습니다.

(4) 예수 그리스도

전도자: 예수님은 참 하나님이신데 사람이 되어 이 세상에 오셨습니다.

성경에 "태초에 말씀이 계시니라 이 말씀이 하나님과 함께 계셨으니 이 말씀은 곧 하나님이시니라 말씀이 육신이 되어 우리 가운데 거하셨다(요 1:1, 14)."고 말씀하십니다. 예수님은 하나님이셨고 하나님이신 예수님이 사람이 되어 우리와 함께 사셨다는 것입니다. 온 세상 사람이 지키는 성탄절이 예수님이 세상에 태어나신 날입니다.

전도자: (소영 씨) 올해가 몇 년이지요?

구도자: 예 2017년이지요.

전도자: 그런데 왜 올해를 2017년이라고 하는지 아세요?

구도자: 글쎄요.

전도자: 예수님이 태어나신 해를 서기 1년이라고 합니다. 2017년이라는 것은 예수님이 태어나신 지 2017년이 되었다는 것이지요. 이처럼 예수님은 온 세상 역사의 주인이 되신 분이십니다. 하나님이신 예수님이 사람이 되어 세상에 오신 목적은 죄에서 우리를 구원하는 것입니다. 하나님은 "우리가 아직 죄인 되었을 때에 그리스도께서 우리를 위하여 죽으심으로 하나님께서 우리에 대한 자기의 사랑을 확증하셨습니다(롬 5:8)." 즉 하나님은 우리에게 영생을 선물로 주시기 위해 우리 죄를 하나도 남김없이 예수님께 전가하셨고 예수님은 우리 죄 때문에 죽으셨습니다. 예수님은 친히 십자가에 달려 그 자신의 몸으로 우리 죄를 담당하시기 위해 죽으시고 장사한 지 3일 만에 다시 살아나셨습니다. 그래서 하나님은 예수님을 영접하고 예수님을 믿는 사람들에게는 하나님의 자녀가 되는 권세를 주시고(요 1:12) 영생을 선물로 주십니다.

잇는 말: 그러므로 영생을 선물로 받으려면 회개하고 예수님을 믿어야 합니다.

(5) 예수님을 믿음

전도자: 성경은 "알지 못하던 시대에는 하나님이 간과하셨거니와 이제는 어디든지 사람에게 다 명하사 회개하고 복음을 믿으라고 하셨습니다(행 17:30)." 하나님은 과거 하나님에 대해 알지 못했을 때는 용납하셨지만 이제 하나님에 대해서 들은 후에는 회개하라고 하십니

다. 회개란 내가 나도 모르는 중에 하나님을 알지 못하고 죄인으로
살아온 사실을 인정하여 가슴 아파하며 이제부터는 죄로부터 돌이켜
하나님께 돌아가는 것을 말합니다.

잇는 말: 그러면 사람이 어떻게 회개하고 하나님께로 갈 수 있을까
요?

전도자: 하나님께 가려면 예수님을 믿어야 합니다. 예수님은 "내
가 곧 길이요 진리요 생명이니 나로 말미암지 않고는 아버지께로 올
자가 없느니라(요 14:6)."고 하셨으며 "다른 이로써는 구원을 받을 수
없나니 천하 사람 중에 구원을 받을 만한 다른 이름을 우리에게 주신
일이 없음이라(행 4:12)."고 하였습니다. 하나님은 예수 믿음을 통해
서만 구원받아 영생을 얻을 수 있도록 하셨습니다. 따라서 하나님의
선물인 영생을 선물로 받기 위해서는 예수님만을 믿어야 합니다.

3. 결신

(1) **확인 질문** (진지한 태도로 한다.)

전도자: 지금까지 말씀드린 사실들이 이해가 됩니까?(구도자가 이해
가 되지 않는다고 하면 어느 부분이 이해가 되지 않는지를 묻고 다시 설명해야 한다.)

구도자: 예!

(2) 결신 질문

전도자: 지금까지 (소영 씨)께서는 하나님이 (소영 씨)을 위해 이루어 놓으신 가장 기쁜 소식을 들으셨습니다. 저에게 영생의 선물을 주셨던 그 만왕의 왕 되신 하나님이 지금 이 자리에 오셔서 (소영 씨)에게 "사랑하는 딸아(아들아)! 이 영생의 선물을 주기를 원하는데 받겠느냐?"고 하시는데 (소영 씨)께서는 이 영생의 선물을 받지 못할 특별한 이유라도 있습니까?

구도자: 없습니다.

전도자: 그러면 영생을 선물로 받겠습니까?

구도자: 예, 받겠습니다.

전도자: 예, 참 중요한 결정을 하셨습니다.

(3) 결신 설명

전도자: 이것은 (소영 씨)의 일생에서 가장 중대한 결정이 되는 만큼 다시 한 번 간단히 설명해 드리겠습니다. 참으로 이 영생의 선물을 받기 원하신다면 이렇게 해야 합니다.

1. 죄를 회개해야 합니다. 회개라고 하면 "지난날의 몇 가지 잘못한 것을 용서해주세요." 하는 차원의 것이 아닙니다. 이제까지 (소영 씨)가 살아온 삶은 하나님 없이 산 삶이었습니다. (소영 씨) 마음대로 살았습니다. "마음대로 살아온 삶의 방향을 돌이켜서, 하나님의 말씀대로 살겠습니다." 하고 하나님이 원하시는 길로 삶을 방향 전환하

는 것을 회개라고 합니다. 회개하겠습니까?

　구도자: 예

　전도자: 2. 이제 예수님을 믿어야 합니다. 예수님이 당신이 지은 모든 죄를 대신 지고 죽으셨고, 죽으신 지 3일 만에 다시 사신 것을 믿어야 합니다. 믿어지십니까?

　구도자: 예!

　전도자: 3. 죽었다가 부활하신 예수님은 지금도 살아계셔서 이 자리에 우리와 함께 계십니다. 이 예수 그리스도는 당신의 생명을 구원하신 주인이십니다. 나를 죄에서 건져 주신 예수 그리스도를 당신의 주인으로 영접하시겠습니까?

　구도자: 예

　(4) **결신 기도**

　참으로 (소영 씨)께서 이렇게 하기를 원하신다면 제가 기도 인도를 해드리겠습니다. 제가 먼저 (소영 씨)를 위해 기도한 다음, 저를 따라서 한마디씩 기도하시면 됩니다.

　1) 준비 기도 (이해하고 믿고 회개하도록 그를 위해 기도한다.)

　참으로 좋으신 하나님 아버지, 감사합니다. 오늘 저희에게 좋은 만남을 허락해 주시고, 이 시간 예수님이 생명까지 아끼지 아니하시고 이루어 놓으신 복된 소식을 (소영 씨)로 하여금 듣게 하시니 감사합니다. 지혜의 성령이 아니고는 이해될 수 없는 이 기쁜 소식을 (소영 씨)께서 잘 이해하고, 믿고, 회개할 수 있도록 도와주시옵소서.

(소영 씨) 이제 진실한 마음으로 저를 따라 한마디씩 기도해 주세요.

2) 적용 기도 (한번에 한마디씩 복음의 내용을 개인적으로 적용하도록 그와 함께 기도한다.)

"주 예수님, 저는 죄인입니다. 지금까지 저는 저 자신과 행위만을 의지하며 살아왔습니다. 이 죄에서 돌아서서 예수님만을 의지하기로 합니다. 지금 저에게는 예수님이 필요합니다. 예수님께서 저의 죄 때문에 십자가에 돌아가신 것을 믿습니다. 이 시간 제 마음의 문을 엽니다. 예수님께서 제 마음에 들어오셔서 저의 구주와 주님이 되어 주세요. 저의 죄를 용서하시고 저의 삶을 주관하여 주세요. 값없이 영생을 선물로 주셔서 감사합니다. 앞으로는 예수님만 믿고 의지하며 살겠습니다. 이제부터 하나님 앞에 설 때까지 저의 삶을 인도해 주세요. 예수님의 이름으로 기도합니다. 아멘!

3) 확신 기도 (구원의 확신을 하도록 그를 위해 기도한다.)

제가 (소영 씨)를 위해서 한 번 더 기도해 드리겠습니다.

사랑이 많으시고 은혜가 충만하신 하나님 아버지 감사합니다. 이 시간 우리에게 약속하신 말씀을 믿고 기도를 드렸습니다. "영접하는 자 곧 그 이름을 믿는 자들에게는 하나님의 자녀가 되는 권세를 주신

다."고 하신 말씀대로 이 시간 하나님께서 이 (소영 씨)에게 영생을 주
시고 하나님의 자녀 되게 하신 것을 감사드립니다. 예수님을 믿음으
로 말미암아 모든 죄를 용서받았음을 확신하고, 이제는 하나님의 자
녀 된 기쁨을 가지고 살아가도록 인도해 주시옵소서. 앞으로 (소영 씨)
의 삶에 하나님께서 복을 내려 주시고 언제나 주님께서 도와주시옵소
서. (소영 씨)가 기도할 때 응답해 주시고, 가는 길마다 전능하신 주님
께서 동행하여 주시옵소서. 예수님 이름으로 기도드리옵나이다. 아
멘!

(5) 구원의 확신

전도자: (소영 씨)가 방금 하신 일에 대해서 예수님은 어떻게 말씀하
고 있는지 성경을 통해 직접 확인해 보도록 하지요. 요한복음 5장 24
절인데요. 한번 소리 내어 읽어 주시겠습니까?(**성경을 펴서 보여 준다.**)

구도자: "내가 진실로 진실로 너희에게 이르노니 내 말을 듣고 또
나 보내신 이를 믿는 자는 영생을 얻었고 심판에 이르지 아니하나니
사망에서 생명으로 옮겼느니라."

전도자: 믿는 자는 무엇을 선물로 얻었다고 그랬죠?

구도자: 영생입니다.

전도자: 영생을 얻을 것이라고 했나요? 이미 얻었다고 했나요?

구도자: 얻었다고 말하고 있어요.

전도자: 그럼 지금 믿는 사람은 누구지요?

구도자: 나지요.

전도자: 믿는 '자'에(손가락으로 '자'를 가리킨다.) 대신 (소영 씨)의 이름을 넣어서 읽어 주시겠습니까?

구도자: "진실로 진실로 OOO에게 이르노니 믿는 OOO는(은) 영생을 얻었나니."

전도자: 이 말씀을 근거해서 제가 (소영 씨)에게 처음에 드렸던 질문을 다시 한 번 드리겠습니다.

확인 질문: (소영 씨께서는) 만약 오늘 밤이라도 이 세상을 떠나신다면 천국에 갈 확신이 있습니까?

구도자: 예.

전도자: 무슨 근거로 천국에 가실 수 있습니까?

구도자: 내가 잘한 것은 하나도 없지만, 예수님을 믿기 때문입니다.

4. 양육

(1) 하나님의 가족으로의 환영

전도자: (소영 씨)께서 예수님을 믿음으로 말미암아 오늘 하나님의 자녀로 태어나셨고 하나님의 가족의 일원이 되셨습니다. 하나님의 자녀가 되신 것과 하나님 가족의 일원이 된 것을 진심으로 축하드립니다. (전도 대원들이 함께 손뼉을 치면서 축하한다.)

⑵ 즉석 양육: 준비된 소책자를 사용한다

1) 나의 영적 생일카드

전도자: 오늘은 (소영 씨)께서 하나님의 자녀로 태어나신 영적 생일입니다. 이 영적 생일을 축하하는 뜻에서 조그만 책자를 준비해 왔는데 이것은 (소영 씨)에게 큰 도움이 될 것입니다. 이 책 1-5페이지까지는 제가 이야기했던 내용이 요약되어 있어요.

(먼저 앞쪽을 펴서 보여 준다.) 여기 있는 "예수님을 향한 나의 결정"을 한번 읽어 주시겠어요?

2) "예수님을 향한 나의 결정"

"내가 죄를 지은 것을 알고 주 예수 그리스도를 나의 구주로 모실 필요를 깨닫고 이제 나는 나의 죄에서 돌이켜 나의 영생을 위하여 오직 예수 그리스도를 믿고 의지한다. 나는 예수 그리스도께서 나의 죄를 용서하시고 죄의 권능에서 나를 구원하셔서 나에게 영생 주시기를 기도한다. 나는 이제 나를 다스리도록 나의 삶 전체를 주님께 드린다. 이 시간 이후로는 주님께서 힘주시는 대로 주님을 섬기고 나의 삶의 전 영역에서 주님께 순종하기 위해 힘쓸 것이다."

전도자: 네, 이것이 (소영 씨)의 결정이지요?

구도자: 예.

전도자: 이렇게 하시겠다면 여기에 날짜를 쓰시고, (소영 씨)가 서명해 주세요.

구도자: (서명한다.)

전도자: 제가 오늘 (소영 씨)에게 이 복음을 전해 드려서 (소영 씨)가 영생의 선물을 받은 것에 대해 증인으로서 서명하겠어요. 제 이름도 여기 써 드리겠어요. (소영 씨)께서 신앙생활을 하시면서 궁금한 점이 있으시거나 또 도움이 필요한 것이 있으시면 언제든지 연락을 해 주세요. 제가 힘이 닿는 데까지 도와드리겠습니다.

3) 성장의 방편

전도자: (소영 씨), 새로 생명이 태어나면, 잘 자라야지 부모의 마음이 기쁘겠지요? 이와 마찬가지로 소영씨도 지금 영적으로 갓 태어난 생명과 같으므로 하나님은 (소영 씨)의 믿음이 잘 자라기를 원하고 계세요. 여기에 믿음이 자라기 위한 성장의 방편이 다섯 가지가 적혀 있어요. 지금 우리 같이 한번 보도록 하지요.

성경: 요한복음을 하루에 한 장씩 읽으십시오.

어린아이가 태어나면 젖 먹고 우유 먹고 자라지요? 영적인 성장에 있어서도 먹는 것이 필요한데 그것이 바로 성경입니다. 성경은 영혼의 양식입니다. 우리가 밥을 잘 먹어야 몸이 건강하듯이 하나님의 말씀을 읽을 때, 우리의 영혼은 건강해질 수 있어요. 이 성경책을 오늘부터 하루에 한 장씩 읽어보세요.

(쪽 복음 요한복음을 준다.) 제가 일주일 후 이 시간에 다시 한 번 방문해

도 되겠어요?

　구도자: 예.

　전도자: 그때 그동안 읽었던 말씀 중에서 좋았던 말씀을 서로 나누고, 또 이해가 잘 안 된 부분은 제가 설명해 드릴게요. 저도 많이 부족한데 제가 모르는 것이 있으면 목사님께 여쭤서 도와드리도록 하겠어요.

　기도: 기도를 해야 해요.

　기도는 마치 영혼의 호흡이라고 말씀하지요. 우리가 잠시도 숨을 쉬지 않고 있으면 살 수 없듯이 기도하지 않으면 갓 태어난 영적인 생명이 잘 자랄 수가 없어요. 사람들은 기도하는 것을 어렵다고 생각하는데, 제가 아주 쉽게 기도하는 방법을 가르쳐 드릴게요.

　1. 하나님 아버지를 부르세요.

　2. 하나님께 감사드리고

　3. 용서를 구하고

　4. 도움을 청하신 후

　5. 예수님의 이름으로 기도합니다. 아멘

　하시면 됩니다.

　예배: 예배를 드려야 해요.

　예배란 하나님을 아버지로 모신 하나님의 자녀들, 곧 구원 얻은 성도들이 함께 모여서 하나님께 찬양과 경배를 드리는 것입니다. 성경을 바로 가르치는 교회에 정기적으로 출석하여 예배를 드리세요. 다음 주일예배에 함께 예배드리고 싶은데, 저와 함께 교회에서 만나서 예배드릴까요? 우리 교회는 ○시, ○시, 11시, ○시에 예배가 있습니다. 어느 시간이 좋겠습니까?

구도자: 예. 11시 예배요.

전도자: 네, 그러면 주일 오전 예배가 11시에 시작하니까, 제가 10시 30분에 교회 정문 앞에서 기다리겠습니다(또는 몇 시까지 모시러 오겠습니다).

교제: 교제를 나누셔야 해요.

우리가 친구의 영향을 참 많이 받지요? 그리고 우리 자녀들이 좋은 친구와 사귀기를 우리 부모들이 원하듯이 (소영 씨)의 믿음이 잘 자라시려면, (소영 씨)가 믿음 안에서 성장하도록 도와줄 그리스도인들과 교제를 나누어야 합니다. 교제를 나눈다는 것은 너무나 중요해요. (소영 씨)께서도 주변에 믿음이 좋은 분들을 많이 만나시고 교제를 나누셔야 하는데 사실 처음부터 누가 믿음이 좋은지 찾기가 쉽지 않거든요.

그래서 우리 교회에서는 (소영 씨)처럼 처음 신앙생활을 시작하시는 분들, 또한 우리 교회에 처음 오시는 분들을 위해서 '새 가족반'이 있어요. 모임 시간은 화요일 10시입니다. 여기에 참여하시면 많은 도움도 받으실 수 있고, 또 (소영 씨)처럼 신앙생활을 시작하시는 분들을 만날 수 있는 참 유익한 모임입니다. 이 모임에 참여하면 믿음이 잘 자랄 수 있어요. (소영 씨)께서도 꼭 참석하세요.

　구도자: 예.

　전도: 마지막으로 전도하셔야 해요.

　우리 기독교 2,000년의 역사는 입에서 입으로 전해져 왔어요. 그러니까 내가 얻은 이 영생의 기쁜 소식을 다른 사람들에게 전해야 합니다. 하나님의 구원 역사는 믿는 사람이 안 믿는 사람에게, 또 아는 사람이 모르는 사람에게 이렇게 전해졌다고 합니다. 오늘 (소영 씨)께서는 영생의 소식을 듣고 그 선물을 받으셨잖아요? 그런데 우리 주변에는 그렇지 않은 사람이 참 많습니다. (소영 씨)께서 지금 갖고 계신 영생의 기쁜 소식을 제일 먼저 누구에게 전하고 싶으신가요?

　구도자: 저희 남편인데요, 어떻게 전도해야 할지 잘 모르겠어요.

　전도자: 그래요, 그렇지만 잘 전할 수는 없더라도, 한번 들은 소식을 전해 보세요. 전하는 것이 어려우시면 제가 도와 드릴게요. 그리고 주위에 이 소식을 들었으면 좋겠다고 생각되시는 분이 계시면 저희에게 연락을 주세요. 저희가 함께 방문해서 이 소식을 전해 드릴게요.

　구도자: 그렇게 하지요.

(4) 교회 예배 참석 약속

전도자: 이렇게 오랜 시간 동안 제 이야기를 잘 들어주셔서 참 감사합니다. 제가 토요일에 (소영 씨)에게 다시 전화를 드리고, 이번 주일날 교회 정문 앞에서 예배 10분 전에 만나기로 꼭 약속하지요. 감사합니다.

구도자: 네. 정말 감사합니다.

모두: 안녕히 계십시오. (끝)

부록 3

이단 사이비 종교를
어떻게 대처할까?

1. 이단 사이비 종교로 고통받는 가정들

사례 1

"따르릉….."

"여보세요?"

"목사님!"

"박 집사님이세요?"

"목사님! 우리 아내와 아이들 좀 찾아주세요. 제발 부탁합니다."

"집사님, 차분하게 말씀해 보세요."

"출장에서 돌아와 집에 가서 보니 집은 나도 모르는 사이 팔렸고, 아내는 애들을 데리고 'OOOO'이라는 데로 가버렸다는 겁니다."[1]

---

1 이규학, 『그들은 이래서 이단이다』, 예영커뮤니케이션, 10.

사례 2

집사님 부부가 찾아왔다. 신천지는 주로 성경공부를 통해 교인들을 유혹한다. 그들은 성경공부를 하려고 다양한 접근 방법을 사용한다.

"목사님, 아내가 이혼하자고 합니다."

"왜 그러는데요?"

"제가 신천지에서 하는 성경공부를 못하게 했거든요"

"집사님, 신천지 성경공부 계속하셔야 합니까?"

"예, 그만둘 수 없습니다."

"이혼하더라도요?"

"예"

사례 3

성경공부 시간에 한 여집사님이 와서 이렇게 물었다.

"목사님, 하나님을 아버지라고만 해야 하나요?"

"예?"

"성경에 하나님 어머니라고 하는 곳은 없나요?"

후에 알고 보니 교회에서 성경공부를 하는 도중에 '하나님의 교회' 사람들과 교제가 있었던 터였다.

사례 4

S씨는 남동생 Y씨 때문에 약 10년간이나 골치를 썩이고 있다고 호소해 왔다. Y씨는 약 10년 전 대학에 다니면서 우연히 D회에 발을 들여놓게 되었는데 조금씩 학업보다는 D회에 몰두하기 시작했다는 것이다. 결국 Y씨는 학교도 그만두고 D회에 깊이 빠진 것은 물론 부모 형제의 고생과 은혜도 외면한 채 가출 등 문제를 일으키고, 심지어 만류하는 부모와 형제들에게 난폭한 행동까지 일삼아 정신병원에 가두어 두기까지 했었다고 한다. 그러나 그 후에도 Y씨는 D회를 나오지 못하고 더욱 가족들을 불행에 빠뜨렸다.

"하는 일도 없이 빈둥빈둥 그 D회인가 뭔가 하는 곳만 쫓아다니면서 노인네가 취로 사업장에 가서 근근이 몇 푼 벌어오면 그걸 빼앗아 갑니다. 이런 일을 당하는 사람이 한두 명이 아니라는 데 도대체 나라에서는 뭐 하는 거지요?"[2]

2. 이단, 사이비 종교의 폐해

이단, 사이비 문제를 접하면서 주지해야 할 것은 겉으로 드러난 문제들보다는 그로 인한 가족들이나 주변의 피해가 어떤 면에서는 더 심각하다는 점이다. 매스컴을 통해 전해지는 사건 내용은 현상적으로 나타나는 문제들이 전부지만 그들 각자의 가족들이 겪는 고통은 사실 그보다 매우 크다. 종교는 그 사람의 인격과 가치관에 절대적인 변화를 일으키기 때문이다. 건전하지 못한 종교에 빠지게 되면 보편적인 윤리관이나 가치관이 아닌 종교적인 목적만을 최우선으로 생각하게 되어 사실 껍데기만 내 가족이지 알맹이는 다른 사람이 되어 버리는 예가 많다.

피해자 가족들은 흔히들 "전에는 안 그랬는데 이상해졌어요. 완전히 딴사람 같아요."라고 호소한다. 부부간에는 그 고통이 더욱 심하다. 결혼 전의 '내가 사랑했던 바로 그 사람' 혹은 '살면서 정든 바로 그 사람'이 아닌 '다른 인격체'와 살아야 하기 때문이다. 이러면 흔히 부부간의 갈등으로 비화하고 행복했던 가정은 물거품처럼 사라져 버리게 되는 것이다. 이는 가족 구성원의 일반적인 일탈 행위, 즉 남편의 외도나 부녀자들의 치맛바람, 도박, 마약, 음주, 사고 등의 외적인 문제로 인한 갈등보다 더욱 고통스러운 것이다.

다른 문제들은 뚜렷한 원인이라도 있어서 해결책이 무엇인지 보이기라도 한다지만 이단, 사이비 문제는 외형적으로 아무런 문제가 없는 것처럼 보이고, 겉으로는 그의 행동이 매우 정당한 '종교 활동'이라는 이름으로 포장되어 있으므로 무엇을 어떻게 제재해야 하고 해결해야 할지 가족들은 막막하게 되기 때문이다. 이런 문제 외에도 가출이나 재산탕진, 가정생활 소홀, 폭력행사 등 극단적인 형태로 가족들의 삶에 개입해 고통을 주는 예도 있다. 문제는 속 시원한 해결 방법도 없고 당사자가 아니면 그 고통을 아무도 몰라준다는 점이다.

종교 문제로 인한 이혼사례, 부인의 무리한 종교 활동으로 인한 남편의 방화, 폭력사건 등 가정이 파괴된 사례는 얼마든지 있다. 소위 문제성 종교 인구는 약 200만 명 이상으로 추산되고 있고, 그중에서 매우 심각한 사이비 종교 인구는 약 40만 명 이상으로 추산되고 있다. 이들 각자의 가족들까지 고려한다면 이단, 사이비로 고통받는 사람들은 결코 '특수한 소수의 사람 이야기'가 아니다.[3]

3. 대표적인 이단

현재 우리나라에서 가장 성행하는 이단으로 '신천지'와 '하나님의 교회'를 규정하고 있는데, 신천지 교인이 약 10만 명이라고 추정하고, 하나님의 교회는 약 20만 명으로 추정되고 있다. 한국의 대표적인 이단에 대해 간단하고도 핵심적인 소개는 이규학의 『그들은 이래서 이단이다』를 참고하라.

(1) 하나님의 교회

하나님의 교회(하나님의 교회 세계복음선교회)는 한기총(2000), 통합(2011/96회/이단), 합신(2003/88회/이단), 합동(2008/93회/이단)에서 이

---

3 Ibid.

단으로 규정한 곳이다. 일명 안상홍의 증인회(안증회)라고도 하는데, 하나님의 교회는 분당시 분당구 이매동 45-2에 그 본부를 두고 있다. 안증회는 일반 이단이 아니라 사이비 집단으로서 아주 위험한 곳이며, 그동안 여러 번 시한부 종말론을 주장하여 가정과 사회에서도 문제를 일으켰던 곳이다.

안증회는 1985년에 죽은 교주 안상홍을 하나님, 재림 예수, 보혜사 성령, 이삭, 멜기세덱 등의 일인 오역으로 숭배하는 곳이며, 안상홍이 부산에서 목회할 때에 서울교회의 전도사였던 장길자라는 여인을 1985년부터 어머니 하나님, 하늘의 예루살렘, 어린양의 신부 등으로 숭배하고 있으며, 당시 서울교회를 목회하던 김주철이 현재 하나님의 교회 총회장을 맡고 있다.

교주 안상홍은 안식교(제칠일안식일예수재림교회)에 입교하여 30세에 침례를 받고 교인으로 있다가 그의 추종자들과 함께 안식교를 나와 새로운 종교단체를 만들게 된다. 안식교와 달리 안식일만 지키는 것이 아니라 구약의 절기를 모두 지켜야 한다고 주장하여, 안식교에서 '절기파'로 부르며 제명되었다.

안상홍은 1985년 면 종류의 식사를 한 후에 뇌졸중으로 쓰러져 병원에서 사망하였으며, 그 후에 추종자들이 '하나님의 교회'라고 이름을 바꾸고, 죽은 교주 안상홍이 3년 뒤인 1988년에 부활한다고 주장하였으나 불발로 그치고 말았다. 안상홍이 죽은 후 안증회는 여러 곳으로 분파되었으나, 가장 크게 번성한 곳이 장길자를 '어머니 하나님'으로 숭배하고 김주철이 총회장으로 있는, 본부는 분당에 있는 "하나님의교회 세계복음선교협회"이며, 기독교에서 가장 위험한 이단으로 규정하고 비판하는 안증회, 곧 하나님의 교회는 이곳을 말한다.

이들의 선교 방법은 2명이 팀을 이루어 집집마다 전도를 하는데, 주로 부녀를 상대로 전도한다. 노트북을 갖고 다니면서 설문조사를 하는데, 예를 들면 "하나님 어머니에 대해서 아십니까?" 혹은 "안식일과 유월절을 지키십니까?"에 대한 설문조사를 한다. 몇 년 전만 해도 "종말"에 대한 동영상을 갖고 다니면서 설문조사를 하기도 했는데, 안증회는 1988년, 2000년에 종말론을 주장하였고, 그 교주 안상홍은 그의 책에서 2012년에 종말론을 주장하였다.

하나님의 교회의 주요 교리로는, 교주 '안상홍'을 하나님, 재림예수, 이삭, 멜기세덱, 성령 보혜사로 숭배한다. '장길자'를 하나님 어머니로 믿고 있다. 안식일과 유월절 등 구약의 절기를 지켜야 한다고 주장한다. 자신들의 교적부를 생명책이라고 한다. 시한부 종말론을 주장하여 가정적으로나 사회적으로 많은 문제를 일으켰던 곳이다.

(2) 신천지

신천지의 주요 교리는 오직 신천지를 통해야만 구원을 받을 수 있고 14만 4천 명이 되어야만 순교한 영과 결혼하게 되어 이 몸으로 죽지 않고 영생을 얻으며 세상의 부귀영화를 누릴 수 있다는 것이다.

이 영생불사는 신천지 교리의 핵심이다. 영계 순교자의 14만 4천의 명이 육계의 4만 4천과 합일이 되면 영생불사체가 된다는 것이다. 이것은 시한부 종말론보다 더 간교한 조건부 시한부 종말론이다. 날을 잡아두는 것이 아니라 수를 정해 놓는 것이다. 그러니까 당신들이 영생하려면 이 숫자를 채우라고 하면서 14만 4천을 최고의 가치로 여겨 온갖 방법을 동원하여 전도에 올인한다.

교주 이만희는 각 이단만 전전하면서 교리를 배웠다. 그는 박태선의 전도관에 다녔고 인천에 있는 소사 신앙촌으로 가서 벽돌 굽는 일을 한다. 그리고 1968년경에 장막성전에 들어가고, 1977년에는 백 모 씨 밑으로 들어가게 된다. 거기에서 1980년 3월 13일, 시한부 종말의 날까지 있다가 1980년 3월 14일에 신천지를 창립한다. 이만희는 전도관에서 14만 4천 교리를, 장막성전 등을 전전하며 실상 교리, 비유 풀이, 창조와 재창조를 배웠다. 전도관, 장막성전과 그 아류, 통일교의 세 곳의 교리들을 신천지에 도입했다.

이들은 복음방 교재 12과 공부, 시온 무료성경신학원 5-6개월 코스, 새신자교육 1개월, 지파교회 등록, 전도 교육 2개월을 한다. 이렇게 교육을 받는 동안 하나님의 일이면 거짓말을 해도 된다며 거짓말하는 것을 절대 두려워하지 않고 죄책감도 느끼지 않으며 너무도 당당하게 다른 사람을 속인다. 이처럼 복음방 교육에서 지파교회 교육까지 약 1년 동안 교육받으며 완전히 미혹되어서 광신도로 변하게 되는 것이다. 가정파탄이 나기도 하고 가출을 일삼는 등 정상적인 생활을 하지 못하고 오로지 기존 교회 성도들을 **빼내는** 그들의 사명에 충실하게 되는 것이다. 포상금도 1명 전도하는데 10만 원이 주어진다고 한다. 이들은 목사와 교회의 문제가 많은 곳, 교인 수는 많으나 말씀이 없는 곳, 노회나 총회에 많이 연결되지 않는 교회에 침투하여 처음에는 열심히 충성하여 신뢰를 쌓은 뒤, 열심히 사역하고 있지만 말씀이 부족하다고 생각하거나 지쳐 있거나 교회에 대해 비판적인 생각을 하는 사람을 섭외대상 1순위로 삼는다.

신천지 교인 분별법으로는 첫째, 목회자와 담당 구역장이 모르게 새신자가 다른 새신자 및 기신자를 심방하러 다니는 경우, 둘째, 친분이 없는 신도가 꿈이나 환상을 통해 하나님이 뭔가 보여 주셨다고 하면서 다가오고 기도해 주겠다고 친절을 베푸는 경우, 셋째, 출석 교회가 아닌 다른 곳의 목사, 전도사를 소개해 주고, 큐티나 성경공부를 제안하고, 천국 보화 비유(마 13:44-46)를 가르치고 교회나 가족 등 주변 사람들에게 절대 알리지 말라고 당부하는 경우 등이다.

3. 이단들의 교회 침투방법

(1) 전도 당해 가기

요즈음 새신자에 대한 교회의 검증 활동이 활발해지고 있으므로 목사님이나 장로 권사들에 접근해서 전도 당해서 들어간다. 일단 중직자들의 전도로 교회에 들어오면 사람들이 의심하지 않기 때문에 그러한 방법을 택한 것이다. 따라서 목회자나 중직자들에게 소개를 받아 쉽게 교회에 들어오는 과정에 있는 새신자들을 잘 점검해야 한다. 특히 새신자가 들어올 때 목회자의 명성이나 설교를 익히 듣고 은혜 받았다고 하는 사람들을 주의해야 한다.[4]

(2) 고정간첩 만들기

이미 교회에 출석하여 오래된 교인을 포섭하여 교회에 심어놓고 은밀히 활동하게 하는 방식인데 특히 중직자들이 대상이다. 필자가 세미나를 한 교회 중에 여러 교회에서 중직자들이 미혹되어 교회가 혼란한 것을 보았다. 이들은 활동하지 않고 정보만 B, C급 추수꾼들에게 제공한다.[5]

(3) 위장 전도하기

이러한 수법은 한 사람이 교회에 무사히 침투하면 한 사람씩 한 사람씩 새신자를 전도한 것처럼 위장하여 신천지 추수꾼들을 교회로 데려온다는 것이다. 이러한 수법에 인천의 한 대형교회를 비롯하여 강남의 제자훈련으로 유명한 교회뿐 아니라 많은 교회가 당하였다. 교

---

4 박형택, 대한예수교장로회 이단사이비대책위원회 이단사이비대책상담소.
www.jesus114.org

5 Ibid.

회로 침투한 추수꾼은 빠르게 교회의 교역자나 중직자들과 친해지고 전도 활동에 나선다. 함께 교회의 사람들과 심방이나 전도 중에 자기의 식구들을 현장에 출현시켜 우연히 만나는 것처럼 위장해서 전도하는 방식으로 교회에 데려온다. 이러한 작전은 교인들의 눈을 속이기에 충분하다.[6]

(4) 교회 교역자나 직원으로

부목사나 여전도사, 혹은 교회 직원으로 채용과정을 거쳐 교회에 들어오기도 한다. 이러한 경우는 처음에는 충실하게 헌신하는 척하면서 신뢰감을 쌓도록 한 다음 본격적으로 활동한다. 목회자와 교인을 이간시키며 목회자의 뒷조사를 하여 비리를 찾고 교회에 불평분자를 만든다. 불평하는 사람들과 동조하여 교회를 교란해서 교회를 분쟁하게 하여 그 틈을 이용해 교인들을 빼간다. 인천의 A교회는 부목사로 인하여 400명 교회가 반쪽이 나기도 하고 광주의 모 교회는 여전도사 때문에 80명 교인 가운데 30명이 나가는 아픔을 겪기도 하였다.[7]

---

6   Ibid.

7   Ibid.

379

이단 사이비 종교를 어떻게 대처할까?

(5) 여러 번 교회를 방문하여 상황 판단 후에 등록

이러한 경우는 이사를 온 것처럼 혹은 다른 교회에서 상처를 받아 온 것처럼 위장한다. 많은 경우 여러 사람이 같이 오는 예도 있고 혼자나 둘이 오는 예도 있다. 이러면 철저한 검증을 해야 한다.[8]

4. 이단들이 성도들을 유혹하는 방법

(1) 우연한 만남을 가장한다

미혹하는 자는 도서관이나 기도원, 서점, 영화관, 음식점 등 사람들이 많이 모이는 공공장소에서나 컴퓨터, 미술, 내적치유, 심리치료 및 상담하는 곳, 교회 앞이나, 심방 가는 길목에서 사람들의 특별한 관심사를 포착하여 접근한다. 자연스럽게 접근하기 때문에 성도들이 경계하거나 의심하지 않는다. 자상하고 다정하게 친절을 베풀어 호의를 갖게 하는 방식이다.

(2) 공감대를 형성하기 위하여 친분을 쌓는다

미혹자들은 자신들의 포섭대상자를 선정하여 접근방식을 찾은 다음 함께 식사하고, 영화 보고, 노래방도 가고 하면서 친분을 쌓는다. 그리고 대상자의 혈액형, 취미, 관심사, 연령, 가정 형편 등을 파악

---

8   Ibid.

하여 거기에 알맞은 행동을 함으로써 공감대를 형성하고 신뢰감을 쌓는다. 특히 신천지의 선콜미 방법은 큰 효과를 얻는다고 한다. 선콜미 방법은 하루에 한 번 상대방에게 기분 좋은 일을 하고 하루에 한 번 전화하고 하루에 한 번 만나는 것이다.

(3) 문화나 건강에 대한 전문가로 행세한다

요즈음 이단들은 처음부터 본색을 드러내지 않는다. 따라서 접근 방법을 다양화하고 있다. 문화 운동, 건강 운동, 환경 운동, 도우미 활동 등 다양한 방법으로 접근하는데 특히 어떤 자격증을 따서 전문가처럼 행동하면서 접근한다. 진화하고 있는 방식을 보면 영성훈련을 한다거나 심리치료나 상담치료, 발 마사지나 영어나 외국어를 통한 교육 등 다양하다. 전문가처럼 행동하기 때문에 쉽게 믿고 그들의 요구에 응함으로 미혹되기 쉽다.

(4) 심리적인 방법을 사용한다

신천지에서 사용하는 SWOT이라는 방식이다. 이는 포섭 대상자의 강점과 약점, 성향, 가정 형편, 심지어 포섭 가능성까지 파악하는 방식이다. 따라서 어떤 성도에게 접근을 시도했다면 이미 그 성도에 대한 신상을 다 파악한 상태일 수 있다. 성도들의 일거수일투족을 이미 들여다보고 있는 것과 같다. 따라서 무슨 일이 생기면 바로 연락을 취하여 (특히 밤중이나 밤늦게 전화) 자신이 기도 중에 하나님이 환상으로 보여 주셨다고 하면서 하나님이 위로하거나 도우라고 명하셨다고 한다. 이러면 대부분 성도는 "아니 어떻게 알았을까?" 하고 놀라며 그대로 믿게 된다.

5. 이단의 분별과 대처방법

이단은 항상 위장하고 있으므로 분별하기가 어렵다. 특히 거짓말과 감언이설을 잘하기 때문에 쉽게 믿어 버리는 경우가 많다. 그러나 각 이단은 그들만의 행동 특징이 있고 그들이 주로 쓰는 용어들이 있으므로 분별이 가능하다.

신천지는 비유 풀이, 초림 주, 재림 주, 실상, 말씀의 짝, 배도 멸망 구원 등의 용어를 사용하고, 안상홍증인회는 어머니 하나님, 12월 25일, 안식일에 대한 질문으로 시작한다. 구원파는 주로 구원과 죄 문제를, 정명석파는 섭리와 역사, 여호와증인은 말씀과 여호와의 왕국, 증인이라는 말을 잘 사용한다.

6. 다음 언행을 하는 자는 대체로 이단이다

1. 성경이 비밀로 되어 있으므로 비유로 풀어야 한다.
2. 교회 바깥에서 성경공부를 제안하거나 큐티를 하자.
3. 과잉 친절을 베푼다.

4. 성경에 관한 질문을 하면서 성경공부 하자고 한다.

5. 나를 위해 기도할 때 환상을 보았다.

6. 하나님이 도우라고 계시를 주셨다.

7. 좋은 사람을 소개한다거나 만나보자고 한다.

8. 초림 주, 재림 주, 이긴 자 등의 이상한 용어를 사용한다.

9. 어려운 상황이나 우울증이 있는 경우 선심을 쓴다.

10. 교회 앞이나 길거리에서 설문조사를 한다.

7. 이단 경계를 위한 성경 구절들

이단은 예수를 말하나 예수 뜻을 행치 않는다.

> 나더러 주여 주여 하는 자마다 다 천국에 들어갈 것이 아니요 다만 하늘에 계
> 신 내 아버지의 뜻대로 행하는 자라야 들어가리라 그 날에 많은 사람이 나더
> 러 이르되 주여 주여 우리가 주의 이름으로 선지자 노릇 하며 주의 이름으로
> 귀신을 쫓아 내며 주의 이름으로 많은 권능을 행하지 아니하였나이까 하리니
> 그 때에 내가 그들에게 밝히 말하되 내가 너희를 도무지 알지 못하니 불법을
> 행하는 자들아 내게서 떠나가라 하리라(마 7:21-23).

교주를 그리스도, 보혜사, 예수라 하는 곳은 이단이다.

> 많은 사람이 내 이름으로 와서 이르되 나는 그리스도라 하여 많은 사람을 미
> 혹하리라(마 24:5).

이단은 천사처럼 자신을 가장한다.

그런 사람들은 거짓 사도요 속이는 일꾼이니 자기를 그리스도의 사도로 가장하는 자들이니라 이것은 이상한 일이 아니니라 사탄도 자기를 광명의 천사로 가장하나니 그러므로 사탄의 일꾼들도 자기를 의의 일꾼으로 가장하는 것이 또한 대단한 일이 아니니라 그들의 마지막은 그 행위대로 되리라(고후 11: 13-15).

예수의 초림과 재림을 육체로 오심을 부인하면 이단이다.

미혹하는 자가 세상에 많이 나왔나니 이는 예수 그리스도께서 육체로 오심을 부인하는 자라 이런 자가 미혹하는 자요 적그리스도니 너희는 스스로 삼가 우리가 일한 것을 잃지 말고 오직 온전한 상을 받으라 지나쳐 그리스도의 교훈 안에 거하지 아니하는 자는 다 하나님을 모시지 못하되 교훈 안에 거하는 그 사람은 아버지와 아들을 모시느니라 누구든지 이 교훈을 가지지 않고 너희에게 나아가거든 그를 집에 들이지도 말고 인사도 하지 말라 그에게 인사하는 자는 그 악한 일에 참여하는 자임이라(요이 1:7-11).

성경 말씀 외에 다른 것을 전하면 이단이다.

내가 이 두루마리의 예언의 말씀을 듣는 모든 사람에게 증언하노니 만일 누구든지 이것들 외에 더하면 하나님이 이 두루마리에 기록된 재앙들을 그에게 더하실 것이요 만일 누구든지 이 두루마리의 예언의 말씀에서 제하여 버리면 하나님이 이 두루마리에 기록된 생명나무와 및 거룩한 성에 참여함을 제하여 버리시리라(계 22:18-19).

성도들은 이단과 사귀지 말아야 한다.

누구든지 이 교훈을 가지지 않고 너희에게 나아가거든 그를 집에 들이지도 말고 인사도 하지 말라 그에게 인사하는 자는 그 악한 일에 참여하는 자임이라(요이 1:10-11).

이단의 유혹을 받은 자들이라 여겨지면 교역자에게 알리라.

내 형제들아 너희 중에 미혹되어 진리를 떠난 자를 누가 돌아서게 하면 너희가 알 것은 죄인을 미혹된 길에서 돌아서게 하는 자가 그의 영혼을 사망에서 구원할 것이며 허다한 죄를 덮을 것임이라(약 5:19-20).

참고문헌

1. 국내서적

강준민. 『관계의 법칙』. 서울: 두란도서원, 2008.

규장문화사 편집부. 『이슬비전도편지』. 서울: 규장문화사, 1997.

김기동. 『고구마전도』. 서울: 규장문화사, 2006.

김남식. 『세계 기독교 전도 운동사』. 서울: 베다니, 2006.

김두식. 『전도는 어명이다』. 서울: 생명의말씀사, 2006.

김민영. 『한국초대교회사』. 서울: 쿰란출판사, 1998.

김상현. 『전도중심교회』. 서울: 프리셉트, 2006.

김승태. 『한말, 일제강점기 선교사 연구』. 서울: 한국기독교역사연구소, 2006.

김연진. 『선교 신학 총론』. 서울: 성광문화사, 1998.

김영선. 『관계신학』. 서울: 대한기독교서회, 2012.

김영욱. 『21세기 전도 전략』. 서울: 기독교문서선교회, 2002.

김영재. 『한국 교회사』. 서울: 개혁주의 신행협회, 1994.

김남식. 『세계 전도 운동사』. 서울: 베다니, 2006.

명성훈. 『교회 성장 반드시 됩니다』. 서울: 국민일보사, 1995.

_____. 『새신자 양육의 원리와 전략』. 서울: 국민일보, 2004.

민경배. 『韓國敎會史』. 서울: 연세대학교출판사, 1996.

민경설. 『하나님의 주권과 전도의 역동성』. 서울: 한국장로교출판사, 2007.

민남기. 『한국식 전도 방법』. 서울: 나침반, 2007.

박병선. 『진돗개 전도왕』. 서울: 생명의말씀사, 2004.

박용규. 『총동원전도주일과 교회 성장』. 서울: 비전, 1989.

박용기. 『태신자 전도 전략』. 서울: 예루살렘, 2006.

박영호. 『선교학 개론』. 서울: 기독교문서선교회, 2009.

박종무. 『개인 전도의 이론과 실제』. 서울: 소망사, 1979.

백낙준. 『한국 개신교사 1832-1910』. 서울: 연세대학교출판부, 1993.

손현보. 『목사님 전도가 너무 쉬워요』. 서울: 누가, 2010.

이광순·이용원. 『선교학 개론』. 서울: 한국장로교출판사, 2002.

이상만. 『오이코스전도목회 핸드북』. 서울: 기독신문사, 2004.

_____. 『오이코스전도 베이직』. 서울: 오이코스, 2010.

_____. 『오이코스전도폭발』. 서울: 기독신문사, 2005.

_____. 『12단계 오이코스전도』. 서울: 생명의말씀사, 2009.

_____. 『총동원 집중전도 오이코스 절기 축제로 실린다』. 서울: 기독신문사,
    2002.

_____. 『전도는 삶이다』. 서울: 오이코스, 2013.

이억주. 『한국 교회사』. 서울: 세출, 2010.

이종윤 편집. 『21세기 교화와 전도의 새 패러다임』. 서울: 필그림, 2008.

장일권. 『탁월한 열매형 전도』. 수원: 무지개, 2008.

조용기. 『365일 전도체질 부광교회』. 서울: 한국 교회 성장연구소, 2009.

조은태. 『전도학 총론』. 서울: 타문화권연구원, 1997.

조종남. 『세계 복음화 운동의 역사와 정신』. 서울: 한국기독학생회출판부, 1991.

주도홍. 『독일의 경건주의』. 서울: 기독교문서선교회, 1996.

홍성철. 『전도학』. 서울: 세복, 2010.

2. 번역서

Autrey, C. E. 『기본전도학(Basis Evangelism)』. 정진황 역. 서울: 요단, 2008.

Bavinck, J. H . 『선교학 개론』. 전호진 역. 서울: 성광문화사, 1991.

Coleman, Robert E. 『주님의 전도계획』. 홍성철 역. 서울: 생명의말씀사, 1996.

Drummon, Louis A. D. 『복음 전도의 새 혁명』. 권명달 역. 서울: 보이스사, 1980.

Drummond, Lewis A. 『현대 전도학 서설』. 변은수 역. 서울: 성광문화사, 1990.

Evans, William. 『개인 전도학』. 윤무길 역. 서울: 기독교 문서선교회, 1984.

Gilbert, Larry. 『팀 전도 전략』. 한국목회연구소 역. 서울: 프리셉트, 1997.

Glasser, Arther F. and Mcgavran, A. 『현대 선교 신학』. 고한규 역. 서울: 성광문화사, 1985.

Green, Michael. 『초대교회 복음 전도』. 홍병룡 역. 서울: 기독교문서선교회, 1988.

_____. 「초대교회 복음 전도」. 박영호 역. 서울: 기독교문서선교회, 1988.

_____. 「초대교회 전도」. 김경진. 서울: 생명의 말씀사, 1984.

_____. 「현대 전도학」. 박영호 역. 서울: 기독교문서선교회, 2007.

Wimber, John. 「능력 전도」. 이재범 역. 서울: 나단출판사, 2006.

Kane Herbert. J. 「세계 선교 역사」. 신서균. 이영주 역. 서울: 기독교문서선
교회, 1993.

Kuiper, R. F. 「전도신학」. 박수준 역. 서울: 생명의 말씀사, 2004.

Ron, Smith. 「개인 전도의 입문」. 권명달 역. 서울: 보이스사, 1982.

Stott, John. 「존 스토트의 복음 전도」. 김성녀 역. 서울: 한국기독학생출판부,
2001.

Terry, John Mark. 「전도하는 교회가 성장한다.」. 김태곤 역. 서울: 생명의말
씀사, 2009.

Thompson, W. Oscar and King, Claude V. 「관계중심전도」. 이혜림 역.
서울: 생명의 말씀사, 2009.

Thompson, W. Oscar. 「관계중심전도」. 주상지 역. 서울: 종합선교나침반사,
1989.

Tucker, Ruth A. 「선교사 열전」. 박해근 역. 고양: 크리스챤 다이제스트,
2005.

David, Watson. 「복음 전도」. 박영호 역. 서울: 기독교문서선교회, 1993.